Hanspeter Ruch

Unsere Geschichte – unser Potential

Wie vorgeburtliche Erlebnisse und Geburt unser Leben prägen

vianova
Verlag Via Nova

Titelbild von Petra Kühne

Die Künstlerin wurde 1964 geboren und wuchs in einer musisch inspirierenden Familie im Taunus auf. Sie besaß schon früh die Gabe, ihre Beobachtungen und Erfahrungen mit Empathie künstlerisch umzusetzen. Nach ihrem Studium der Soziologie wendete sie sich mit ihrer kreativen Kommunikation zunehmend nach außen. Sie konzentriert sich auf die Möglichkeiten, durch ihre Bildersprache Verbindung mit den Menschen aufzunehmen. Subtil und mit viel Liebe zum Detail bringt sie innere Welten zum Ausdruck, die Facetten des Heilens zeigen und den Betrachter im Herzen anrühren.

Sie illustriert und gestaltet für Verlage und beteiligt sich als bildende Künstlerin an Kunstausstellungen. 1998 malte sie die Bilder für „Die Geschichte vom kleinen Häschen Liebe“ von Chuck Spezzano, erschienen im Via Nova Verlag. Sie lebt und arbeitet in Eppstein im Taunus.

1. Auflage 2001
Verlag Via Nova, Neißer Straße 9, 36100 Petersberg
Telefon und Fax: (06 61) 6 29 73
Internet:
www.verlag-vianova.de
www.transpersonal.com

Satz: typo-service kliem, 97647 Neustädtles
Druck und Verarbeitung: Rindt-Druck, 36037 Fulda

ISBN 3-928632-89-2

Danksagung

Die Zahl der Menschen, die zum Entstehen dieses Buches beigetragen haben und denen ich an dieser Stelle danken möchte, ist groß. Zu diesen gehören einmal meine Lehrerinnen und Lehrer, die mich ermutigt haben, mich für meine Geschichte zu öffnen, und mich durch stürmische Zeiten begleitet haben. Ich möchte ebenfalls allen jenen meinen Dank aussprechen, die sich mir in der Psychotherapie sowie Kursen anvertraut und mir durch ihre Ehrlichkeit und Offenheit ermöglicht haben, mich besser zu verstehen und mein Wissen zu vertiefen.

Danken möchte ich Maya Dahinden und Martin Frischknecht für ihre Anregungen und Hilfe bei der Erstellung des Manuskripts. Mein besonderer Dank gilt Bea Drack. Mit viel Verständnis und großem Einfühlungsvermögen hat sie meine Ideen und Vorstellungen gebündelt und so zusammengefaßt, daß daraus ein lesbares Buch wurde. Bedanken möchte ich mich ebenfalls bei Herrn Vogel vom Verlag VIA NOVA für seine Unterstützung und seine wertvollen Ratschläge.

Nicht zuletzt geht mein Dank auch an meine Partnerin Mona Schwager, die mir in der Zeit des Schreibens mit Geduld und Wärme beigestanden ist.

Inhaltsverzeichnis

Einleitung

Mit siebenundzwanzig Jahren begab ich mich auf eine Reise, die für meine Entwicklung wegweisend werden sollte. Ich verließ meine Heimat, die Schweiz, um in den USA mein Psychologiestudium fortzusetzen. Bald darauf begann ich eine Ausbildung in körperorientierter Psychotherapie. Dabei stieß ich auf Bereiche meiner Geschichte, die ich längst vergessen hatte. Ich begegnete Seiten von mir, die ich schlicht verdrängt hatte. Das war völlig neu für mich. Mit der liebevollen Unterstützung meiner Psychotherapeutin konnte ich alte Verletzungen heilen und unbewältigte Erlebnisse meiner Kindheit klären. Doch dann geschah etwas für mich völlig Überraschendes: Ich begegnete meiner eigenen Geburt und sogar Vorkommnissen aus der vorgeburtlichen Zeit.

Obwohl ich die Geschehnisse sehr authentisch und wirklichkeitsnah erlebte, hatte ich anfänglich Mühe, meinen Wahrnehmungen, Gefühlen und Bildern zu trauen. Ich war mir nicht sicher, ob alles nicht bloß Einbildungen oder Hirngespinste meines verwirrten Geistes waren. Denn gemäß dem Verständnis der traditionellen Psychologie ist es weder möglich, sich an die Geburt, geschweige denn an vorgeburtliche Vorkommnisse zu erinnern, noch diese in der Psychotherapie wiederzuerleben. Doch trotz meiner Zweifel gab es in mir eine Instanz, die von der Echtheit dieser Erlebnisse überzeugt war und die mir auf meinem eingeschlagenen Weg Recht gab. Als sich störende Gefühle, welche in meiner Vergangenheit oft zu Schwierigkeiten geführt hatten, und sogar körperliche Symptome sich plötzlich auflösten, schwanden meine Zweifel restlos: Unsere Geschichte beginnt nicht irgendwann in der Kindheit, sondern viel, viel früher.

Die Begegnung mit den Anfängen meiner Geschichte war für mich sehr heilsam. Der dabei eingeleitete Prozeß half mir, Vertrauen in meine Empfindungen zu entwickeln und einen freundlicheren Umgang mit meinem Leben zu finden. Kämpfe und Konflikte, die mich blockierten, konnte ich loslassen, wodurch ich innerlich Raum gewann. Die sich öffnende Weite erlaubte mir, meine eingespielten Grundmuster zu erkennen und mich, so wie ich war, besser anzunehmen.

Vor dem Hintergrund dieser persönlichen Erfahrungen begann ich mich ganz gezielt mit der körperorientierten Psychotherapie auseinanderzusetzen. Besonders interessierte mich die Frage, wie vorgeburtliche Verletzungen und geburtsbedingte Traumen erkannt und aufgelöst werden können. Sowohl durch meine eigene therapeutische Arbeit als auch im Austausch mit Fachleuten aus Psychotherapie und pränataler Psychologie konnte ich mein Wissen nach und nach vertiefen und erweitern.

Die Ursachen für Beziehungskonflikte, emotionale Störungen und somatische Beschwerden liegen nicht zwangsläufig in der Kindheit. Häufig reichen deren Wurzeln weiter zurück, in die Anfangszeit unseres psychophysischen Werdens. Das Klima, in dem wir entstanden, und die Bedingungen, unter denen wir herangewachsen sind, spielen eine ganz entscheidende Rolle. Ob wir in einer lustvollen Umarmung oder einem Pflichtakt gezeugt wurden, ist nicht dasselbe. Und ob wir auf dieser Welt mit Liebe empfangen wurden oder gleich zu Beginn auf Ablehnung gestoßen sind, ist gewiß ein großer Unterschied. Was wir in der Zeit unseres Entstehens erlebt haben, trägt maßgeblich dazu bei, ob wir uns als Erwachsene zuversichtlich oder ängstlich fühlen und ob wir der Welt offen oder zurückhaltend begegnen.

Bei der Geburt und in der Zeit davor sind wir so empfänglich und verletzbar wie in keiner anderen Phase unseres Lebens. Erlebnisse in diesem Entwicklungsabschnitt haben die Kraft, tiefe Spuren in unserem Bewußtsein zu hinterlassen, die unter Umständen zu einem problematischen Vermächtnis werden können. Wie medizinische und psychologische Studien gezeigt haben, können dies bei Kindern Angstzustände, Konzentrationsstörungen und Lernschwierigkeiten sein, bei Erwachsenen existentielle Ängste, Panikgefühle, Probleme im Umgang mit Streß sowie Atemprobleme und Migräne.

Diese Erkenntnisse sind nicht neu. Psychotherapeutinnen und Psychotherapeuten der unterschiedlichsten Richtungen haben auf die große Bedeutung der Geburt und der vorgeburtlichen Zeit für die seelische Entwicklung hingewiesen. Auch die Psychoanalyse hat diese Zusammenhänge anfänglich anerkannt, deren Erforschung dann aber fallen lassen. Wohl nicht zuletzt deshalb, weil diese Erkenntnisse nicht ins psychotherapeutische Konzept paßten.

Geburts- und Vorgeburtserlebnisse gehören in eine Zeit unserer seelischen Entwicklung, in der wir unser Empfinden nicht in Worten ausdrücken konnten. Unsere Welt erfuhren wir ausschließlich über unsere Sinne. Zudem liegt diese Zeit weit zurück. Das macht den Zugang zu unserer Geschichte nicht gerade einfach. Doch in einem geeigneten therapeutischen Rahmen und mit professioneller Unterstützung können Verletzungen, die bei der Geburt und in der vorgeburtlichen Zeit entstanden sind, erkannt und bewältigt werden. Die Erinnerung an Geburts- und Vorgeburtserlebnisse kann starke Emotionen wecken. Häufig beginnen sich in der Folge tiefsitzende Ängste, aber auch hartnäckige somatische Beschwerden, für die es keine medizinische Erklärung gab, von selber aufzulösen. Die Begegnung mit den Anfängen der eigenen Geschichte verhilft zu einem tiefen, befriedigenden Kontakt zu sich selbst. Häufig führt der dabei eingeleitete Bewußtseinsprozeß zum Auftauchen spiritueller Erfahrungen und weckt das Interesse an religiösen Themen.

Besondere Aktualität erfährt das Thema im Zusammenhang mit den Entwicklungen auf den Gebieten Gentechnologie, Pränataldiagnostik und -chirurgie. Vorgeburtliche Tests am Ungeborenen zur Früherkennung von sogenannten Anomalien sind schon heute an der Tagesordnung. Auch Operationen am Ungeborenen und Bluttransfusionen im Mutterleib können durchgeführt werden. Und schon bald sind auch Gentherapien möglich. Welche Auswirkungen diese Eingriffe auf die seelische Entwicklung des Kindes haben, ist jedoch völlig ungeklärt. Im Interesse des ungeborenen Kindes sollten wir pränatale Eingriffe kritisch beurteilen und uns gegen medizinische Verfahren wehren, die die seelische Integrität und die Würde des Kindes verletzen. Ich hoffe, dieses Buch wird zum Nachdenken anregen und zu fruchtbaren Diskussionen führen.

Vorbemerkungen

Wenn wir auf unser Leben Rückschau halten, kommen wir an unserer Jugendzeit vorbei, passieren Schulzeit und Kindergarten. Vielleicht haben wir noch ganz vage Erinnerungen an Episoden, die wir als Drei- oder Vierjährige erlebt haben. Aber die eigene Geburt? Kaum jemand kann die eigene Geburt spontan aus dem Gedächtnis abrufen wie den ersten Schultag. Und doch: Unter gewissen Bedingungen ist es möglich, sich an die Geburt und sogar an Vorkommnisse aus der Zeit davor zu erinnern. Die vorliegenden Erlebnisberichte von Klienten, die in der Psychotherapie auf ihre Geburt oder sogar auf vorgeburtliche Vorkommnisse gestoßen sind, sind keine Hirngespinste. Die Begegnung mit den Anfängen der Geschichte wirft Fragen auf, auf die ich hier einleitend eingehen möchte.

Wie authentisch sind diese Erinnerungen? Ganz gewiß sind die hier beschriebenen Erlebnisse wertvolle Dokumente. Ob ihnen jedoch autobiographische, authentische Erinnerungen zugrundeliegen oder nicht, bleibt Gegenstand von Kontroversen. Meine in der körperorientierten Psychotherapie gemachten Erfahrungen haben mich davon überzeugt, daß wir aufgrund unseres Bewußtseins imstande sind, alles, was wir vom Moment der Empfängnis bis zum jetzigen Augenblick erlebt haben, zu speichern. Nicht umsonst stimmen die in der Psychotherapie wiedererlebten Geburts- und Vorgeburtserlebnisse sehr häufig mit den Erinnerungen der Mutter überein. Wenn nun jemand in der Therapie im regressiven Zustand seine Einnistung wiedererlebt und danach von Farben und Geräuschen berichtet, kann man zu Recht einwenden, daß wir als Eizelle noch gar nicht über die entsprechenden Sinnesorgane verfügt haben. Da wir aber die Einnistung als Erwachsene wiedererleben, sind die Wahrnehmungen und Bilder unseren jetzigen Sinneseindrücken unterworfen. Ebenso ist die verbale Wiedergabe des Erlebten von unserem Erfahrungshintergrund und unserer Ausdrucksfähigkeit gefärbt, die wir als Erwachsene haben.

Haben wir alle ein Geburtstrauma? Eine Geburt ist ein überwältigendes Ereignis, bei dem das Kind mit Schmerzen und Angst konfrontiert wird. Sie muß seiner extremen Intensität wegen im Interesse der psychischen Gesundheit verdrängt werden. Vorgeburts- und Geburtserlebnisse treten darum auch nicht einfach so ins Bewußtsein. Es braucht dazu einen Auslöser, ein einschneidendes Erlebnis, oft ist es eine Lebenskrise. Es wäre aber falsch, alle unsere Probleme und Störungen automatisch auf ein Geburtstrauma zurückführen zu wollen. Ob die Geburt oder die vorgeburtliche Zeit für jemanden von Relevanz ist, kündigt sich meist in Form von Träumen an, oft auch mit körperlichen Symptomen. Ich persönlich halte darum nicht viel von Therapiemethoden, bei denen der Klient oder die Klientin künstlich, sei es mit Atemtechniken oder Drogen, in die früheste Vergangenheit zurückgeführt wird. In meiner Praxis tauchen Geburts- und Vorgeburtserlebnisse meistens spontan als Nebenerscheinungen des in der Therapie eingeleiteten Selbstheilungsprozesses auf.

Ist einmal mehr die Mutter an unserem Leiden schuld? An dieser Stelle möchte ich betonen, daß ich mit dem vorliegenden Buch niemandem eine Schuld zuweisen möchte. Wir sind in unserem Leben auch nicht nur Negativem begegnet, sondern haben am Anfang unseres Werdens auch sehr viele positive Eindrücke erfahren. Dieser Grundstock an Positivem hat es uns ermöglicht, uns körperlich, emotional und geistig zu entwickeln und zu der Person zu werden, die wir sind. Die Erkenntnis, daß die Ursache für eine Störung bei einer schwierigen Geburt oder einem traumatischen Ereignis davor liegt, bringt uns nur dann weiter, wenn wir bereit sind, uns mit unserer Geschichte zu versöhnen und die Verantwortung für unser Leben in die Hand zu nehmen.

Um die Anonymität der Personen in den Erlebnisberichten zu wahren, habe ich sowohl Namen wie auch andere biographische Daten, die Rückschlüsse auf ihre Identität geben könnten, abgeändert.

Das psychotherapeutische Gefäß

Die Möglichkeit zu wachsen ist eine jener wunderbaren und unerschöpflichen Qualitäten, die unser Leben kennzeichnet und unser Sein reich macht. Seit dem Augenblick der Empfängnis sind wir unaufhörlich damit beschäftigt, unsere Wahrnehmungen, Erlebnisse und Eindrücke miteinander zu verknüpfen und zu einem komplexen Ganzen zu verweben. Zu unserer vertrauten Identität geworden, bestimmt diese psychische Grundstruktur, in welche Richtung wir uns entwickeln, was wir vom Leben erwarten und wie wir der Welt begegnen. Wachstum ist somit ein natürlicher und selbsttragender Prozeß, der in sich die Kraft des Bewahrens und die Quelle der Erneuerung trägt. Alles, jedes Stillstehen und jedes Vorwärtsgehen, jedes Auf und Ab, aber auch alle Übergänge sind Ausdruck unseres Bewußtseins, das in der Gestalt unserer Geschichte zum Ausdruck kommt. Wie der Fluß auf seinem Weg zum Meer von einer unsichtbaren Hand geführt wird, werden auch wir auf unserer Reise angeleitet, damit wir unser Ziel erreichen, nämlich uns kennen und verstehen zu lernen.

Emotionale Verletzungen oder angstbesetzte Erlebnisse können sich tief in unserem Bewußtsein festsetzen. Als prägende Spuren können sie sowohl Ursache wie auch treibende Kraft sein, die später im Leben zu psychischen Störungen und körperlichen Beschwerden führen. Sahen wir uns schon früh in unserem Werden gezwungen, uns zu schützen und innerlich zu verschließen, kann dies bewirkt haben, daß wir in unserer Entwicklung steckengeblieben sind. Statt uns vertrauensvoll einzulassen, begannen wir festzuhalten und uns zurückzunehmen. Dieser Rückzugsneigung folgend verloren wir nicht nur den Kontakt zu uns, sondern zunehmend auch unsere Lebensfreude und Zuversicht. Unsere frühesten Erlebnisse und Eindrücke, die wir vom Leben haben, spielen somit eine zentrale Rolle. Zum einen beeinflussen sie unsere Vorstellungen und Erwartungen. Zum anderen bestimmen sie, ob wir ein großzügiges oder ein enges Weltbild haben, und legen den Raum fest, den wir uns und unserem Wachstum geben.

Rückzug in den Kokon

Erhielten wir zu Beginn unseres Lebens viel Wärme und Liebe, hat uns dies ermöglicht, ein gesundes Selbstwertgefühl und einen stabilen inneren Bezug zu entwickeln. Eingebettet in ein wohlwollendes und freundliches Klima, haben wir uns aufgehoben gefühlt. Wir konnten lernen, uns zu vertrauen und der Welt mit Zuversicht zu begegnen. Sind wir Schwierigkeiten begegnet oder wurden unsere Bedürfnisse auch mal enttäuscht, fühlten wir uns trotzdem grundsätzlich angenommen und mit dem Leben fest verbunden. Fehlte uns jedoch die schützende Geborgenheit einer liebenden und nährenden Beziehung, dann begannen wir zu leiden. Um uns vor weiteren Verletzungen zu schützen, wurden wir innerlich hart. Unsere Not haben wir, so gut dies ging, aus dem Bewußtsein verdrängt und versucht, uns mit diesem Zustand zu arrangieren. Doch die ganze unbewältigte Geschichte kann Jahre später, hauptsächlich in intimen Beziehungen, wieder auftauchen und den Kontakt empfindlich stören. Aus Angst vor Zurückweisung und neuen Verletzungen haben wir gelernt, uns zurückzuhalten. Obwohl wir uns nach Geborgenheit und Liebe sehnen, vermeiden wir paradoxerweise jede Gelegenheit zur Nähe und ziehen uns statt dessen immer mehr in unseren engen Kokon zurück. Sich aus diesem Teufelskreis zu befreien ist nicht einfach, aber auch nicht unmöglich.

Mit den Tiefen unserer Geschichte setzen wir uns meistens nicht ganz freiwillig auseinander, sondern erst dann, wenn es uns nicht gut geht. Krisen empfinden wir als Störungen, überraschen sie uns doch immer im unpassendsten Moment. Manchmal scheinen sie tatsächlich aus heiterem Himmel zu fallen. Häufig sind sie aber auch das Resultat eines schwelenden Konfliktes, den wir lange nicht wahrhaben wollten. Darum sind Krisen auch wichtig. Sie zwingen uns, Altes loszulassen und uns für Neues zu öffnen. Häufig markieren sie einen entscheidenden Wendepunkt in unserem Leben. Eine ernste Krankheit, der Verlust eines geliebten Menschen, die Geburt eines Kindes oder auch ein Berufswechsel können solche Auslöser sein.

Krisen verlangen, daß wir eine Pause einlegen. Natürlich versuchen wir einmal mehr, uns auf altbewährte Art aus der Krise zu manövrieren. Sind wir eher von kämpferischer Natur, dann setzen wir alle Hebel in Kraft, um das Unabwendbare zu verhindern. Neigen wir dagegen eher zu Flucht, dann geben wir uns vorschnell geschlagen und ziehen uns resigniert zurück. Wenn dann aber weder Kampf noch Flucht uns weitergebracht haben, sind wir gezwungen, hinzuschauen und unsere Lebenssituation gründlich zu überdenken. Krisenzeiten werden oft begleitet von archetypischen Bildern; von Szenen der Zerstörung, der Verwüstung oder des Verbrennens. Obwohl mit unangenehmen Gefühlen besetzt, tragen diese Bilder in sich immer auch das Element des Wandels und der Wiedergeburt – wie die Erscheinung des Vogels Phönix, der sich in strahlender Schönheit aus der Asche des Feuers erhebt. Damit wir an Krisen wachsen und die nötigen Erneuerungen einleiten können, sind wir auf Hilfe angewiesen. Fehlt sie uns, kann leicht das Gegenteil eintreffen: In unserer Angst verkrampfen wir uns noch mehr und ziehen uns immer tiefer in unseren Kokon zurück.

Das Erbe unserer Eltern

Eine ganz wichtige Angelegenheit, die wir gerne auf die lange Bank schieben, sind Konflikte mit unseren Eltern. Im Zusammenleben mit unserer Familie haben wir während vieler Jahre entscheidende Erfahrungen gemacht, die uns maßgeblich geprägt und unsere Entwicklung entscheidend beeinflußt haben. Wie immer unser familiäres Zusammensein auch war, unsere Eltern haben sich auf ihre Weise um uns gekümmert und versucht, ihr Bestes zu geben. Verständlicherweise haben wir dabei nicht immer das erhalten, was wir uns wünschten. Wir mußten Entbehrungen und Frustrationen hinnehmen. Sehen wir von traumatischen Vorkommnissen aller Art ab, hatten wir im Rahmen unserer Familie die Möglichkeit, lebenswichtige Verhaltensweisen zu erproben.

Unsere Eltern sind die direkte Verbindung zu unseren Vorfahren und damit zu unseren Wurzeln. Sie spielen daher eine bedeutende Rolle in unserer Geschichte. Ist die Beziehung zu ihnen gestört, ist auch der Kontakt zu unserem kulturellen Erbe gestört. Mit jedem Tag, der vergeht, werden unsere Eltern älter, und die Zeit, um Unerledigtes zu klären, wird kürzer. Wir müssen damit rechnen, daß sie jeden Augenblick sterben und wir die Gelegenheit, unsere Beziehung zu ihnen zu bereinigen, für immer verpassen. Damit wir uns mit unserer

Geschichte versöhnen und uns, so wie wir sind, annehmen können, ist es wichtig, unsere Vergangenheit zu bewältigen. Doch in meiner Arbeit als Psychotherapeut erlebe ich oft, wie schwierig es ist, das Verhältnis zu den Eltern zu klären, da es häufig mit alten Verletzungen, unausgesprochenen Erwartungen und verborgenen Mythen belastet ist. Damit wir die Verbindung zu unseren Eltern nicht unnötig belasten und den Kontakt mit unserer Geschichte nicht verlieren, ist es wichtig, Unausgesprochenes zu bereinigen und Einengendes aufzulösen, um eine offene Form der Begegnung zu finden, die sich durch Achtung und gegenseitige Wertschätzung auszeichnet.

Sinn und Zweck der Psychotherapie

Stoßen wir auf unserer Seelenreise auf alte Verletzungen oder verdrängte Erlebnisse, die wir nicht alleine bewältigen können, dann bietet die Psychotherapie den geschützten Rahmen, den wir zur Klärung brauchen. In der Psychotherapie können schmerzhafte oder traumatische Vorkommnisse aus den frühesten Lebensabschnitten reaktiviert werden. Getragen von einer Beziehung, die in Vertrauen und Verbindlichkeit wurzelt, können wir negative Eindrücke und störende Grundmuster auflösen, die unsere Vergangenheit in uns hinterlassen hat. Die Therapie ermöglicht uns auch, neurotische Gewohnheiten, die in unseren Beziehungen immer wieder zu Schwierigkeiten geführt haben, aufzudecken und aufzugeben. Indem wir die verschiedenen Puzzleteile unserer Geschichte aus einer veränderten, großzügigeren Perspektive betrachten, können wir diese neu und geschickter zusammenfügen und die Prioritäten in unserem Leben anders setzen.

Sinn und Zweck einer Psychotherapie bestehen darin, uns in schwierigen Lebenssituationen beizustehen. Dies können allgemeine Lebensprobleme, emotionalen Störungen wie Depressionen und Angstzustände sein, aber auch Beziehungskonflikte, Schwierigkeiten mit Verlust und Abschied sowie spirituelle Krisen. In der Psychotherapie finden wir einen sicheren Raum, in dem Unbewältigtes aufgearbeitet, aber auch neue Verhaltensweisen erlernt und umgesetzt werden können. Wichtig ist, daß wir mit jeder Bewältigung eines Konfliktes an Zuversicht und Vertrauen gewinnen, damit wir, durch diese positiven Erfahrungen gestärkt, dem Leben mutiger und offener begegnen können. Taucht, um ein Beispiel zu nennen, in einer bestimmten Situation das Gefühl „Angst“ auf, dann haben wir verschiedene Möglichkeiten, darauf zu reagieren. Wir können, was wir gewöhnlich tun, unsere Sinne verschließen, um dem Gefühl auszuweichen. Dadurch nimmt aber unsere Unsicherheit zu, und das Gefühl „Angst“ ist präsenter denn je. Oder aber wir lernen mit psychotherapeutischer Hilfe, innerlich stehenzubleiben und die Erscheinung „Angst“ direkt zu betrachten. Indem wir „Angst“ in seiner Qualität ergründen, beginnt sie sich von selbst aufzulösen.

Zwar erfaßt die therapeutische Selbsterfahrung vor allem Bereiche unseres Seins, die wir aus unserem Bewußtsein verdrängt haben. Trotzdem heißt das nicht, daß wir auf unserer Seelenreise nur auf Negatives und Unangenehmes stoßen. Wie ich dies in meiner Praxis oft beobachte, können auch sehr amüsante Episoden auftauchen. Dies geschieht vor allem dann, wenn wir ein schwieriges Thema, das uns lange beschäftigt und uns viel Substanz gekostet hat, bewältigt haben. Was immer wir auch zu meistern haben, entscheidend ist unsere innere Einstellung und die Art, wie wir mit dieser Situation umgehen. Weigern wir uns jedoch, mit den dunklen Stellen unserer Geschichte Freundschaft zu schließen, gewinnen diese immer mehr Macht über uns. Dadurch verlieren wir an Lebendigkeit, Spontaneität und Freude und stehen dem Leben immer hilfloser gegenüber. Öffnen wir uns sowohl für unsere negativen Erfahrungen wie auch für unsere ungelebten Seiten, dann verlieren unsere Ängste ihre Bedrohlichkeit und entpuppen sich sogar als wichtige und hilfreiche Gefährten. Dem Weg der inneren Freundschaft folgend, ist es uns im Rahmen der Psychotherapie möglich, uns von einengenden Gewohnheiten und störenden Emotionen, die wie Schatten unser Sein verdunkeln, zu befreien, um so langsam aber sicher Abschied von den Dramen unserer Vergangenheit zu nehmen.

Die Psychotherapie legt auf das Heilen alter Verletzungen und das Aufgeben störender Gewohnheiten sehr großen Wert. Durch das Abwerfen von unnötigem Ballast schaffen wir innerlich Raum, werden durchlässiger und großzügiger. Sehr häufig sind wir uns der tieferen Beweggründe unseres Tuns überhaupt nicht bewußt und lassen uns von eingespielten Mustern leiten oder von irgendwelchen Sorgen und Befürchtungen davontragen. Wenn wir uns mit unserer Geschichte auseinandersetzen, stoßen wir unweigerlich auf unsere primären

Überlebensstrategien, die wir entwickelt und im Laufe der Jahre zu festen Mechanismen verfeinert haben. Indem wir uns an diesen mentalen Mustern und Reaktionsweisen festhalten, verfestigen sie sich zu starren psychischen Strukturen. Schließlich werden sie, ohne daß wir uns dessen bewußt sind, zu unserer vertrauten ICH-Identität. Da uns unser ICH oder Ego Halt und Sicherheit verspricht, beginnen wir diese innere Instanz abzusichern und mit allen möglichen Mitteln zu verteidigen. Damit unterstützen wir den inneren Rückzug und zementieren die Welt unseres Kokons. In der Psychotherapie schauen wir uns diese primären Lebensmuster genau an und setzen uns mit der Frage auseinander, wer wir zu sein glauben. Eingefleischte Mythen, die wir früh verinnerlicht haben wie „Ich bin nicht liebenswert", „Das Glück gehört den anderen, aber nicht mir" oder „So wie ich mich fühle, bin ich eine Zumutung" können wir ablegen und aus unserem Leben verbannen.

Durch bewegende Erlebnisse aufgerüttelt und vom Gefühl einer wachsenden inneren Verbundenheit berührt, kann sich die Art ändern, wie wir uns bisher wahrgenommen haben und der Welt begegnet sind. Statt verbissen an unseren Wünschen und Bedürfnissen festzuhalten und in Wut zu geraten, sollten diese nicht augenblicklich erfüllt werden, können wir Nachsicht walten lassen und mit Geduld reagieren. Die psychotherapeutische Entdeckungsreise führt schließlich zu einer ganz neuen Sicht der Dinge. Diesen Prozeß hat der amerikanische Psychologe Abraham Maslow gründlich erforscht und seine Erkenntnisse auf sehr eloquente Weise beschrieben. Nach Maslow ist die Auseinandersetzung mit den heilsamen Bereichen unseres Lebens äußerst wichtig. Sie ermöglichen uns, das Gute in uns zu erwecken und dadurch zu einem wachsenden Gefühl von Wohlbefinden und Selbstannahme zu gelangen.

Beziehung statt Technik

Abhängig vom psychotherapeutischen Hintergrund der Therapeutin oder des Therapeuten wird das Schwergewicht in der Psychotherapie mehr auf Unbewältigtes aus der Vergangenheit, den Umgang mit Gefühlen oder die Klärung von Kommunikationsstörungen gesetzt. Gearbeitet wird in Gesprächen, mit künstlerischen Ausdrucksmitteln oder körperorientierten Methoden. Der Erfolg der Therapie, sei dies eine Psychoanalyse, eine Gesprächstherapie oder eine körperorientierte Psychotherapie, hängt weniger von der angewendeten „Technik" ab, sondern von der Beziehung zwischen der Klientin bzw. dem Klienten und der Psychotherapeutin bzw. dem Psychotherapeuten. Ihre/seine Aufgabe ist es, dem oder der Reisenden auf dem Weg durch unbekannte Seelenlandschaften beizustehen und ein Klima zu schaffen, in dem Ordnung und Klarheit in die durcheinandergeratene Gefühlswelt gebracht werden kann. Eine weitere wichtige Aufgabe des Therapeuten liegt darin, praktische Mittel für die geschickte Bewältigung alltäglicher Schwierigkeiten anzubieten und zu einer lebensfreundlichen Haltung zu animieren, die das Heilsame fördert und das Gute unterstützt. In einem offenen, vertrauensvollen Therapiegefäß spielen die therapeutischen Techniken und Interventionen eine Nebenrolle und treten mehr und mehr in den Hintergrund.

Aber nicht nur die Klientin/der Klient, sondern auch die Therapeutin/der Therapeut sind gefordert, offen zu sein und den Schutzpanzer abzulegen, hinter dem man sich so gern versteckt. Besteht nämlich ein Gefälle in der Beziehung, entsteht Distanz, was der Psychotherapie sehr enge Grenzen setzt. Weil wir alle, ob Hilfesuchende oder Helfende, glücklich sein möchten und uns vor Schmerz fürchten, sollten wir uns in allem, was wir tun, von Anteilnahme und Mitgefühl leiten lassen. Vernachlässigen wir diese heilsamen Qualitäten, kann es geschehen, daß wir als Hilfesuchende in Ohnmachts- und Minderwertigkeitsgefühlen steckenbleiben und uns als Helfende abgeschnitten und einsam fühlen.

Um Hilfe bitten und Hilfe annehmen

Wie wir gesehen haben, gibt es die verschiedensten Beweggründe für eine Psychotherapie. Bis wir uns jedoch endgültig dazu entscheiden, professionelle Hilfe in Anspruch zu nehmen, durchleben wir meistens ein Wechselbad der Gefühle. Zwar fühlen wir uns verunsichert und verwirrt, haben aber auch Zweifel und Angst, uns auf fremde Hilfe einzulassen. Damit wir innerlich zur Ruhe kommen und unser Gleichgewicht wieder finden können, brauchen wir zuerst einmal Geduld und Verständnis. Indem wir eine Pause einlegen, einen Schritt zurücktreten und unsere Situation aus einer veränderten Perspektive betrachten, können wir die Ursachen, die zu unseren Schwierigkeiten geführt haben, besser erkennen. Dann können wir entscheiden, was wir zu tun bzw. zu lassen haben.

Uns einzugestehen, daß wir in Schwierigkeiten sind, die wir ohne fremde Hilfe nicht mehr auflösen können, ist nicht immer einfach. Oft stehen uns unsere Vorstellungen und Erwartungen im Wege, oder es fehlt uns ganz einfach das Vertrauen, daß uns jemand helfen kann. Statt dessen versuchen wir, uns mit allerlei klugen Ratschlägen zu beruhigen. „Alles nur halb so wild" oder „Morgen sieht die Welt wieder ganz anders aus" sagen wir uns. Oder wir versuchen, uns mit dem Leid anderer zu trösten, indem wir denken: „Ich bin nicht der einzige, dem es schlecht geht. Anderen Menschen geht es noch viel schlechter als mir." Doch in den seltensten Fällen lassen sich Lebenskrisen mit Durchhalteparolen wegreden.

In unserer schnellebigen Zeit haben Krisen und Schwierigkeiten keinen Platz und werden leicht als persönliche Niederlagen oder gar Demütigungen erlebt. Vielleicht fühlen wir uns in unserem Stolz verletzt und befürchten, unser Gesicht zu verlieren oder gar als Versager dazustehen. Doch Schwierigkeiten gehören zum Leben. Um Hilfe zu bitten und Hilfe anzunehmen ist etwas Heilsames und Gesundes. Häufig gelangen wir nach einer kürzeren oder längeren Phase des Haderns zu dieser Einsicht, daß wir alleine nicht mehr weiterkommen. Dieser Wandel in unserer Einstellung markiert einen entscheidenden Wendepunkt. Wir erkennen unsere Grenzen und hören auf, gegen uns und unsere Schwierigkeiten zu kämpfen. Indem wir bereit sind, Hilfe anzunehmen und einer anderen Person Einblick in unsere Innenwelt zu gewähren, können wir uns endlich entspannen.

Verständlicherweise verhalten wir uns anfänglich vorsichtig, schließlich sind wir es nicht gewohnt, eine andere Person an unserem Innenleben teilhaben zu lassen. Doch indem wir lernen, Hilfe anzunehmen, können wir uns öffnen und loslassen. Nur so können wir uns mit unserer Geschichte versöhnen. In welcher Lebenslage wir uns auch befinden, Hilfe war und ist da und wird immer für uns da sein. Unser Problem ist nicht, daß wir keine Hilfe erhalten, sondern daß wir aufgrund unserer Geschäftigkeit und Voreingenommenheit die Hilfe, die uns geboten wird, weder wahrnehmen noch annehmen können.

Haben wir uns auf die Psychotherapie eingelassen und zur Therapeutin oder zum Therapeuten Vertrauen gefaßt, können wir unseren Griff, mit dem wir gelernt haben, uns unter Kontrolle zu halten, entspannen. Dadurch eröffnet sich uns eine Welt, die wir meist längst vergessen haben. Sehr weit zurückliegende Erlebnisse wie unbewältigte Kindheitseindrücke, unsere Geburt oder gar Vorkommnisse aus der Zeit davor können plötzlich auftauchen. Indem wir mit den Wurzeln unserer Geschichte vertraut werden, beginnen wir zu erkennen, wie sehr diese Erlebnisse unser Bewußtsein geprägt und unser Verhalten beeinflußt haben. Die Begegnung mit unserer Geschichte wühlt auf und verunsichert. Da ist es nur zu verständlich, daß wir hin- und herschwanken zwischen der Angst, uns einzulassen, und dem Wunsch, loszulassen. Doch mit jeder Schwierigkeit, die wir bewältigt haben, werden wir stärker, und unser Vertrauen wird solider. Dadurch kann sich der psychotherapeutische Prozeß ausweiten und an Tiefe gewinnen. Keinesfalls dürfen Vertrauen und Hingabe mit einem Zustand der Selbstaufgabe oder blinder Anbetung verwechselt werden, wo wir alles, was wir hören, einfach schlucken, ohne unseren kritischen Verstand zu benützen. Ganz im Gegenteil: Vertrauen und Hingabe sind Ausdruck einer Haltung, die sich auf Achtsamkeit und Mitgefühl bezieht und in Respekt wurzelt. Dieser Haltung zu folgen bedeutet, sich selber wahr- und die eigenen Gefühle ernstzunehmen. Zur Orientierung stützen wir uns nicht auf unseren Intellekt, sondern lassen uns von der Kraft der Weisheit inspirieren und leiten. Um Hilfe zu bitten und den Weg der Hingabe und des Vertrauens zu gehen führt dazu, daß unser Gewahrsein klarer und unser Bewußtsein schärfer wird. Wir gewinnen Raum und können dadurch Distanz zu unserem persönlichen Drama schaffen. Hören wir auf, gegen uns und unsere Gefühle zu kämpfen, sind wir besser imstande zu erkennen, wo in unserem Leben wir stehen, was wir brauchen, damit es uns gut geht, und was wir unterlassen müssen.

Die eigene Geschichte verstehen und als Weg nutzen

Die Möglichkeit zur Selbstheilung hängt nicht nur vom psychotherapeutischen Rahmen und dem Vertrauen zur Therapeutin bzw. zum Therapeuten ab, sondern wird auch von unseren Erwartungen und übernommenen Konzepten bestimmt, die wir aufgrund früher Erlebnisse entwickelt haben. In meiner Praxis begegne ich häufig der Annahme, die Psychotherapie sei eine Art magische Chirurgie, mit deren Hilfe es möglich sei, die dunklen Seiten unseres Lebens herauszuschneiden und das Schmerzhafte und Negative ein für alle Mal zu entfernen. Ich muß gestehen, auch ich glaubte das einst. „Wenn ich mich nur genügend anstrenge, werde ich irgendwann in der Lage sein, meine Ängste und Schwierigkeiten hinter mir zu lassen, und zur Belohnung für meine Bemühungen Glück und Zufriedenheit erhalten", hoffte ich. Doch irgendwann mußte ich mir schweren Herzens eingestehen, daß ich mit dieser Einstellung keinen Erfolg haben würde. „Wenn ich mich nur genügend anstrenge, dann..." Blind folgte ich dieser Annahme, die ich als Kind übernommen und die mir damals bei allerlei Schwierigkeiten gute Dienste geleistet hatte. Als Erwachsener mußte ich jedoch erkennen, daß diese Einstellung eine Täuschung war. Statt dessen mußte ich lernen, mich ganz bewußt mit meinen Vorstellungen, Hoffnungen und Befürchtungen auseinanderzusetzen und zu hinterfragen, wer ich zu sein glaubte. Natürlich fiel es mir anfangs schwer, meine vertraute Lebensstrategie, Ziele mit Leistung und Fleiß erreichen zu wollen, zu verabschieden. Ich fühlte mich hilflos, denn Alternativen, wie ich alltägliche Herausforderungen meistern und den Schwierigkeiten des Lebens intelligent begegnen konnte, standen mir nicht zur Verfügung.

Damit wir alte Verletzungen bewältigen und unsere tiefsitzenden Lebensmuster ablegen können, sind wir auf ein fundiertes Verständnis von der Natur des Bewußtseins angewiesen. Von diesem Wissen inspiriert, können wir eine Sichtweise entwickeln, die es uns ermöglicht, unsere Geschichte als Weg zu nutzen. Tauchen plötzlich starke Eindrücke auf, die wir sehr früh in unserem Leben erfahren haben, wie beispielsweise „Ich schaffe es sowieso nicht" oder „Ich habe keine Chance, jemals angenommen und geliebt zu werden", dann kann uns dies sehr verunsichern, so daß wir uns noch mehr verschließen. Erforschen wir dagegen die Art, wie wir gelernt haben, auf Hindernisse zu reagieren, dann verlieren unsere Reaktionsmuster kontinuierlich an Einfluß und beginnen aufzuweichen. Anstatt unsere Überlebensstrategien, die wir am Anfang unseres Lebens entwickelt und im Laufe unserer Geschichte verfeinert haben, blind zu wiederholen, können wir diese loslassen und neue Wege einschlagen.

Wenig halte ich von Psychotherapiemethoden, welche den schnellen Erfolg versprechen und derzeit groß in Mode sind. Mit ihrem leistungsorientierten Ansatz entsprechen sie exakt denjenigen Werten, die unseren Zeitgeist ausmachen: Erfolg, Machbarkeit und Kontrolle. Oberstes Ziel ist das optimale Funktionieren, Störungen müssen schnellstmöglich behoben werden. Übersetzt auf die Psychotherapie heißt das, daß eine erfolgreiche Therapie effizient ist und quantifizierbare Kriterien wie das Ändern von unangepaßtem Verhalten oder die Auflösung von affektiven Problemen feststellbar sind. Das Schwergewicht dieser Therapieansätze liegt auf ausgeklügelten Techniken und kleveren Strategien, die in möglichst kurzer Zeit möglichst viele „Verbesserungen" bewirken sollen. Weil die tieferen Ursachen und Hintergründe psychischer Schwierigkeiten oder somatischer Beschwerden in diesem engen, leistungsorientierten Rahmen ausgeblendet werden, ist die Gefahr groß, daß sich nur oberflächlich im sichtbaren Verhalten etwas ändert, grundsätzlich aber alles beim alten bleibt. Das Aufbauen einer Beziehung, die in Vertrauen und gegenseitigem Respekt wurzelt, wo alternative Verhaltensweisen ausprobiert sowie neue Erkenntnisse gewonnen werden können, ist unter diesen Bedingungen kaum oder höchstens beschränkt möglich.

Was wir für die Meisterschaft des Lebens benötigen, ist eigentlich sehr wenig: Verbindliche Beziehungen, auf die wir uns verlassen können; einen Raum, wo wir ermutigt werden, mit uns und unserer Geschichte in Kontakt zu treten; geschickte Mittel für die Bewältigung unserer Schwierigkeiten; Wissen, das uns inspiriert und hilft, unseren Weg zu gehen.

Körperorientierte Psychotherapie

Die Anfangsphase der Psychotherapie war stark durch die von Freud entwickelte Psychoanalyse geprägt. Das Schwergewicht lag auf der Erforschung und Behandlung unterdrückter Triebe und frustrierter Bedürfnisse, welche für das Entstehen neurotischer Reaktionsweisen und emotionaler Störungen verantwortlich gemacht wurden. Konflikte, Spannungen und Ängste sind gemäß dem psychodynamischen Verständnis die treibenden Kräfte für neurotisches Verhalten. Um einen tieferen Einblick in die Seele zu erhalten und die Ursachen und Bedingungen für psychische Schwierigkeiten aufzudecken, wird in der Psychoanalyse das Unbewußte gezielt erforscht. Dabei spielen Träume und Projektionen eine zentrale Rolle.

Unter dem Einfluß gesellschaftlicher Veränderungen und angeregt durch neue Erkenntnisse auf dem Gebiet der Geisteswissenschaften hat sich die Psychotherapie in den letzten dreißig Jahren stark gewandelt. Die Frauenbewegung, das Experimentieren mit bewußtseinserweiternden Substanzen sowie der Einfluß mystischer Traditionen haben das Menschenbild und die Arbeitsmethoden in der Psychotherapie wesentlich geprägt. Inspiriert von alternativen Lebensweisen sind ganz neue Psychotherapiemethoden entstanden. Statt sich wie bis anhin ausschließlich mit dem Negativen und den Unzulänglichkeiten des Menschen zu beschäftigen, rückte zunehmend das gesunde Potential, das wir alle in uns tragen, in den Vordergrund. Dieses ganzheitliche Verständnis des Menschen mit seiner starken Ausrichtung auf dessen positive Eigenschaften findet man vor allem in der humanistischen und holistischen Psychologie. Vor diesem Hintergrund entwickelten sich neue Therapiemodelle wie die Gesprächspsychotherapie, die Gestalttherapie, die Bioenergetik, die Primärtherapie sowie etwas später verschiedene Formen der Atemtherapie.

Neue Wege der Psychotherapie

In der körperorientierten Psychotherapie wird der Körper direkt in die therapeutische Arbeit mit einbezogen. Auf diese Weise kann die

Domäne der Worte überwunden und das Erfahrungsspektrum erweitert werden. Gefühle, Gedanken sowie sämtliche Erlebnisse werden ganz unmittelbar über den Körper erfahren und mit Stimme, Atmung und Bewegung ausgedrückt. Taucht beispielsweise das Gefühl Wut auf, dann versuchen wir es weder zu deuten noch zu psychologisieren. Vielmehr geben wir der Wut Raum und beobachten, was in unserem Geist und Körper passiert. Beginnen wir unsere Aufmerksamkeit für die verschiedensten Körperempfindungen wie Schmerzen oder Spannungen zu schärfen, können wir zu den Wurzeln unserer Geschichte vordringen. Vor allem Erlebnissen aus der Anfangszeit unserer Entwicklung und traumatischen Vorkommnissen, die sich normalerweise dem Zugriff der Sprache entziehen, verhilft die körperorientierte Psychotherapie zu ihrem Ausdruck.

Die körperorientierte Psychotherapie geht davon aus, daß unsere ganze Geschichte, von der Empfängnis bis zum Jetzt, in unserem Bewußtsein gespeichert ist. Alles, was wir je gehört, erlebt, gesehen und empfunden haben, hat unsere Entwicklung beeinflußt und unser Selbstbild geprägt. Wie wir atmen, uns bewegen, mit uns in Kontakt sind und auf die Welt zugehen, ist Ausdruck unserer gelebten und ungelebten Wahrheit. Unser Körper, und dies sollten wir auf unserer Seelenreise nie vergessen, ist ein sehr fragiles und vergängliches Zuhause, auf das wir hören und dem wir Sorge tragen sollten.

Wenn die eigene Geschichte in den Körper fällt

Gewiß haben wir alle irgendwann in unserem Leben, vielleicht sogar schon vor unserer Geburt, Erlebnisse gehabt, die uns so sehr bedrohten, daß wir sie verdrängen mußten. Damit sind sie zwar aus dem Gedächtnis verbannt, nicht aber aus dem Körper. Als eingefrorene Überreste, die sich unserem Bewußtsein entziehen, führen verdrängte Vorkommnisse ein sehr aktives Eigenleben. Getarnt als ein diffuses Unbehagen, als Unruhe oder Angespanntheit geistern sie in unserem Körper herum. Unsere Brust, die sich einst leicht bewegen ließ, fühlt sich plötzlich hart und eng an. Oder wir fühlen uns angespannt und gereizt oder werden von irgendwelchen seltsamen Symptomen geplagt, für die es keine medizinische Erklärung gibt.

Kopfschmerzen, Verdauungsprobleme und Verspannungen sind oft das Vermächtnis unserer ungelebten und ungeliebten Wahrheit. Verdrängte Vorkommnisse können sich jahrelang schön diskret verhalten. Durch ein scheinbar unbedeutendes Ereignis kann es aber geschehen, daß unser System, das bisher optimal funktioniert hat, dem inneren Druck nicht mehr standhält und dadurch plötzlich Energien freigesetzt werden, die bis dahin fest im System gebunden waren. Treffen sie im Körper auf eine Schwachstelle, kann ein körperliches Symptom entstehen. In meiner Arbeit als Psychotherapeut ist mir aufgefallen, wie körperliche Beschwerden häufig sehr eng mit sehr frühen traumatischen Vorkommnissen verbunden sind.

Aufgrund ihrer Manifestation und der Bedingungen, unter denen sie auftauchen, können somatische Beschwerden aufschlußreiche Hinweise über unsere Geschichte geben. Indem wir unsere körperlichen Beschwerden wahrnehmen und mit ihnen in Kontakt treten, haben wir nicht nur die Möglichkeit, mehr über uns zu erfahren, sondern können uns auch von ihnen befreien. Um somatische Beschwerden verstehen und heilen zu können, ist es wichtig, daß sie aus möglichst unterschiedlichen Blickwinkeln untersucht und auf ganzheitliche Weise behandelt werden. Leider wird heute oft eine zu einseitige, rein medizinisch – medikamentöse Behandlungsmethode angeboten. In einer Behandlung, die die Ursachen ignoriert, werden die Symptome lediglich im Körper verschoben, nicht aber geheilt.

Körperliche Beschwerden mögen zwar unangenehm sein, doch haben sie auch ihre positiven Seiten: Sie warnen uns davor, so weiterzumachen wie bisher. Indem sie unsere vertraute Wirklichkeit ins Wanken bringen, zwingen sie uns, einengende Gewohnheiten und Muster loszulassen. Eine wichtige Lektion, die die Auseinandersetzung mit körperlichen Beschwerden mit sich bringt, besteht in der Herausforderung, uns auf unsere Geschichte und deren Hintergründe einzulassen.

Schockerlebnisse und deren Auflösung

Vom Partner oder der Partnerin verlassen zu werden kann einen leichten, vielleicht mittleren Schock hinterlassen. Mit Unterstützung von Freunden oder psychotherapeutischer Begleitung können wir diesen

Schock nach und nach bewältigen. Werden wir dagegen mit dem Tod einer uns nahestehenden Person konfrontiert, kann dies einen schweren Schock zur Folge haben. Aber auch Erlebnisse subtilerer Natur wie wiederholte psychische Verletzungen können schockartige Spuren hinterlassen. Wie ein gewaltiger Schlag spalten Schockerlebnisse unsere Integrität und hinterlassen in unserer Seele tiefe Narben. Um die existentielle Bedrohung, die von einem solchen Erlebnis ausgeht, abzuwenden, stellen wir unsere Empfindungen ab, verschließen uns und blenden die ganze Erfahrung aus unserem Bewußtsein aus. In Form von „blinden Flecken" spiegeln sich traumatische Vorkommnisse in unserem Körper. Dies kann dazu führen, daß sich bestimmte Stellen empfindungs- und leblos anfühlen. Bezeichnende Aussagen, die auf ein Schockerlebnis hindeuten, sind: „Ich spüre nichts". „Meine Brust fühlt sich leer an." „Meine Arme sind wie betäubt und meine Hände gelähmt". Jedes Erlebnis, das uns emotional überfordert, kann einen Schock hinterlassen. Weil wir nicht in der Lage sind, solche Erfahrungen in unsere psychische Struktur einzubinden, spalten wir sie von unserem Bewußtsein ab. Als Folge ungelöster Schockerlebnisse verlieren wir den Bezug zu uns selber. Unser Lebensraum, der einst weit und offen war, wird mit jeder Erfahrung, die wir abspalten müssen, enger und härter. Wir beginnen uns nach außen abzugrenzen und nach innen zurückzuziehen.

Ein Erlebnis mit Schockwirkung kann dazu führen, daß wir nicht nur abschalten, sondern angesichts der Bedrohung sogar aus dem Körper aussteigen müssen. Ich erinnere mich an eine Klientin, die als kleines Mädchen von ihrem Vater mißhandelt wurde. Um den körperlichen Schmerz und die unbeschreibliche seelische Not ertragen zu können, stieg sie innerlich aus und verließ ihren Körper. Aus einer sicheren Distanz sah sie zu, wie ihr Vater sich an ihr vergriff. Als kleines Kind hatte ihr das Aussteigen geholfen, dem Elend zu entrinnen und psychisch zu überleben. Als erwachsene Frau jedoch wurde dieses Überlebensmuster zu einem Hindernis. Es machte es ihr unmöglich, anwesend zu sein und mit unangenehmen Angelegenheiten und schwierigen Begegnungen umzugehen. Ein großer Teil der psychotherapeutischen Arbeit bestand für sie darin, den Kontakt zu ihrem Körper wieder aufzunehmen und mit ihren Gefühlen vertraut zu werden. Schließlich gelang es ihr, sich zu öffnen und zurück in ihren Körper zu finden. Dieses Beispiel führte mir deutlich vor Augen, welch ungeahntes Potential wir in uns tragen und, vorausgesetzt wir verschließen unser Herz nicht, über welche Möglichkeiten zur Heilung von Verletzungen wir verfügen.

Schockartige Erlebnisse müssen behutsam angegangen werden. Denn würde die verdrängte Wirklichkeit unvermittelt wieder in unserem Bewußtsein auftauchen, könnte dies erneut zu einem Schock führen. Damit die verdrängte Wirklichkeit bewältigt werden kann, braucht es ein fundiertes psychologisches Verständnis und ein tiefes Vertrauen in unser grundlegendes Gutsein. Bei der Auflösung schockartiger Erlebnisse darf man sich keinesfalls nur mit den „großen Brocken", also dem Faßbaren, zufrieden geben. Auch die feinen Nuancen müssen unter die Lupe genommen werden, da sie sonst wie feine Splitter leicht übersehen werden und so die Heilung behindern können. Um traumatische Vorkommnisse verstehen und auflösen zu können, gilt es zwei Punkte zu beachten: Einerseits muß das Erlebnis selber mitsamt den dabei entstandenen Verletzungen und Empfindungen bewältigt werden. Andererseits müssen auch dessen Auswirkung auf die psychische Entwicklung und die in der Folge entstandenen Reaktionsmuster aufgedeckt werden.

Daß schockartige Erlebnisse im Bewußtsein wie auch im Körper nachhaltige Spuren hinterlassen, ist eine von der Psychologie wie auch der Medizin mittlerweile anerkannte Tatsache. Wie tief diese Spuren sein können, veranschaulicht die Geschichte von Cornelia:

Cornelia ging es eigentlich ganz gut. Manchmal fühlte sie sich zwar niedergeschlagen und litt phasenweise unter großer Energielosigkeit. In einer medizinischen Routineuntersuchung, bei der auch den Ursachen ihrer Erschöpfung nachgegangen wurde, stellte sich jedoch heraus, daß sich ihr Herz nie vollständig entwickelt hatte. Als Erwachsene war ihr Herz so groß wie das eines zwölfjährigen Mädchens. In der Psychotherapie stieß sie auf eine mögliche Erklärung für den Stillstand: Im Alter von zwölf Jahren wurde sie sexuell mißbraucht, ein Schockerlebnis, das sie vollständig verdrängt hatte. Weil sich Cornelia damals für das Vorgefallene schämte und sich nicht traute, mit jemandem darüber zu sprechen, blieb ihr nichts anderes übrig, als die erlittene Tortur aus ihrem Gedächtnis zu löschen. Um sich zu schützen, mußte sie ihr Herz im wahrsten Sinne verschließen. Wie sie sich im Rückblick erinnerte, erlebte sie sich in der Zeit nach dem Mißbrauch wie eine unbeteiligte Zuschauerin, die alles, was um sie herum geschah, durch eine dicke Glaswand und aus großer Distanz beobachtete. Emotional war sie, wie sie selber sagte, gestorben.

Schockerlebnisse bewältigen und uns von deren negativen Folgen befreien können wir nur, wenn wir uns öffnen. Unseren Drang nach Kontrolle und Sicherheit müssen wir aufgeben. Doch die Auflösung schockartiger Erlebnisse ist alles andere als einfach. Wir begegnen nicht nur dem Schock selber, sondern müssen nebst einem wahren Gefühlsbad auch noch die verschiedensten, meist unangenehmen körperlichen Empfindungen ertragen lernen. Die Aufarbeitung von Schockerlebnissen darf darum nicht reine Kopfarbeit sein. Bringen wir unser Wissen mit unserem Herzen und unser Handeln mit unserer Intuition in Einklang, verliert unser persönliches Drama langsam aber sicher an Einfluß und Macht.

Vom Ausagieren zum Fühlen

Wenn wir mit uns im Einklang sind, geht es uns gut. Alltägliche Aufgaben oder Unstimmigkeiten in der Beziehung lösen wir mit Leichtigkeit, ohne uns groß zu verausgaben oder emotional zu verstricken. Verlieren wir dagegen den Bezug zu uns, dann kann sich alles augenblicklich ändern. Unsere innere Weite und Zuversicht verfliegen in Windeseile, und wir fühlen uns schwer, lustlos und verkrampft. Doch das emotionale Auf und Ab, das Wechseln von Zufriedenheit zu Unlust und Langeweile ist etwas ganz Normales und sollte uns keineswegs beunruhigen. Gefühlsschwankungen, denen wir tagaus tagein begegnen, sind der Stoff des Lebens, mit dem umzugehen wir lernen müssen.

Ein wichtiger Grund, weshalb wir im Umgang mit unseren Problemen und Gefühlen Mühe haben, ist unsere innere Haltung. In unserer Geschäftigkeit betrachten wir alles Unbekannte und Unangenehme primär als Störungen. Unseren Erwartungen und Vorstellungen verhaftet, jagen wir von einem Termin zum nächsten und merken nicht, wie unser Leben an uns vorbeizieht. Uns zu entspannen und zur Ruhe zu kommen erlauben wir uns nur in ganz seltenen Momenten. Doch gerade dann passiert es häufig, daß wir mit Seiten unserer Geschichte in Berührung kommen, die wir nicht kennen und die uns Angst machen.

Sehr hilfreich für ein besseres Verständnis der Natur unserer Emotionen sind die Belehrungen des großen tibetischen Meditationsmeisters Lama Gendün Rinpoche. Mit Klarheit und Weisheit zeigt er auf, was Emotionen wirklich sind. Das von Lama Gendün Rinpoche dargelegte Wissen ist eine wahre Quelle der Inspiration. Es ermöglicht uns, dem Grund unseres Seins näher zu kommen. Rinpoche sagt, daß alles, was wir erleben – unsere Gefühle, und Gedanken, alle Empfindungen und Wahrnehmungen – vergängliche und leere Erscheinungen sind. Als Manifestationen unseres Bewußtseins sind sie wie vorüberziehende Wolken am grenzenlosen Himmel und somit nicht als ein Ding existent. Dies nachzuvollziehen fällt uns vielleicht schwer. Doch wenn wir uns immer wieder auf dieses tiefgründige Wissen besinnen, hören unsere unangenehmen Emotionen und Erlebnisse auf, Störungen zu sein. Statt dessen entpuppen sie sich als Möglichkeiten für Wachstum und zur direkten Begegnung mit unserer eigenen Wirklichkeit.

Zwei zentrale Fragen stellen sich uns: Wie können wir das oben Dargelegte in unserem Alltag umsetzen? Und wie unterscheiden wir *fühlen* von *ausagieren*? Begegnen wir beispielsweise einer Person, mit der wir Schwierigkeiten haben, dann reagieren wir normalerweise in der uns vertrauten Art. Vielleicht versuchen wir auszuweichen, uns also zu entziehen. Wenn unsere Grundeinstellung eher aggressiv ist, gehen wir direkt auf Konfrontationskurs. Sowohl Entzug wie auch Angriff sind tiefverwurzelte Verhaltensmuster, die wir früh in unserer Geschichte gelernt haben. Ursprünglich haben sie uns geholfen, uns zu schützen. Heute dagegen hindern sie uns daran, mit uns und unserer Umgebung in Kontakt zu sein. Einmal im Fahrwasser dieser Muster, ist es schwierig, der Angelegenheit, in der wir uns befinden, offen gegenüberzutreten. Statt dessen agieren wir in vertrauter Weise, manipulieren und beugen und verstricken uns dadurch immer tiefer in unser Drama.

Oder, um ein weiteres Beispiel zu nennen, wir fühlen uns von jemandem zurückgewiesen oder ungerecht behandelt, dann sind wir darüber wütend oder beleidigt. Im ersten Moment spüren wir in solchen Situationen häufig den Wunsch zurückzuschlagen. Folgen wir diesem Impuls, dann führen wir nicht nur unserem Gegenüber Verletzungen zu, sondern geraten selber in Schuld. Meistens haben wir aber ohnehin Angst vor unseren eigenen Emotionen und neigen deshalb eher dazu, alles runterzuschlucken. Dadurch verkrampfen wir uns jedoch und bleiben in unserer Wut und Trauer stecken.

Es gibt außer Flucht und Angriff noch einen dritten, sinnvolleren Weg, mit unseren Emotionen umzugehen: Zu versuchen, ohne zu reagieren, offen zu bleiben und mit unseren Gefühlen in Kontakt zu sein. Wir wehren uns weder gegen unsere Gefühle, noch halten wir an ihnen fest. Statt dessen sind wir bemüht, allem, was wir wahrnehmen und was in unserem Bewußtsein aufsteigt, Raum zu geben. Während wir uns an dieser Haltung orientieren, richten wir unsere Achtsamkeit auf das Grundlegende der Erscheinung und unterlassen es, das Wahrgenommene zu analysieren oder psychologisch zu deuten.

Wollen wir lernen, geschickt mit unserer Geschichte umzugehen, dann müssen wir mit dem Wesen unserer Emotionen vertraut werden. Am Beispiel der sogenannten „Schreitherapien" wurde deutlich, daß es ohne ein solches Verständnis nicht geht. Bei diesen Therapiemethoden, die sich in den siebziger und achtziger Jahren einer großen Beliebtheit erfreuten, ging man von der Annahme aus, daß das Ausdrücken von Gefühlen mittels Schreien heilsam sei und zur Auflösung emotionaler Blockaden und neurotischer Verhaltensmuster führe. Daß dem nicht so ist, wurde bald klar. Das Herausschreien von Gefühlen wie Schmerz, Wut oder Verzweiflung kann eine kathartische Wirkung haben und zu einer vorübergehenden Erleichterung führen. Doch wir können schlagen, toben und schreien, bis wir vor Erschöpfung umfallen. Ohne ein Verständnis vom Wesen unserer Emotionen und ohne Einsicht in die Hintergründe unserer Handlungsweise ändert sich in unserem Leben rein gar nichts. Damit wir unsere Geschichte verstehen und uns von deren Folgen befreien können, müssen wir uns öffnen und loslassen.

Die subtile Qualität früher Eindrücke

Alles, was wir im Laufe unseres Lebens erfahren haben, ist in unserem Bewußtsein gespeichert. Weil unser Körper sowohl Ausdruck wie auch Spiegel unseres Bewußtseins ist, finden wir in diesem unsere ganze gelebte und ungelebte Wirklichkeit. Wie wir uns bewegen, wie wir reagieren, was wir denken und fühlen, ist eng mit unserer Geschichte und der Weise, wie wir diese gemeistert haben, verknüpft.

Im Gegensatz zu den Abwehrmechanismen, die wir in unserer Kindheit oder in der Pubertät entwickelt haben, sind diejenigen, welche sehr früh in unserer Geschichte, bei der Geburt oder der Zeit davor, entstanden sind, äußerst subtiler Art und lassen sich darum nicht ohne weiteres aufdecken. Klienten, die auf traumatische Vorkommnisse dieses Lebensabschnittes stoßen, berichten häufig von Dumpfheit, Totsein oder Kälte als dominierenden Körperempfindungen. Beine oder Arme seien wie in Eis eingepackt, alle Empfindungen abgestorben. Typische Traumbilder, die auf diese Erfahrungen hindeuten, sind Winterlandschaften, durch die man sich alleine durchkämpfen muß, während die Kraft schwindet und man irgendwann erschöpft im Schnee liegenbleibt.

Zu Beginn unseres Werdens, als unser Körper noch nicht voll entwickelt war, verfügten wir nur über bescheidene Möglichkeiten, uns mitzuteilen. Mit unkoordinierten Bewegungen von Armen und Beinen haben wir uns bemerkbar gemacht, unsere Lust oder Unlust ausgedrückt. Da die verletzlichsten und empfindlichsten Stellen unseres Körpers der Kopf, die Herzgegend sowie die vitalen Organe sind, waren wir sehr darauf bedacht, diese besonders gut zu schützen. Drohendes Unheil haben wir möglichst weit vom Körperzentrum weg in die Extremitäten verbannt. Die Füße – als die vom Herzzentrum entlegenste Körperzone – speichern vorgeburtliche Traumen besonders häufig in Form von Verhärtungen in den Fußsohlen. Tauchen in der körperorientierten Psychotherapie unbewältigte Vorkommnisse aus der vorgeburtlichen Zeit auf, geschieht dies häufig, begleitet von Prickeln, Ziehen oder Vibrieren in den Beinen, vor allem an bestimmten Stellen der Fußsohlen. Das Zulassen dieser Empfindungen, welches durch sanftes Massieren der Verhärtungen unterstützt werden kann, aktiviert das im Körper gespeicherte Erlebnis, wodurch dieses ins Bewußtsein treten und verarbeitet werden kann. Der Therapeut und Heilpraktiker Robert St. John hat aus dieser Erkenntnis sogar eine eigene Therapiemethode, die Metamorphose, entwickelt, die auf einer alten chinesischen Behandlunsgweise der Füße basiert. Mit Hilfe der pränatalen Therapie ist es nach St. John möglich, die Grenzen des Bewußtseins aufzulösen und die ursprüngliche Energie der Psyche, welche blockiert war, freizusetzen.

Die subtile Qualität früher Eindrücke führte mir eine Situation vor Augen, die ich während meiner Psychotherapieausbildung erlebte.

Ohne zu wissen warum, fühlte ich mich eines Morgens niedergeschlagen und depressiv. Ich befand mich weder in einer Beziehungskrise, noch gab es irgendwelche anderen Gründe, die mein Befinden hätten erklären können. In der Therapie versuchte ich mit den mir vertrauten Mitteln die Ursachen meines angespannten Zustands aufzudecken und meine Depression aufzulösen. Doch zu meiner Überraschung blieben meine Bemühungen erfolglos. Auch der Versuch, meine Niedergeschlagenheit als abgespaltenes Vorkommnis, das ich nicht wahrhaben wollte, zu sehen, brachte mich keinen Schritt weiter. Weil ich außerstande war, meine Depression aufzulösen, und deren Hintergründe nicht begreifen konnte, war ich enttäuscht und ratlos. Erst als ich mein Bestreben, die Ursache für meine Verstimmung finden zu wollen, aufgab, begann sich meine Verkrampfung aufzulösen. Befreit von meinen Erwartungen konnte ich erkennen, daß meine depressiven Gefühle nicht meine eigenen waren. Sie gehörten meiner Mutter. Sie durchlebte sie, als sie mit mir schwanger war. Diese Erfahrung war für mich sehr heilsam und lehrreich zugleich. Zum einen half sie mir die subtile Qualität früher Erlebnisse und das Funktionieren des Bewußtseins, insbesondere die Einbindung von eigenen und fremden Eindrücken in die psychische Grundstruktur, besser zu verstehen. Zum anderen zeigte sie mir, wie wichtig es ist, sich nicht an bestimmte Vorstellungen zu klammern, sondern offen zu sein für das, was ist, und für das, was spontan geschehen möchte.

Die heilsame Wirkung der Regression

Den Vorgang des zeitlichen Zurückgehens in der Psychotherapie nennt man Regression. Dabei beginnt sich das vertraute Alltagsbewußtsein aufzulösen, und wir werden in Situationen unserer Vergangenheit zurückversetzt. Mentale Eindrücke, körperliche Empfindungen und Gefühle werden außerordentlich lebhaft und authentisch erfahren. In diesem veränderten Bewußtseinszustand fühlen wir uns wieder wie damals, als der kleine Junge, der Angst hatte und bitterlich weinte, weil er seine Mutter in der Menschenmenge verloren hatte. Oder wir erleben uns als das kleine Mädchen, das sich unverstanden und von der Welt verlassen fühlte und ihr Unglück dem Teddybären anvertraute.

Der regressive Zustand kann entweder völlig überraschend auftauchen oder absichtlich mit Hilfe bestimmter Techniken eingeleitet werden. In der Hypnose, um ein klassisches Beispiel zu nennen, wird die Regression sehr gezielt eingesetzt. Mit Unterstützung dieser Methode ist es möglich, traumatische Erlebnisse aus der Vergangenheit ins Bewußtsein zu holen, damit sie aufgearbeitet und die Ursachen, die zur Entwicklung emotionaler Störungen und neurotischer Verhaltensmuster geführt haben, aufgelöst werden können. Der Psychiater und Psychotherapeut R. D. Laing hebt hervor, daß die Regression als natürliche Erscheinung und wichtiges Element des gesamten biologisch-psychologischen Heilungsprozesses angesehen werden soll.

Die Zeitreise in unsere Anfänge gestaltet sich sehr individuell. Im Zustand der Regression wird alles – das eigene Bewußtsein, das Körpergefühl, die Umwelt – aus der Perspektive der Vergangenheit wahrgenommen und erlebt. So können wir den Geruch, den unser Zuhause hatte, wieder riechen und einst vertraute Geräusche wieder hören. Je tiefer wir in die Regression eintauchen, desto deutlicher können wir die Atmosphäre wahrnehmen und die Stimmungen spüren, die damals herrschten. Über die Regression haben wir Zugriff auf Vorkommnisse, an die wir uns schon lange nicht mehr erinnern. Sogar ganz frühe, prägende Ereignisse wie unsere eigene Geburt und solche aus der Zeit davor können noch einmal durchlebt und auf diese Weise alte Verletzungen unter den Ursprungsbedingungen ihres Entstehens bewältigt werden. Gerade weil sich die Regression unserem Wunsch nach Kontrolle entzieht und wir nicht manipulierend eingreifen können, bietet sie eine einzigartige Gelegenheit, loszulassen, alte Wunden zu heilen und die Hintergründe unserer Grundmuster zu verstehen.

Regressive Zustände können nicht nur in der Psychotherapie auftauchen, sondern auch im Alltag spontan erfahren werden. Streß, aber auch tiefe Ruhe können solche Wahrnehmungen hervorrufen. Besonders häufig sind spontane Regressionen nachts. Beim Regredieren erleben wir alles aus einem veränderten Blickwinkel. Die Dimensionen von Raum und Zeit verschieben sich, unsere Welt mitsamt der darin enthaltenen Objekte wird riesig und übermächtig. Auch unser Körpergefühl wandelt sich, indem der Kopf plötzlich als riesig, der Rumpf dagegen als klein und schmächtig wahrgenommen wird. Die Bewegungen von Armen und Beinen sind ungeschickt und unkoordiniert. Auch in unseren Wünschen werden wir in unsere Anfangszeit zurückversetzt. Als kleine und verletzliche Wesen haben wir ein starkes Bedürfnis nach Schutz, Nähe und Geborgenheit.

In der Regression müssen wir aber nicht zwangsläufig nur auf Schwieriges und Unangenehmes stoßen, sondern können auch große Freude erleben. Ich stieß beispielsweise auf einen Traum, den ich als Kind immer wieder hatte. Ich träumte, daß ich mich am Rande eines grasbewachsenen Abhanges, in einer schützenden Mulde befand, unweit von unserem Zuhause. Da geschah etwas Seltsames: Von Wärme und einer starken Energie erfaßt, begann sich mein Körper auszudehnen, bis er ein riesiger Ballon war. Obwohl ich keine Ahnung hatte, was mit mir geschah, hatte ich nie Angst. Im Gegenteil, ich fühlte mich geborgen und sehr glücklich.

Viele Jahre später und weit von meinem Zuhause entfernt, begegnete ich dem Traum wieder. Auf der Matte im Psychotherapieraum liegend, atmete ich tief in meinen Körper, der sich weich und durchlässig anfühlte. Langsam begann er sich wieder mit dieser sanften, warmen Energie zu füllen und in den Raum hinaus auszudehnen. Mein Körper wurde größer und größer. Ich durchbrach die mir vertrauten Grenzen meiner Existenz und erlebte eine völlig neue Dimension des Seins. Auffallend war, wie mein Kopf eine überdimensionale Größe annahm. Diese körperliche Veränderung wurde von einer angenehmen Schwingung begleitet, die mich wellenartig durchströmte. Meine Therapeutin, die stets in meiner Nähe saß, entschwand in der Ferne des Horizonts. Dann geschah etwas, das mich zutiefst berührte: Worte und Gedanken, Verstand und Emotionen, Körper und Seele, – alles, was ich war und zu sein glaubte, begann sich im Raum aufzulösen. ICH hatte aufgehört zu existieren. Verschmolzen mit der Unendlichkeit und dem Augenblick, gab es nur noch Zufriedenheit, Harmonie und Glückseligkeit. Mit allem verbunden, spürte ich das Pulsieren des Universums. Ich war das Universum. Ich war die Erde, die Flüsse, die Wälder, der Himmel und alle Menschen auf der Welt. Ich war alles und alles war in mir. Mit den Augen meines Herzens nahm ich, ohne eine Form zu besitzen und ohne über eine Identität zu verfügen, das wahr, was wirklich ist. Es gab weder Vergangenheit noch Zukunft, weder Geburt noch Tod, weder Entstehen noch Vergehen, weder Sein noch Nicht-Sein. In diesem Augenblick, in dem weder Nichts noch Etwas existierte, berührte ich den inneren Grund: Ich begegnete der Wahrheit, der Unvergänglichkeit des Jetzt.

Meine Erfahrung beschrieb ich damals folgendermaßen:

> Es war schwimmen im endlosen, warmen Ozean der unendlichen Freiheit; wie fliegen auf sanften Schwingen der Wogen einer allesdurchdringenden Verbundenheit; wie sanft in einem Wasserbett aus einer anderen Welt getragen und genährt werden; wie von zarten Wellen endlos massiert werden; wie von Licht, Wärme und Sonnenschein umhüllt und liebkost werden; wie unvergängliche Harmonie, endlose Glückseligkeit, absolute Liebe und allerhöchste Freude; wie Eins-Sein, Freiheit und Schönheit; wie Frieden, Sicherheit und Geborgenheit; wie Feinheit, Zartheit und Unendlichkeit; wie absolutes Sein und vollkommenes Nicht-Sein.

In diesem Zustand, auf den das Wort Glückseligkeit am besten zutrifft, gab es weder eine Motivation zu leben noch einen Grund zu sterben.

Die überraschende Begegnung mit dieser transpersonalen Wirklichkeit war für mich sehr heilsam und für mein Verständnis vom Wesen des Bewußtseins außerordentlich wichtig. Über den Weg der Regression und die Auseinandersetzung mit meiner Vergangenheit, insbesondere meiner Geburt und der vorgeburtlichen Zeit, fand ich Zugang zu den Wurzeln meiner Geschichte. Und ich entdeckte eine Quelle, von deren Existenz ich intuitiv wußte. Daß sich durch die Regression andere Dimensionen des Seins öffnen können, wurde von Psychotherapeuten unterschiedlichster Richtungen ebenfalls beobachtet. Die dabei auftretenden Erfahrungen, welche den Rahmen des Vertrauten sprengen und zum Verlust der ICH-Existenz führen, sind auch in der Mystik bekannt und als ozeanisches Glücksgefühl, All-Einssein, Nirwana oder Samadhi beschrieben worden.

Erinnerungen

Die Fähigkeit sich zu erinnern hilft uns, Informationen zu sammeln und Eindrücke einzuordnen, damit wir uns orientieren und im Leben zurechtfinden können. Unsere Erinnerungsfähigkeit stützt sich darauf, daß wir Vorkommnisse aus der nahen oder fernen Vergangenheit gespeichert haben und unter entsprechenden Umständen wieder abrufen können.

Sich-Erinnern ist ein Prozeß, bei dem Informationen aus dem Lagerhaus unserer Geschichte abgerufen und erkannt werden. Damit solche Informationen überhaupt gefunden werden können, müssen sie vorher verschlüsselt und gespeichert worden sein. Das Sich-Erinnern ist immer eine Transaktion zwischen der persönlichen Geschichte und der Entwicklung einer Person. Unter dem Begriff Erinnerung wird eine komplexe und eng verwobene Struktur aus Erlebnissen, spezieller Aufmerksamkeit, individueller Bedeutung und Zugänglichkeit verstanden. Der amerikanische Psychologe Arnold Buchheimer definiert Erinnerung als eine Serie neurologischer Ereignisse, die Verbände ähnlicher Erlebnisse repräsentieren, welche dem Gesetz von Ent- und Verschlüsselung gehorchen. Aufgrund unserer geistigen Kapazität sind wir in der Lage, eine praktisch grenzenlose Anzahl von Erlebnissen zu speichern. Der aktive Prozeß des Sich-Erinnerns tritt dabei als Nebenprodukt des Zusammenspiels somatischer, emotionaler und mentaler Vorgänge auf, wobei wir uns hauptsächlich an Gegebenheiten und Situationen erinnern, die für unser Leben aus irgendeinem Grunde relevant waren.

Darum sind Erinnerungen immer etwas Subjektives. Die amerikanische Psychologin Elisabeth Loftus hat aufgezeigt, daß persönliches Befinden, kulturelle Wertvorstellungen und soziale Normen eine wichtige Rolle dafür spielen, woran man sich erinnert. Werden Zeugen des gleichen Vorfalls zu einem späteren Zeitpunkt über das Ereignis befragt, dann stimmen ihre Berichte häufig nicht überein, was schnell zu Meinungsverschiedenheiten führen kann. Doch nicht nur die subjektive Wahrnehmung, sondern auch die Zeit, die seit dem Ereignis vergangen ist, sowie neue Erlebnisse können Störungen verursachen und Erinnerungen verzerren und schließlich ganz auslöschen.

In der Psychologie und der Medizin geht man davon aus, daß wir uns im besten Falle an Erlebnisse des fünften, frühestens des vierten Lebensjahres erinnern können. Weil die Nervenverbindungen im Gehirn noch nicht genügend entwickelt seien und wir nicht über die Möglichkeit der Sprache verfügten, sei es nicht möglich, sich an

Geschehnisse der präverbalen Zeit zu erinnern. Erinnerungen an die frühe Kindheit, an die Geburt oder gar an Vorkommnisse aus der vorgeburtlichen Phase sind gemäß dieser Theorie Wunschdenken, Spekulation oder schlicht Hirngespinste.

Dieser Auffassung von Erinnerungsfähigkeit zum Trotz stoßen in der Psychotherapie immer wieder Menschen spontan auf Vorkommnisse, die sie erlebt haben, bevor sie sprechen konnten. Therapeutinnen und Therapeuten, die mit den verschiedensten Methoden arbeiten, berichten unabhängig voneinander von Klienten, die sich im regressiven Zustand an ihre eigene Geburt und an vorgeburtliche Erlebnisse erinnern konnten. Doch die traditionelle Psychologie und die Medizin tun sich mit Phänomenen nach wie vor schwer, die sich nicht in ein lineares System einordnen lassen. Auch ich zweifelte anfänglich an meinem Verstand, als ich in meiner Psychotherapieausbildung erstmals meiner Geburt und meiner fötalen Zeit begegnete. Doch die Klarheit und die Tiefe der Wahrnehmungen beeindruckten mich so sehr, daß in mir ein neues Verständnis von der Psychologie der Geburt und der Zeit davor zu erwachen begann.

Erinnerungen sind Ausdruck unseres Bewußtseins. Ob Geburtserlebnissen und Vorkommnissen der vorgeburtlichen Zeit, die im Zustand der Regression wiedererlebt werden, authentische und autobiographische Erinnerungen zu Grunde liegen oder nicht, war und ist immer wieder Gegenstand von Kontroversen. Meine Erfahrungen in der körperorientierten Psychotherapie haben mich persönlich zur Überzeugung gebracht, daß wir aufgrund unserer großen Sensibilität vom Moment der Empfängnis an bis zum jetzigen Augenblick in der Lage sind, alle Erlebnisse und Empfindungen zu speichern. Die Gesamtheit dieser Eindrücke, die sich in unserem Bewußtsein niederschlagen, formen energetische Strukturen, die sich zu psychischen Grundmustern verdichten. Weil diese Muster unser Verhalten prägen und die Art, uns auf Beziehungen einzulassen und auf die Welt zuzugehen, bestimmen, ist es wichtig, mit ihnen vertraut zu sein.

Geburts- und Vorgeburtserlebnisse in der Psychotherapie

Um die Jahrhundertwende spielte die Neurologie eine bedeutende Rolle. Alle von der Norm abweichenden Verhaltensweisen und psychischen Störungen wurden primär als Nervenkrankheit angesehen, die durch bestimmte organische Pathologien ausgelöst werden. Doch die Entdeckungen, die von Neurologen mit der Hypnose gemacht wurden, führten in eine ganz andere, neue Richtung.

Die einfache praktische Anwendung und die verschiedenen therapeutischen Möglichkeiten der Hypnose bei der Behandlung von Nervenkrankheiten machten diese Technik populär. Auf großes Interesse stießen die Parallelen im Verhalten unter Hypnose mit dem hysterischen Zustand. Im Zustand der Hysterie durchlebten Klienten dramatische Episoden, die sich durch starke Körpersymptome auszeichneten, wie Anästhesie, Blindheit und Lähmungserscheinungen. Es war vor allem Jean Martin Charcot, ein bekannter französischer Neurologe, der die Hypnose in der Behandlung hysterischer Klienten gezielt einsetzte und damit großen Erfolg hatte. Seine Arbeiten mit dieser Behandlungsmethode eröffneten neue Wege in der Erforschung psychischer Vorgänge, welche für das Entstehen der verschiedenen physiologischen Symptome der Hysterie verantwortlich waren. Um die zugrunde liegenden psychischen Prozesse besser zu verstehen, untersuchte Pierre Janet, Charcots Schüler, die Verbindungen zwischen mentalen Vorgängen und somatischen Symptomen. Janet war der Überzeugung, daß das Abspalten und Verdrängen von angstbesetzten Erlebnissen die Hauptursache war, die zur Entwicklung hysterischer Zustände führte.

Die psychoanalytische Ära

Siegmund Freud

Zur selben Zeit lebte und arbeitete in Wien Siegmund Freud. Er war von der Neurologie sehr angetan. Ganz besonders interessierten ihn die psychischen Hintergründe des menschlichen Bewußtseins, hauptsächlich das komplexe Zusammenspiel zwischen geistigen Strukturen, Verhalten und gesellschaftlichen Zwängen. Weil die klinischen Behandlungsmöglichkeiten dieser Zeit bescheiden waren und ein fundiertes psychotherapeutisches Verständnis fehlte, erhielten Personen, die unter geistigen Störungen oder den sogenannten Nervenkrankheiten litten, kaum wirkliche Hilfe zur Linderung ihrer Not. Um mehr über die Hintergründe psychischer Schwierigkeiten und deren Behandlungsmöglichkeiten zu erfahren, reiste Freud nach Paris, zu Jean Martin Charcot, um bei ihm zu lernen und sein Wissen zu vertiefen. Doch die bei Charcot gewonnenen Erkenntnisse über die Hypnose und deren Anwendungsmöglichkeiten befriedigten Freud nicht, weil die unter Hypnose gewonnenen Verbesserungen und Verhaltensänderungen nur von kurzer Dauer waren und die Wurzeln der geistigen Störungen nicht aufgedeckt werden konnten.

Wieder in seiner Heimat, machte Freud die Bekanntschaft mit dem renommierten Wiener Arzt Joseph Breuer. Von Breuer lernte Freud die Vorzüge der kathartischen Methode kennen, einer Technik der freien Assoziation zur Behandlung neurotischer Symptome. Während der Behandlung der unter Hysterie leidenden Anna O. machte Breuer die Entdeckung, daß sich die Symptome auflösten, wenn die Patientin unter Hypnose aufgefordert wurde, über traumatische Vorkommnisse frei zu assoziieren, die für das Entstehen der Symptome verantwortlich gewesen sein könnten. In der Arbeit mit Breuer konnte Freud sein Wissen kontinuierlich vertiefen und dabei auch die kathartische Methode verfeinern. Freud gelangte dabei zur Einsicht, daß das bewußte Durcharbeiten traumatischer Erlebnisse eine ausgezeichnete therapeutische Möglichkeit bietet, um sowohl körperliche Symptome wie auch emotionale Störungen zu klären und die ihnen zugrunde liegenden Ursachen aufzudecken. Weil Breuer von der kathartischen Methode nicht sehr überzeugt war, trennte er sich von Freud. Auch Freud selber gab sie später auf, da sie nur mäßigen Erfolg brachte. Er erkannte, daß die Katharsis oder das Ausagieren von Emotionen zwar momentane Erleichterung bringt, neurotische Störungen aber nicht vollständig aufzulösen vermag. Gestützt auf seine umfangreichen klinischen Erfahrungen, entwickelte Freud schließlich ein differenziertes psychologisches Verständnis der Struktur der menschlichen Psyche, das in der Psychoanalyse ihren Niederschlag fand.

In seiner psychotherapeutischen Arbeit machte Freud die Beobachtung, daß die meisten neurotischen Störungen seiner Klienten ihren Ursprung in angstbesetzten Erlebnissen oder traumatischen Vorkommnissen der frühen Vergangenheit hatten. Nicht nur in der Welt der Träume, auch im emotionalen Ausdruck und im sozialen Verhalten konnte Freud unbewältigte Überreste der Vergangenheit entdekken. Das zeitliche Zurückgehen in der eigenen Geschichte und das anschließende Durcharbeiten der dabei auftauchenden Erlebnisse kann nach Freud eine Unmenge von Informationen, die im Unbewußten liegen, an die Oberfläche bringen. Nach Freud besteht das Ziel der psychoanalytischen Behandlung darin, der Klientin oder dem Klienten zu helfen, sich mit der unbewältigten Vergangenheit auszusöhnen, um zu einer reifen und erwachsenen Persönlichkeit zu werden.

Angst ist für Freud ein dominierendes Gefühl, das unser Leben und Verhalten nachhaltig beeinflußt. Im Entstehen neurotischer Störungen spielt Angst eine entscheidende Rolle. Jede angstbesetzte Erfahrung, die wir nicht mit geeigneten Mitteln unseres ICHs bewältigen und in die bestehende psychische Struktur einbinden können, kann zu einer traumatischen Erfahrung werden. Um die persönliche Integrität vor einer existentiellen Bedrohung eines angstbesetzten Erlebnisses zu schützen, wird nach Freud dieses abgespalten und vollständig aus dem Bewußtsein verdrängt. Alle Erlebnisse, die wir im Laufe unseres Aufwachsens durchlebt und in unserem Bewußtsein gespeichert haben, bilden dabei unseren psychischen Grundstock. Dieser hat einen großen Einfluß auf unser Sein und prägt maßgeblich die Art, wie wir uns verhalten. Ob wir uns zuversichtlich und glücklich oder mutlos und verunsichert fühlen, ob wir offen auf die Welt zugehen oder dazu neigen, Kontakt zu meiden, wird in entscheidender Weise durch die Erfahrungen bestimmt, die wir in unserer frühen Vergangenheit gemacht haben.

Anfänglich verband Freud alle im Leben auftauchenden Angsterlebnisse mit dem Trauma der Geburt. Freud war der Überzeugung, daß jedes Angsterlebnis im Grunde eine unbewußte Wiederholung der Geburtsangst ist. Die Trennung von der Mutter unmittelbar nach der Geburt wird dabei als zusätzliche Bedrohung erlebt und verstärkt die Erfahrung der Angst. Zur Untermauerung seiner Hypothese beschrieb Freud verschiedene Angstträume seiner Klienten. Das Passieren enger Gänge, das Kriechen durch lange Röhren oder das Beschreiten dunkler Tunnels, aber auch die Begegnung mit Wasser interpretiert er als Erinnerungen an die Geburt.

In seinen psychologischen Erläuterungen über den nachhaltigen Einfluß früher Erfahrungen auf das psychische Wachstum, die Entwicklung von emotionalen Störungen und unangepaßtem Verhalten ging Freud noch einen Schritt weiter: Er hielt es für möglich, daß auch pränatale Erlebnisse bewußt wahrgenommen und als prägende Eindrücke gespeichert werden können. Diese würden als Symbole verschlüsselt in unseren Träumen zum Vorschein kommen. Als Beispiel erwähnt Freud die Furcht vieler Menschen, bei lebendigem Leib begraben zu werden und hilflos ersticken zu müssen.

Obwohl Freud in seiner psychoanalytischen Arbeit auf vorgeburtliche und geburtsbezogene Erlebnisse gestoßen war und auch darüber berichtete, war er diesbezüglich ambivalent und skeptisch eingestellt. Er unterließ es zum Beispiel, diesen frühesten Abschnitt der menschlichen Entwicklung in sein psychodynamisches Modell zu integrieren. Ein wichtiger Grund für seine Zurückhaltung lag darin, daß für sein Verständnis weder das Ungeborene noch das Neugeborene aufgrund seines unreifen physiologischen Entwicklungsstandes in der Lage ist, Erlebnisse und Wahrnehmungen bewußt zu empfinden und diese im Bewußtsein zu speichern. Was das Geburtstrauma betrifft, hatte Freud große Zweifel, daß es im Rahmen der traditionellen Psychotherapie überhaupt möglich war, diese zutiefst angstbesetzte und existentiell bedrohliche Erfahrung zu bewältigen. So wurde Freuds Überzeugung, daß der Beginn des Bewußtseins erst Wochen nach der Geburt einsetzt, zur gültigen Wahrheit erklärt.

Otto Rank

Otto Rank, 1884 in Wien geboren, begegnete Freud im Alter von einundzwanzig Jahren. Er wurde ein wichtiger und treuer Schüler

Freuds. Obwohl nicht als Psychoanalytiker ausgebildet, eröffnete er eine eigene psychoanalytische Praxis. Bekanntheit erlangte Rank durch sein Werk „Das Trauma der Geburt“. Darin greift er die Idee vom Geburtstrauma erneut auf und begründet, weshalb er in diesem Erlebnis den Prototyp der Angst und die Ursache für das spätere Entstehen von Angstzuständen sieht. Für Rank besteht die Bewältigung affektiver Schwierigkeiten im bewußten Durchleben und Verarbeiten des Geburtstraumas. Alle im Erwachsenenleben auftauchenden Angstzustände, so Rank, sind direkte Folgen der Trennung nach der Geburt von der Mutter und vom Mutterleib als Ort der Sicherheit und Geborgenheit. Insbesondere das schmerzhafte Herausgepreßtwerden stellt ein traumatisches Erlebnis dar, dem Rank bei der Entwicklung von Angstgefühlen eine wichtige Rolle zuschreibt. Um bestehen und in der Welt überleben zu können, wird die Geburt verdrängt und durch Erlebnisse der Kindheit zugeschüttet. Unser ganzes Leben, alle bewußten Bemühungen und unbewußten Handlungen, alle kreativen Tätigkeiten und Bestrebungen der Lebensbewältigung sind für Rank Versuche, das Geburtstrauma zu bewältigen.

Das Ziel von Ranks analytischer Behandlung bestand darin, den Klienten im Umgang mit ihren Trennungsängsten und der Geburtsangst beizustehen und ihnen zu helfen, die Dynamiken und Muster, die in der pränatalen Zeit entstanden sind, aufzudecken und aufzulösen. Eine wichtige Phase der Heilung stellte für Rank die Endphase der Psychotherapie dar. Den Abschluß seiner psychoanalytischen Behandlung bildete eine Art symbolische Wiedergeburt. Indem die Klienten eine zweite, untraumatische Geburt durchleben konnten, waren sie imstande, sich von neurotischen Störungen zu befreien. Interessanterweise bewirkte der Einbezug der Geburt in die analytische Behandlung eine markante Verkürzung der Psychoanalyse. Ranks engagiertes Eintreten für die Bedeutung der Geburtsangst hatte aber zur Folge, daß sich Freud von seinen Ideen distanzierte und sich ihm entfremdete.

Nandor Fodor

Ein weiterer Pionier auf dem Gebiet der prä- und perinatalen Psychologie war Nandor Fodor. Als Psychoanalytiker ausgebildet, setzte sich Fodor kritisch mit der psychoanalytischen Lehrmeinung auseinander. So lehnte er Freuds Vorstellung des Todestriebs, eines inneren Drangs zu zerstörerischem Verhalten, entschieden ab. Fodor betrachtete das Leben als ein großes, sich stetig veränderndes Kontinuum, das bereits vor der Geburt einsetzt. Bei der Geburt wird es laut Fodor lediglich aufgespalten. Die Folge dieser Spaltung ist eine pränatale Amnesie, also ein Erinnerungsverlust. Diese bewirkt, daß wir die bei der Geburt verlorene Kontinuität unbewußt überall suchen. Alle unsere Handlungen sind somit darauf ausgerichtet, dieses aufgebrochene Kontinuum zu heilen und wieder in diesen primären Strom des Seins zurückzufinden.

Die Geburt kommt hauptsächlich in Träumen oder in Form bestimmter Fantasiebilder zum Ausdruck. In seinem Diskurs stützt sich Fodor nicht nur auf seine Beobachtungen aus der psychoanalytischen Praxis, sondern bezieht auch andere Quellen wie Mythen und Legenden mit ein. Öfen, Herde, Inseln, Häuser und Gärten symbolisieren nach Fodor den Mutterleib; Eier, Samen, Früchte und Dinge, die im Boden wachsen, das Ungeborene; Seen, Flüsse und Wasserfälle das Fruchtwasser und Tunnels, Höhlen, Bogengänge, Fenster und Türen den Geburtskanal. Geburtsträume, die vor allem in angespannten Lebensumständen auftauchen, werden von einer starken existentiellen Bedrohung und tiefen Tragik begleitet. Dies deutet Fodor als ein wichtiges diagnostisches Merkmal für die Außerordentlichkeit dieser Erfahrung. Während eines Geburtstraumes wird die Träumerin oder der Träumer von unglaublichen Qualen geplagt, erlebt großen Schmerz und eine unsägliche Not. Vor allem die Unmöglichkeit, die Erfahrung abzuwenden und dem stetig wachsenden Druck auszuweichen, lassen solche Träume zu einer Tortur werden. Charakteristische Geburtsszenarien sind Situationen, die einen zu erdrücken drohen, Begegnungen mit gigantischen Naturkräften etwa, stampfenden Tierherden oder einer herannahenden Lokomotive. Die Angst, in den Fluten zu ertrinken oder von einem schrecklichen Seeungeheuer verschlungen zu werden, ist nach Fodor ebenfalls Überrest einer traumatischen Geburt. Was immer man im Traum auch zu unternehmen versucht, das Verhängnisvolle bei Geburtsträumen ist, daß es angesichts der übermächtigen Wesen und zerstörerischen Mächte kein Entrinnen gibt.

Der Übergang der Geburt stellt für Fodor einen entscheidenden Wendepunkt im Leben eines jeden Menschen dar. Die emotionale, somatische und mentale Intensität dieser Erfahrung, die mit keinem anderen Erlebnis vergleichbar ist, stellt eine existentielle Bedrohung dar. Um die Gefahr für die persönliche Integrität abzuwenden und die fragile Identität zu schützen, wird das Geburtserlebnis vollständig ausgeblendet. Weil die Geburt meist von großer Angst begleitet war, kann sie nach Fodor zu einer primären Ursache für neurotisches Verhalten werden. Symptome, die er in der Psychoanalyse erfolgreich behandelte und deren Wurzeln zum Geburtstrauma zurückverfolgt werden konnten, sind Todesängste, Erstickungsalpträume sowie klaustrophobische Gefühle.

Wie dies auch von anderen Psychotherapeuten beobachtet und beschrieben wurde, scheint die Klaustrophobie ein Vermächtnis des Geburtstraumas zu sein. Personen, die unter klaustrophobischen Gefühlen leiden, geraten in engen Räumen leicht unter heftigen körperlichen Druck und in großen Streß. Dies kann nach Fodor zu starken Verspannungen, Schlafstörungen oder zur Furcht, wahnsinnig zu werden, führen. Die während der Geburt erlittene Kompression scheint bei der Entwicklung von Angstzuständen, insbesondere der Klaustrophobie, eine zentrale Rolle zu spielen. Die Angst zu ersticken ist für Fodor eine Wiederholung der Panik, die wir erlebten, als wir geboren wurden und unseren ersten Atemzug machten.

Ebenfalls Erbstücke einer traumatischen Geburt sind nach Nandor Fodor die Furcht, den Halt zu verlieren und zu fallen, Angst vor dem Wasser sowie chronische Kopfschmerzen. Hauptsächlich Migräneanfälle können sowohl Überreste des beim Passieren des Geburtskanals erlebten Drucks sein wie auch somatische Erinnerungen an die Anwendung von Instrumenten. In seiner psychoanalytischen Praxis beobachtete Fodor, daß viele seiner Klienten den Wunsch verspürten, wieder in die Geborgenheit des Mutterleibs zurückzukehren. Das spontane Einnehmen der Fötalposition im Bett ist Ausdruck dieses Wunsches.

Basierend auf diesen Beobachtungen, entwarf Fodor ein psychologisches Erklärungsmodell, das über das psychodynamische Weltbild hinausging und als Vorläufer der prä- und perinatalen Psychologie der siebziger und achtziger Jahre angesehen werden darf. Die Bedeutung von Fodors Beitrag liegt nicht nur in seinem Verständnis von der Wichtigkeit der Geburt für die psychische Entwicklung, sondern vor allem in seiner Hinwendung zur Mutter-Kind-Beziehung. Für die damalige Zeit, in der Nähe, Körperkontakt und Intimität absolute Tabuthemen waren, war Fodors Sichtweise revolutionär. Geradezu visionär war seine Aussage, daß die emotionale Umsorgung des Kindes unmittelbar nach der Geburt lebenswichtig ist, da dies den Geburtsschock lindern hilft. Doch es mußten nochmals zwanzig Jahre vergehen, bis der französische Arzt und Gynäkologe Frederick Leboyer, aufgeschreckt durch seine Beobachtungen von den Qualen und Schmerzen der Neugeborenen bei der Geburt, die herkömmlichen Geburtspraktiken kritisierte.

Fredrich Kruse

Über einen Zeitraum von mehreren Jahren untersuchte der deutsche Arzt und Psychoanalytiker Fredrich Kruse die Träume seiner Klienten. Dabei stieß er auf Themen, die auf vorgeburtliche Vorkommnisse und die Geburt hindeuteten. Entgegen der herkömmlichen psychodynamischen Lehrmeinung schrieb Kruse dem Ungeborenen eine große Sensibilität und hohe Empfänglichkeit zu, womit es seine Umwelt bewußt wahrnimmt und auch aktiv auf diese zu reagieren vermag. Erlebnisse der vorgeburtlichen Zeit hinterlassen nach Kruse prägende Spuren in der sich entwickelnden Psyche und besitzen die Kraft, die gesamte Entwicklung nachhaltig zu beeinflussen.

Auch für Kruse ist die Geburt ein sehr markantes und einschneidendes Ereignis. Doch für ihn spielte nicht nur die Art, wie wir diesen Übergang erlebt haben, eine entscheidende Rolle. Die vorherrschenden Bedingungen, insbesondere das emotionale Klima während der Geburt, haben einen ebenso großen Einfluß darauf, wie eine Geburt verarbeitet wird. Eine Geburt wird dann traumatisch, wenn Störungen oder Komplikationen auftreten, die das Kind bedrohen und es in seiner Existenz gefährden. Für Kruse haben nebst klaustrophobischen Ängsten auch agoraphobische Zustände geburtsbedingte Ursachen. Bei der Agoraphobie, der Angst vor offenen Plätzen, wird nicht die Enge als bedrohlich erlebt, sondern Orte, wo es keinen Schutz gibt. Ohne erkennbare Gründe beginnt das Herz plötzlich wie wild zu schlagen. Man befürchtet, unterzugehen und den sicheren Boden unter den Füßen zu verlieren. In Träumen mit agoraphobischem Inhalt, in denen das Ausgeliefertsein und die Schutzlosigkeit ein unerträgliches Ausmaß annehmen, taucht immer auch der starke Wunsch nach Geborgenheit und das Bedürfnis nach Sicherheit auf.

Die primären Ursachen, die für Kruse zur Entwicklung klaustrophobischer Gefühle führen, sind Übertragenwerden im Mutterleib und eine lange Geburt, bei der das Kind unter Sauerstoffmangel leidet. Personen, die unter diesen Bedingungen geboren werden, können später in ihrem Leben Angst haben vor Wasser, vor Fahrstühlen und vor dem Fliegen. Einer unter Klaustrophobie leidenden Person fällt es schwer, sich festzulegen und sich verbindlich auf Beziehungen einzulassen. Obwohl der Wunsch nach Nähe und Intimität besteht, überwiegt die Angst, eingeschlossen zu werden. Unter Druck kann jemand mit klaustrophobischen Gefühlen ausgesprochen aggressiv reagieren, ganz nach dem Lebensmuster „Raus aus dieser Umgebung, raus aus diesem Job, raus aus dieser Beziehung, sonst halt ich's nicht aus."

Ganz anders dagegen verhalten sich Personen, die unter agoraphobischen Ängsten leiden. Bei der Agoraphobie ist das verfrühte Verlassenmüssen des schützenden Mutterleibs die entscheidende Ursache. Die Trennung von der lebensspendenden Geborgenheit ereignete sich für das Kind zu einem Zeitpunkt, wo es dafür noch gar nicht bereit war. Als zusätzliches Erschwernis kam für das Kind hinzu, daß es nicht genügend Zeit hatte, sich auf diesen Schritt einzustellen, und von der Vielfalt und der Intensität der Eindrücke überrumpelt wurde. Die verfrühte Trennung kann den Grundstein legen für die Angst vor Trennungen und Abschied und die Angst, keinen Halt im Leben zu finden. Nach Kruse kann sie eine wesentliche Ursache für neurotisches Klammerverhalten und übermäßiges Fixiertsein auf nahestehende Personen sein.

Gustav Hans Graber

Je mehr sich die von Freud begründete Psychoanalyse als Psychotherapiemethode etablierte, desto entschiedener begann sie sich mit strukturellen Theorien vom Verständnis psychischer Vorgänge und deren Entwicklung abzugrenzen. Bereichen, die den psychodynamischen Rahmen überschritten, wie beispielsweise die hier beschriebenen Phänomene, wurde entweder mit großer Skepsis begegnet, oder sie wurden als Flucht vor der Realität abgetan. Obwohl sich die Gesellschaft zu mehr Offenheit und Toleranz wandelte und sich die Forschung zunehmend an Tabuthemen heranwagte, herrschte in der traditionellen Psychologie und Psychotherapie ein konservativer und ziemlich freudloser Geist.

Zu den Pionieren der Vorgeburts- und Geburtspsychologie gehörte auch der Schweizer Psychologe und Psychotherapeut Gustav Hans Graber. In den zwanziger Jahren begann Graber Berichte von Klienten zu sammeln, die auf die Existenz vorgeburtlicher und geburtsbezogener Themen in der psychoanalytischen Behandlung hinwiesen. Wie andere Psychotherapeuten betrachtete auch Graber das Leben als ein großes, sich kontinuierlich wandelndes Spektrum, das mit dem Augenblick der Zeugung einsetzt und sich durch unterschiedliche Perioden bis zum Tode erstreckt.

Nach Graber ist der Schlüssel zum unbewußten menschlichen Verhalten und zu den Ursachen emotionaler Schwierigkeiten in „pränatalen unbewußten Konstellationen“ zu suchen und zu finden. Unser ganzes Streben nach Erfüllung und unsere Suche nach Sinn zielen letztlich darauf ab, das verlorenen Gefühl der allumfassenden Einheit, der Paradieserfahrung, die wir im Mutterleib erlebt haben, wiederzuerlangen. Das Ungeborene besitzt nach Graber ein pränatales oder unbewußtes Selbst. Dieses Selbst ist die primäre Lebensquelle, welche die für das Wachstum nötige psychische Energie spendet. Alles, was wir in unserem Leben tun, wird von dieser essentiellen Kraft gespeist. Aufgrund unserer Unwissenheit, die sich wie ein Schleier über unser Bewußtsein gelegt hat, haben wir jedoch den Bezug zu unserem wahren Ursprung und damit zu unserer Bestimmung verloren.

Abgesehen von ein paar wenigen glücklichen Ausnahmen ist nach Graber die Geburt eine traumatische Erfahrung. Der Übergang von der vertrauten pränatalen Geborgenheit in die fremde postnatale Welt ist für das Ungeborene ein Schock, den es nicht bewältigen kann. Die starken körperlichen Eindrücke, die Trennung von der Mutter, verbunden mit dem Gefühl der Schutz- und Haltlosigkeit, lösen im Kind eine existentielle Verunsicherung aus, die für die später im Leben auftauchende Furcht vor dem Tode mitverantwortlich ist. Weil das Kind das Erlebnis nicht bewältigen und integrieren kann, muß es die Geburt verdrängen und alle damit verbundenen Gefühle abspalten. Nach Graber bildet das Geburtstrauma den Grundstein für Ängste, Unsicherheit und Ambivalenz und spielt in der Entwicklung neurotischer Störungen und destruktiver Grundmuster eine entscheidende Rolle.

Auch Graber untersuchte die Träume seiner Klienten eingehend. Dabei begegnete er verschiedenen wiederkehrenden Symbolen, die er thematisch ordnete und mit bestimmten Vorkommnissen in Verbindung brachte. Paradiesische Szenen repräsentieren den Wunsch, in die Geborgenheit des Mutterleibs zurückzukehren; bedrohliche und gewalttätige Szenen, wie in einer Röhre zerquetscht zu werden, interpretierte er als Erinnerungen an das Geburtstrauma. Vorgeburtliche Vorkommnisse, wie die Ablehnung der Schwangerschaft durch die Mutter, betrachtete Graber als schwere Verletzungen, die die gesamte Persönlichkeitsentwicklung nachhaltig beeinflussen können. Deshalb legte Graber in der analytischen Behandlung das Schwergewicht auf die Bewältigung vorgeburtlicher Verletzungen und deren Integration im Rahmen der persönlichen Geschichte. Des weiteren besteht über die Auseinandersetzung mit dem Trauma der Geburt die Möglichkeit, die latente, unbewußte Furcht vor dem Tod zu meistern.

R. D. Laing

Der britische Psychiater R. D. Laing, einer der Mitbegründer der Antipsychiatriebewegung und Verfasser verschiedener psychologischer Schriften zum Thema „Selbst“, beschreibt in sehr poetischer Sprache kurze Episoden, die von vorgeburtlichen Eindrücken und der Dynamik der Geburt handeln. Erlebnisse der Empfängnis, der Implantation und andere vorgeburtliche Vorkommnisse fand er, in metaphorischer Form verschlüsselt, in Berichten unterschiedlichster Herkunft. Aus der Vielzahl wiederkehrender Themen betont Laing die Einheit zwischen Plazenta und dem Ungeborenen, Bilder vom Fallen und Fliegen, die Vorstellung, nie wirklich geboren worden zu sein, sowie das sehr starke Gefühl vieler Menschen, sich vom Leben und der Welt abgeschnitten zu fühlen. Horrorvorstellungen wie zerdrückt, gegessen oder zerhackt zu werden sind nach seiner Auffassung deutliche Hinweise auf eine unbewältigte Geburtserfahrung. Die vorgeburtlichen und geburtsbezogenen Eindrücke sind nach Laing bestimmend unter anderem für die Art von Beziehungen, die wir einzugehen fähig sind. Weil wir den Bezug zum Anfang unserer Geschichte verloren haben, sind wir in einen Nebel der Vergessenheit geraten. Ohne uns der Motivation unseres Handelns bewußt zu sein, sind wir dazu verurteilt, das Drama unseres Werdens in allem, was wir tun, zu wiederholen. Diese Wiederholungen, so Laing, machen uns nicht nur zu Gefangenen unserer eigenen unbewältigten Vergangenheit, sondern hindern uns daran, im Leben Glück und Erfüllung zu finden.

Die Psychoanalyse hat sich stark mit der Erforschung innerpsychischer Vorgänge auseinandergesetzt und bei der Entwicklung psychologischer Modelle für das Verständnis der Persönlichkeit einen bedeutenden Beitrag geleistet. Da in der Psychoanalyse als ausschließliches Kommunikationsmittel die Sprache benutzt wurde, konnten Erlebnisse der präverbalen Zeit nur beschränkt angegangen werden. Die hier beschriebenen vorgeburtlichen und geburtsbezogenen Erfahrungen können mit Worten alleine nicht bewältigt werden. Als logische Folge dieser strukturellen Einschränkung wurden auf der Grundlage der Psychoanalyse alternative psychotherapeutische Arbeitsmethoden erprobt und entwickelt, die den nötigen Raum boten, um Erfahrungen dieser Art zu verstehen und aufzulösen. Die Beiträge von Rank, Fodor, Kruse, Graber und Laing sind wichtig. Sie haben maßgeblich zum besseren Verständnis vorgeburtlicher und geburtsbezogener Phänomene und deren Einfluß auf die psychische Entwicklung beigetragen.

Hypnotherapie

Die Hypnotherapie ist eine derzeit sehr populäre Behandlungsmethode und kommt in therapeutischen Ansätzen wie dem NLP (Neurolinguistisches Programmieren) zur Anwendung. Die Hypnotherapie wird entweder als eigenständige Methode eingesetzt oder unterstützend zu anderen Therapieformen herangezogen. In der Hypnotherapie wird durch eine gezielte Induktion (Einleitung) ein veränderter oder tranceähnlicher Bewußtseinszustand erzeugt. Dieser Zustand macht es möglich, einem bestehenden Problem auf den Grund zu gehen und dessen Ursachen nötigenfalls zurückzuverfolgen. Ein spezielles Merkmal der Hypnose ist das Phänomen der Hypermnesia. Darunter wird die Fähigkeit verstanden, sich lebhaft und mit großer Deutlichkeit an Ereignisse der Vergangenheit zu erinnern. Unter dem Einfluß der Hypermnesia ist man in der Lage, sowohl die Umstände wie auch die Ursachen, die zu emotionalen Störungen geführt haben, aufzudecken. Obwohl während der Hypnose starke Gefühle und körperliche Reaktionen auftauchen können, ist nicht das Ausdrücken von Emotionen das Ziel der Therapie, sondern das Aufdecken der das traumatische Erlebnis begleitenden Hintergründe. In diesem Punkt unterscheidet sich die Hypnotherapie von den meisten körperorientierten Psychotherapierichtungen, die das Ausdrücken von Gefühlen fördern und in diesem Prozeß einen wichtigen Teil der Selbstheilung sehen.

Denys Kelsey

Die frühesten aufgezeichneten Beiträge von Geburtserlebnissen unter Hypnose stammen vom britischen Psychiater Denys Kelsey. Seine erste Begegnung mit einer Geburtsregression ereignete sich völlig überraschend. Während einer normalen hypnotischen Behandlung nahm ein Klient spontan die fötale Position ein, um dann seine Geburt wiederzuerleben. Sehr detailliert beschreibt Kelsey auch, wie eine Klientin, die an einer schweren Depression und verschiedenen Phobien litt, unter Hypnose auf traumatische vorgeburtliche Vorkommnisse und auf ihre Geburt selber stieß. So machte die Frau die Entdeckung, daß sie von ihrer Mutter nicht erst in der Kindheit, sondern bereits während der Schwangerschaft abgelehnt wurde. Zurückgeführt in der Hypnose wurde sie von einer großen Furcht erfaßt und begann unter Schmerzen zu stöhnen. Sie spürte eine starke Hitze und ein Feuer, das ihren Körper zu verbrennen drohte. So begegnete sie unter Hypnose dem Abtreibungsversuch, den ihre Mutter unternommen hatte. Dadurch konnte sie zum ersten Mal den Grund für ihre existentiellen Ängste und die erdrückenden Schuldgefühle verstehen, unter denen sie ihr ganzes Leben gelitten hatte. Einige Sitzungen später durchlebte sie auch ihre Steißgeburt, welche äußerst schmerzhaft und gewaltsam war. Ihre Geburtserfahrung begann damit, daß sie sich in einem engen Tunnel befand und vergeblich versuchte, aus diesem herauszukommen. Plötzlich merkte sie, wie jemand ihre Beine ergriff und daran zog. Danach spürte sie einen harten Gegenstand an ihrem Kopf, der diesen erfaßte und mit großer Kraft drehte. Als nächstes lag sie auf etwas Weißem und wurde beinahe durch etwas Enges um ihren Hals erstickt. Kurze Zeit später nahm sie zwei weißgekleidete Personen wahr. Deutlich hörte sie eine weibliche Stimme sagen, daß sie (die Mutter) das Kind (die Klientin) nicht wolle. Nach der Bewältigung ihres Geburtsschocks begannen sich ihr psychischer und körperlicher Zustand rasch zu verbessern, so daß sie zehn Tage später das Spital verlassen konnte.

David Cheek

Der amerikanische Gynäkologe und Hypnotherapeut David Cheek hat sich eingehend mit der Geburt und deren Auswirkungen auf die psychische Entwicklung auseinandergesetzt. Unter den unterschiedlichen somatischen und emotionalen Störungen, deren Ursachen in der Geburt wurzelten, fand Cheek Asthma, Kopfschmerzen, Schuldgefühle, Unfruchtbarkeit, Geschwüre, frühzeitige Wehen und gewohnheitsmäßige Verschüttungen während der Schwangerschaft.

In seiner Arbeit geht Cheek von der Annahme aus, daß der von der Mutter während der Geburt erlebte emotionale Streß und körperliche Schmerz im Bewußtsein des Kindes konditionelle Eindrücke hinterläßt. Cheek vermutet, daß das im Blut zirkulierende Hormon Adrenalin bei der Konsolidierung dieser Erlebnisse eine entscheidende Rolle spielt. Offenbar erzeugt Adrenalin eine Art Prädisposition, wodurch sich diese frühen Erlebnisse als bleibende Eindrücke im Bewußtsein eingravieren können.

Das Besondere an Cheeks Beitrag ist, daß er als Arzt und Gynäkologe in der außerordentlichen Lage war, die unter Hypnose aufgedeckten Geburtserinnerungen mit den tatsächlichen, festgehaltenen Geburtsumständen zu vergleichen. Zehn seiner Klienten, bei deren Geburt Cheek als Gynäkologe anwesend war, regredierte er zwanzig und mehr Jahre später zurück zur Geburt. Alle wiederholten unter Hypnose die genau gleiche Kopf- und Schulterrotation, welche sie während ihrer Geburt ausgeführt hatten, ohne daß Cheek ihnen jemals etwas über ihre Geburt erzählt hat.

Viele seiner Klienten litten unter hartnäckigen, unerklärlichen Schuldgefühlen. Deren Zurückverfolgen unter Hypnose führte in den meisten Fällen zurück zur Geburt. Dabei machte Cheek die Entdeckung, daß der Geburtsschmerz der Mutter nicht nur bedrohend war, sondern beim Ungeborenen, da es die Ursache des Schmerzes war, zur Entwicklung von Schuldgefühlen führte. Wie Cheek weiter herausfand, war das Nichthören der mütterlichen Stimme unmittelbar nach der Geburt verschiedentlich verantwortlich für Gefühle der Verwirrtheit und Ablehnung. Häufig war es die betäubende Wirkung von Medikamenten, die es der Mutter unmöglich machte, mit dem Kind in Beziehung zu treten. Unterschiedliche Beschwerden seiner Klienten konnte Cheek auf Gefühle der Unerwünschtheit während oder gerade nach der Geburt zurückführen. Aussagen wie: „Nein, nicht schon wieder ein Mädchen!" wurden vom Kind ungefiltert aufgenommen und haben es zutiefst verletzt.

Weil Cheek als Gynäkologe die Möglichkeit hatte, die unter Hypnose aufgedeckten Erinnerungen mit den aufgezeichneten Geburtsberichten zu vergleichen, ist sein Beitrag einmalig und verdient für ein besseres Verständnis der Psychologie der Geburt spezielle Beachtung. Die große Übereinstimmung zwischen den in der Hypnose aufgedeckten Geburtserinnerungen und den von Cheek bei der Geburt schriftlich festgehaltenen Einzelheiten legen Zeugnis ab, daß Erinnerungen an die Anfänge unserer Geschichte nicht einfach Einbildungen sind. Des weiteren dokumentiert seine Arbeit die außerordentliche Sensibilität und hohe Empfänglichkeit, mit der das Kind vor und während der Geburt ausgestattet ist. Unachtsame Handlungen und Äußerungen sollten im Interesse des Kindes unter allen Umständen vermieden werden.

David Chamberlain

Eine interessante Studie über die Zuverlässigkeit von Geburtserinnerungen führte der amerikanische Psychologe David Chamberlain durch. In seiner Arbeit untersuchte Chamberlain die Geburtserinnerungen von Mutter – Kind – Paaren unter der Hypnose. In separaten Sitzungen regredierte er zuerst die Mutter und dann das Kind zurück zur Geburt des Kindes, mit dem Ziel, deren Aussagen auf ihre Zuverlässigkeit und Übereinstimmung zu prüfen. Alle an der Studie beteiligten Kinder sagten aus, bisher über keine bewußten Geburtserinnerungen zu verfügen, und ihre Mütter bestätigten, ihnen nie etwas über Art und Umstände der Geburt erzählt zu haben. In seiner Untersuchung berücksichtigte Chamberlain folgende Bereiche: Wehen, Geburt, Geburtsumstände, Trennung und erste Wiedervereinigung. In den meisten dieser Punkte stimmten die Aussagen der Mutter mit denen des Kindes überein. Die Kinder in Chamberlains Studie berichteten über zahlreiche Details wie Tageszeit, Ort, anwesende Personen, verwendete Instrumente, Geburtsposition, Verhalten der Hebammen und Ärzte sowie erste Nahrung. Die überraschend hohe Übereinstimmung der Berichte brachte Chamberlain zur Überzeugung, daß Geburtserinnerungen reale und authentische Aussagen über wirklich erlebte Vorkommnisse sind.

LSD-Psychotherapie

Ein Pionier in der Erforschung veränderter Bewußtseinszustände und ein wichtiger Wegbereiter auf dem Gebiet der prä- und perinatalen Psychologie ist der tschechische Psychiater Stanislaf Grof. Als Psychotherapeut mit psychoanalytischem Hintergrund arbeitete Grof zuerst in seiner Heimat und danach in den USA mit der Substanz LSD. Im Laufe seiner über zwanzigjährigen Forschungstätigkeit leitete Grof mehr als vierzigtausend psycholytische Sitzungen und analysierte die dabei dokumentierten Erfahrungsberichte. Das in der psycholytischen Therapie verabreichte Halluzinogen LSD stimuliert das Nervensystem. Dadurch öffnet sich im Bewußtsein eine Art Schleuse, durch die verborgene Gefühle, mystische Bilder und in Vergessenheit geratene Vorkommnisse aus der Tiefe des Unbewußten hochsteigen. Im anschließenden Gespräch werden die verschiedenen Wahrnehmungen untersucht und im Kontext der persönlichen Geschichte verarbeitet.

Die Mehrheit der teilnehmenden Personen waren Klienten, die von anderen Psychotherapeuten als nicht heilbar angesehen und deshalb aufgegeben wurden. Sie litten unter schweren emotionalen Störungen wie Psychoneurose, Borderlinesyndrom, chronischer Schizophrenie sowie an psychosomatischen Beschwerden und lebensbedrohenden Krankheiten. Zusätzlich beteiligten sich an dem von Grof geleiteten Projekt auch Freiwillige, hauptsächlich Studenten. Wie sich bald herausstellte, waren die unter dem Einfluß von LSD durchlebten

Erfahrungen und die daraus gewonnenen Einsichten für die Teilnehmer von großer persönlicher Bedeutung. So war es in vielen Fällen möglich, die Ursachen tiefsitzender emotionaler Störungen aufzudecken und traumatische Vorkommnisse, die sich jeder Auflösung hartnäckig entzogen, zu klären. Anfangs versuchte Grof, die von den Teilnehmern berichteten Phänomene auf der Grundlage des von Freud, Rank und Jung entwickelten psychologischen Verständnisses zu analysieren und zu deuten. Schon bald mußte Grof jedoch erkennen, daß diese Erlebnisse mit den herkömmlichen psychologischen Konzepten weder erklärt noch hinreichend verstanden werden konnten. Da eine große Zahl der Teilnehmer von Erscheinungen berichtete, die starke Ähnlichkeiten mit religiösen und spirituellen Erfahrungen aufwiesen, bezeichnete Grof diese als transpersonale – über die Person hinausgehende – Erlebnisse. Häufig stießen die Teilnehmenden unter dem Einfluß von LSD auf Bilder, die mit ihrer biologischen Geburt, mit vorgeburtlichen Ereignissen, aber auch mit dem Tod zu tun hatten. Von den unzähligen Erfahrungen, die Grofs Klienten durchlebten, waren es hauptsächlich diese frühen Erlebnisse, welche negative Spuren im Bewußtsein hinterließen.

Die ersten transpersonalen Erfahrungen, die Grof beobachtete und als solche identifizierte, waren fötale Wiedererlebnisse. Unter anderem berichteten die Klienten aus ihrer vorgeburtlichen Welt von lauten Geräuschen, intensiven Vibrationen oder mechanischen Erschütterungen. Verschiedentlich wurde auch erwähnt, den Gesundheitszustand und das emotionale Befinden der Mutter gespürt zu haben: Angst, Wut, depressive Verstimmungen, aber auch Glück, Freude und Harmonie. Auch die Beziehung der Mutter zum Ungeborenen wurde deutlich wahrgenommen. Personen, die unter LSD auf überlebte Abtreibungsversuche stießen, berichteten vom unglaublichen Schmerz, unerwünscht zu sein.

Nachdem er die Sitzungsberichte analysiert hatte, konnte Grof vier Grundmuster, die im Zusammenhang mit der Geburt erlebt wurden, unterscheiden („Basic Perinatal Matrices" oder kurz BPM):

Das erste Grundmuster nannte er „Ureinheit mit der Mutter". Es bezieht sich auf den fötalen Zustand, während dem das Ungeborene und die Mutter eine symbiotische Einheit bilden. Von traumatischen Störungen abgesehen, sind in dieser Phase die Bedingungen für das Ungeborene optimal. Man fühlt sich sehr klein und äußerst verletzlich, doch im Mutterleib findet man Schutz und Geborgenheit. Charakteristisch für dieses Grundmuster sind paradiesische Glücksgefühle. Mehrfach wurde auch von archetypischen Eindrücken und mythischen Bildern berichtet, von Begegnungen mit Gottheiten, Engeln oder der Großen Mutter. Für Grof haben alle positiven Erlebnisse der Entspannung, des Wohlbefindens und des Glücklichseins, die wir als Erwachsene erfahren, einen direkten Bezug zu den Erinnerungen dieses Lebensabschnitts. Negative Erlebnisse wie Existenzängste oder starke Verkrampfungszustände, die von bedrohlichen Visionen, verschlingenden Dämonen oder zornigen Gottheiten begleitet werden, versteht Grof als Ausdruck und Folge negativer pränataler Eindrücke.

Das zweite Grundmuster, „Antagonismus mit der Mutter", bezieht sich auf das erste klinische Stadium der Geburt. Das Einsetzen der Wehen bedeutet das Ende der vorgeburtlichen Phase. Für das Ungeborene und die Mutter setzt nun ein intensiver und schmerzhafter Trennungsprozeß ein. Weil der Muttermund geschlossen ist und sich der Uterus mit jeder Wehe zusammenzieht, gerät das Ungeborene unter einen stetig wachsenden Druck. Dieser ausweglose Zustand ist geprägt von großer physischer und psychischer Not. Diese klaustrophobische Situation wird um so unerträglicher, je länger sie andauert. Symptome, deren Ursachen Grof mit dieser Phase in Verbindung bringt, sind intensive Druckempfindungen, extreme Schmerzen in Brust, Hals und Kopf, Atemschwierigkeiten, Herz- und Kreislaufbeschwerden sowie Migräneanfälle. Auch übermäßige Trennungsängste, Gefühle der Einsamkeit, Hilflosigkeit, Hoffnungslosigkeit und Schuldgefühle können in dieser Phase entstanden sein. Als Erinnerungsmatrix stellt das zweite Grundmuster die Basis für die Ansammlung von Eindrücken dar, die mit negativen Gefühlen, hauptsächlich Gewalt und Zerstörung, zu tun haben. Situationen, in denen wir uns in unserer persönlichen Integrität gefährdet fühlen, sind nach Grof zum einen die Auswirkung, zum anderen die unbewußte Wiederholung dieser primären Erfahrung.

Die „Synergie mit der Mutter" als dritte Matrix umschreibt das zweite klinische Stadium der Entbindung. Nach wie vor üben die Wehen einen heftigen Druck auf das Ungeborene aus. Der Muttermund hat sich aber in der Zwischenzeit geöffnet, so daß der Eintritt in den Geburtskanal beginnen kann. Für das Ungeborene beginnt nun der dynamische Teil des Durchtritts. Das vorherrschende Thema dieses Musters ist der Kampf ums Überleben. Begleitet wird dieser Abschnitt von starkem physischem Druck, großen Schmerzen sowie immer wieder Sauerstoffmangel. Im Gegensatz zum zweiten Grundmuster ist die Situation nicht mehr ausweglos, denn das Ungeborene kann sich jetzt aktiv am Geburtsvorgang beteiligen. Mutter und Kind verfolgen nun mit allen Kräften dasselbe Ziel: die Beendigung des Leidens. Typische physische Wahrnehmungen dieses Grundmusters sind extremer Druck auf den ganzen Körper, Erstickungsgefühle, Strangulationsängste, Herz- und Kreislaufbeschwerden sowie zerstörerische Impulse und aggressive Ausbrüche. Viele von Grofs Klienten berichteten, daß sie die emotionale Intensität und den physischen Schmerz kaum ertragen konnten und befürchteten, verrückt zu werden.

Das vierte Grundmuster, „Trennung von der Mutter", hat mit dem Ende der Geburt zu tun. Das Geburtserlebnis erreicht einen letzten, absoluten Höhepunkt, bevor die langersehnte Befreiung eintritt und die Trennung von der Mutter abgeschlossen ist. Das Kind betritt mit diesem Schritt eine ganz neue, fremde Welt, in der es seine sozialen, physischen, emotionalen und mentalen Fähigkeiten weiterentwickeln muß. Die Mehrheit der Klienten berichtetet, daß sie sich nach der Geburt wie gereinigt fühlten und mit wachen Sinnen die anwesenden Personen und ihre Umwelt wahrnehmen konnten. Die visuellen, sensorischen, auditorischen und taktilen Empfindungen, die sie in diesem Zustand außerordentlicher Offenheit erlebt hatten, wurden als einmalig und äußerst faszinierend beschrieben. Erfahrungen, die mit dieser Matrix in Verbindung gebracht wurden, sind Atemschwierigkeiten, Erstickungsgefühle, Angstzustände und verstärkte muskuläre Verspannungen. Diese lösten sich aber auf und wichen sehr angenehmen Empfindungen wie Befreiung, Entspannung, Heiterkeit, Wohlbefinden und allumfassende Harmonie.

Die nachfolgende, während einer LSD-Sitzung erlebten Episode unterstützt die These, daß vorgeburtliche Vorkommnisse im Bewußtsein gespeichert sind und wiederbelebt werden können. Im Laufe einer psycholytischen Sitzung erlebte sich ein Klient als Fötus im Fruchtwasser schwimmend. Er fühlte sich geborgen und durch die Nabelschnur sicher mit der Mutter verbunden. Dabei konnte er zwei verschiedene Herzrhythmen sowie laute Darmbewegungen deutlich wahrnehmen. Er spürte, daß es bis zur Geburt nicht mehr lange dauern würde. Plötzlich vernahm er eigenartige Geräusche; Gelächter, Geschrei und so was wie Karnevalstrompeten, die von außen in seine Welt eindrangen. Im Anschluß an die psycholytische Sitzung sprach er seine Mutter auf dieses sonderbare Erlebnis an. Sie bestätigte ihm, daß sie entgegen der Warnung ihrer Mutter kurz vor der Geburt zu dem jährlich stattfindenden Blumenmarkt des Dorfes gegangen war.

LSD wurde von verschiedenen Psychotherapeuten zur Behandlung psychischer Störungen eingesetzt. Ähnliche Erfahrungen wie Grof machte der englische Psychiater Frank Lake. Er beobachtete unter anderem eine enge Verbindung zwischen phobischen Angstzuständen, insbesondere der Klaustrophobie, und einer schwierigen und langen Geburt. Obwohl Lake mit seiner Therapiemethode Erfolg hatte, gab er die Arbeit mit LSD wieder auf. Er entwickelte einen alternativen psychotherapeutischen Ansatz, der sich aus Tiefatmung und einer geführten Fantasiereise zusammensetzte. Durch diese Methode waren Lakes Klienten imstande, zu den absoluten Anfängen ihrer Geschichte, zur Implantation und Empfängnis, zu regredieren. Unter anderem berichteten sie vom emotionalen Klima während der Empfängnis und der Art der sexuellen Vereinigung. Die Entwicklungsstufe der Blastozyste (Keimblase) wurde als unglaublich schön, als Zustand des Schwebens, der Freude und der Glückseligkeit beschrieben. Häufig tauchten auch religiöse Wahrnehmungen und mystische Empfindungen auf, die dem Erlebten eine zusätzliche Tiefe gaben. Die Implantation, der nächste Meilenstein in der Entwicklung, wurde entweder als anregender und lebensbejahender Seinszustand erfahren oder, im Falle einer unerwünschten Schwangerschaft, als schmerzhaftes und traumatisches Ereignis.

Die Freude der Mutter über die Schwangerschaft vermittelte dem Ungeborenen Wohlbefinden und Geborgenheit und das Gefühl, erwünscht zu sein. Genau auf der gegenüberliegenden Seite der Gefühlsskala lagen die Erfahrungen überlebter Abtreibungsversuche. Die erlebte Ohnmacht, das Ausgeliefertsein und die Todesangst führten zu schweren Verletzungen, die im Entstehen von Ängsten und Problemen mit dem Selbstwert eine zentrale Rolle spielten.

Dennoch ist der Einsatz bewußtseinsverändernder Substanzen in der Psychotherapie nicht über alle Zweifel erhaben. Zwar mögen Halluzinogene Erscheinungen und Eindrücke aus dem Unbewußten ans Tageslicht bringen, die das ganze Erlebnisspektrum abdecken. Was deren Bedeutung für die eigene Lebensgeschichte betrifft, sind sie jedoch mit Erfahrungen vergleichbar, die im Rahmen traditioneller Therapiemethoden erlebt werden können. Zudem ist im Umgang mit hochpotenten Substanzen große Vorsicht geboten. Denn es können Erlebnisse und Energien geweckt werden, die schwierig zu integrieren sind. Sowohl Lake wie Grof waren sich dieser Gefahren bewußt und gaben deshalb die Arbeit mit LSD früher oder später auf. Auf dem reichhaltigen Fundus seiner Erfahrungen entwickelte Grof das holotrope Atmen. Dabei handelt es sich um eine Synthese verschiedener spiritueller Praktiken und moderner Bewußtseinstechniken. Durch bewußtes Atmen, unterstützt durch eine hochenergetische Musik, wird im holotropen Atmen ein außergewöhnlicher Bewußtseinszustand erzeugt, der eine tiefe Selbsterfahrung fördert und Begegnungen mit Geburt, Tod und spirituellen Dimensionen ermöglicht.

Primärtherapie

Die Primärtherapie, auch unter dem Namen Urschreitherapie bekannt, wurde vom amerikanischen Psychologen Arthur Janov begründet und zählt heute zu den klassischen körperorientierten Psychotherapiemethoden. Als Psychotherapeut Freudscher Richtung ausgebildet, machte Janov die Beobachtung, daß viele seiner Klienten, die überraschend traumatischen Gegebenheiten ihrer frühen Kindheit begegnet sind, diese auf sehr lebhafte und äußerst realitätsnahe Weise wiedererlebten. Durch die Konfrontation mit diesen prägenden Erlebnissen und das aktive Ausdrücken der dabei auftauchenden Gefühle lösten sich die emotionalen Störungen bei den meisten von Janovs Klienten plötzlich auf, und auch ihr genereller Gesundheitszustand verbesserte sich. Symptome, die als therapieresistent galten, begannen aufzuweichen und verschwanden.

In der Primärtherapie ermutigte Janov seine Klienten, ihre Eltern direkt beim Namen, mit dem sie diese als Kinder angesprochen hatten, anzurufen. Dies führte bei den meisten zu einem heftigen emotionalen Zustand, der häufig darin gipfelte, daß sie ihren Gefühlen der Ablehnung und der Enttäuschung über ihre frustrierten Bedürfnisse nach Geborgenheit und Wärme durch Schreien (primal scream) Ausdruck verliehen. Wie seine Klienten berichteten, führte das Herausschreien zu wichtigen Einsichten, einem Zustand erhöhter Wachsamkeit und Offenheit, zu Zufriedenheit und einem stabileren Selbstbewußtsein.

Das Schwergewicht der Primärtherapie liegt im Wiedererleben und Auflösen unbewältigter Vorkommnisse sowie im Ausdrücken von zurückgehaltenen Emotionen. Um diesen Prozeß aktiv zu unterstützen, wird der Körper sehr direkt in die psychotherapeutische Arbeit mit einbezogen. Große Bedeutung haben in der Primärtherapie unbewältigte Erlebnisse aus der frühen Kindheit, die gemäß Janov eine entscheidende Rolle bei der Entwicklung neurotischer Verhaltensweisen spielen. Die wiederholte Frustration primärer Bedürfnisse nach Schutz und Geborgenheit wird früher oder später in Schmerz umgewandelt. Der Schmerz signalisiert dem Körper, daß er in Gefahr ist. Auf diese Weise alarmiert, stellt das Kind seine Gefühle ab und gibt seine Bedürfnisse auf. So verliert es den Zugang zu sich selber, und seine Lebensfreude stirbt ab.

Wie Janov aufzeigt, besteht das besondere Merkmal früher traumatischer Erlebnisse darin, daß sie zu ganz bestimmten Reaktionen führen, sogenannten Prototypen. Jede später im Leben auftauchende Streßerfahrung gleicher Qualität löst die prototypischen Reaktionen aus wie Lebensängste oder Mirgräneanfälle. Diese werden als permanente Erinnerungen im Bewußtsein eingeprägt. Besonders tiefe Spuren hinterlassen Traumen in der präverbalen Zeit. Weil die Empfänglichkeit und Sensibilität in der frühen Kindheit besonders hoch ist, werden traumatische Erlebnisse tiefer eingeprägt, als zu einem späteren Zeitpunkt. Zu dieser besonders sensiblen Lebensphase gehören auch die Geburt und die Periode davor. Nach Janov ist aber nicht ein einzelnes traumatisches Erlebnis Ursache für Spaltungen im Selbst, sondern die Akkumulierung von Traumen, die im Laufe des Aufwachsens erlebt wurden.

In der Primärtherapie mit ihrem dialektischen Ansatz führt das Fühlen unbefriedigter kindlicher Bedürfnisse zu Reife, weckt das Zulassen der erfahrenen Kälte die innere Wärme, fördert das Annehmen der Schwäche die eigene Stärke und ebnet das Durcharbeiten der Vergangenheit den Weg in die Gegenwart. Ein wichtiges Ziel der Primärtherapie ist das Rückgängigmachen der inneren Spaltung. Um diese Heilung zu erreichen, wird das Erleben von sogenannten „Primals“ unterstützt. Ein „Primal“ ist nach Janov eine ganzheitliche Erfahrung, die ihren Ursprung in der Vergangenheit hat, jedoch in der Gegenwart erlebt wird. Während eines „Primals“ werden alle mit dem jeweiligen Erlebnis verbundenen Gefühle und Wahrnehmungen sehr realitätsnah erfahren. Es mag für Außenstehende der Eindruck entstehen, als würde die Klientin oder der Klient während eines „Primals“ vorübergehend die Kontrolle über sich verlieren. Doch da ist ein Beobachter – der innere Zeuge –, der den ganzen Prozeß in Übereinstimmung mit der Art der Erfahrungen steuert.

Janov, der in der Primärtherapie den unterschiedlichsten Lebensthemen begegnet ist, machte die Beobachtung, daß einige seiner Klienten nicht nur Traumen ihrer frühen Kindheit zu bewältigen hatten, sondern, meist völlig überraschend, mit ihrer Geburt und der vorgeburtlichen Zeit konfrontiert wurden. Erst nachdem Janov Zeuge unzähliger Geburtserlebnisse wurde, konnte er glauben, was er sah: Eingerollt in fötaler Position, mit nach innen gedrehten Händen und angezogenen Beinen, von sonderbaren Geräuschen und seltsamen Bewegungen begleitet, waren Erwachsene dabei, die frühesten Abschnitte ihrer Geschichte wiederzuerleben. Erschüttert durch seine Beobachtungen, begann Janov zu erkennen, wie beängstigend und bedrohlich die Geburt für viele seiner Klienten gewesen sein muß und welch großen Einfluß eine traumatische Geburt bei der Entwicklung chronischer Verspannungen und emotionaler Störungen haben kann. Überreste einer schwierigen Geburt sind nach Janov Zustände von Verwirrtheit, Verkrampfungen, Lähmungserscheinungen sowie Hilflosigkeit, Hoffnungslosigkeit, Ohnmacht, Wut und Zorn. Auch das Gefühl, den Kontakt zu sich selbst und der Welt verloren zu haben, tauchte immer wieder auf. Da die traumatische Erfahrung und die als Folge entstandene psychische Spaltung zu einem Zeitpunkt geschah, als das Leben gerade erst begann und noch nicht genügend positive Erlebnisse vorhanden waren, die den Aufbau einer stabilen psychischen Grundstruktur und eines lebensfähigen Abwehrsystems ermöglicht hätten, können nach Janov während der Geburt die Ursachen entstehen, die zu Anfälligkeit für emotionale Schwierigkeiten und mentalen, Störungen führen. Eine schwierige Geburt kann dem Kind vermitteln, daß das Leben ein mühsamer Kampf ist. Als Matrix verschlüsselt und im Bewußtsein gespeichert, überträgt sich dieses primäre Erlebnis schließlich auf den Alltag und die Beziehungen. In Form eines dramatischen Überlebenskampfs wird es wieder und wieder initiiert und ausgefochten.

Verschiedene körperliche Symptome und affektive Störungen konnten in der Primärtherapie auf bestimmte Umstände einer traumatischen Geburt zurückverfolgt werden. Janov erwähnt Atembeschwerden, Asthma und Erstickungsängste. Eine Klientin Janovs berichtete von der Angst und Bedrohung, die sie erlebte, als sie in der Therapie mit ihrer Geburt konfrontiert wurde. Sie befürchtete, in der ausweglosen Enge des Geburtskanals stecken zu bleiben und hilflos zu ersticken. Diese Erfahrung übertrug sich als primärer Eindruck auf ihre ganze Kindheit. Mußte sie ein dunkles Gebäude betreten, verspürte sie eine unglaubliche Angst und befürchtete, ohnmächtig zu werden. Als erwachsene Frau vermied sie es, Fahrstühle zu benützen, da sie in engen Situationen in Panik geriet.

Phobien, ganz besonders die Klaustrophobie, aber auch unerklärliche Gefühle des Blockiertseins sind klassische Anzeichen, die auf eine traumatische Geburt hindeuten. Ein Klient, der in der Primärtherapie mit seiner schwierigen Geburt konfrontiert wurde, berichtete, wie alles damit begann, daß er einen harten und stechenden Druck in seinem Oberkörper verspürte, der sich rasch ausbreitete und stärker wurde. Unfähig sich zu bewegen, wurde seine ausweglose Situation immer unerträglicher. In seinem Beruf und auch in Beziehungen fühlte er sich latent behindert und litt unter einem ähnlichen Gefühl des Blockiertseins.

Janov vermutete auch, daß traumatische Geburtsumstände treibende Kräfte für suizidale Neigungen sein können. Ein Klient, der immer wieder an Selbstmord dachte, berichtete, daß ihn das Zurückverfolgen dieser quälenden Gedanken direkt zu seiner Geburt geführt hätte. Die Nabelschnur hatte sich dreimal eng um seinen Hals gewickelt, so daß er nur unter größten Schwierigkeiten geboren werden konnte und dabei beinahe erstickt wäre.

Als Janov begann, die Geburtsarten genauer zu untersuchen, konnte er gewisse Zusammenhänge zwischen der Art der Geburt und bestimmten, später auftauchenden Lebensdynamiken und Verhaltensmustern entdecken. Demnach neigen Personen, die durch Kaiserschnitt zur Welt gekommen sind, zu Schwierigkeiten im Umgang mit Veränderungen, was in der ständigen Furcht, etwas Unausweichlichem unvorbereitet zu begegnen, zum Ausdruck kommt. Häufig wurde auch das Gefühl erwähnt, immer auf etwas Unbekanntes – den vaginalen Geburtsprozeß – zu warten. Klienten, die zu früh auf die Welt kamen, haben oft das Gefühl, etwas Wichtiges nie ganz abschließen und in Ruhe zu Ende bringen zu können.

Der von Janov begründeten Primärtherapie kommt das Verdienst zu, daß sie das Schwergewicht vom Intellekt weg hin zum bewußten Fühlen unverarbeiteter Erfahrungen und zum Ausdrücken unterdrückter Emotionen gelegt hat. Janov und andere primärorientierte Psychotherapeuten wie Wiliam Swartley oder David Freundlich haben Wesentliches zu einem besseren Verständnis der Bedeutung früher Erlebnisse und deren Einfluß auf das psychische Wachstum beigetragen. Vielen hilfesuchenden Personen war es erst im Rahmen dieser körperorientierten Psychotherapiemethode möglich, frühe traumatische Ereignisse zu klären und sich von deren negativen Folgen zu befreien. Als Psychotherapie, die noch in den Kinderschuhen steckt, hat sich die Primärtherapie jedoch zu ausschließlich am Phänomen Schmerz als Heilmittel für die Auflösung neurotischer Lebensmuster orientiert. Obwohl die Primärtherapie eine vielversprechende Psychotherapiemethode ist, wurden wichtige Bereiche übergangen oder als unbedeutende Nebenerscheinungen behandelt. Ich denke dabei besonders an unsere gesunden und positiven Qualitäten wie Freude, Glück, Mitgefühl und Liebe, über die wir alle verfügen und die im Prozeß der Selbstheilung eine ganz entscheidende Rolle spielen.

Cellular consciousness

Sehr interessant ist der Beitrag des australischen Psychiaters und Psychotherapeuten Graham Farrant. Ursprünglich als Psychoanalytiker ausgebildet, stieß Farrant in der Psychoanalyse bald an strukturbedingte Grenzen und wandte sich in der Folge der Primärtherapie zu. Aufgrund seiner persönlichen Erfahrungen und der in der Psychotherapie gemachten Beobachtungen gelangte Farrant zur Überzeugung, daß nicht die Erlebnisse der Kindheit, sondern die des ersten Lebensabschnittes die prägendsten sind. Nach Farrant sind wir vom Augenblick der Empfängnis an in der Lage, alles wahrzunehmen, was uns begegnet. Unsere ganze Geschichte, alle Emotionen,

Empfindungen und Reaktionen sind in den Zellen unseres Körpers gespeichert, wobei die frühesten Eindrücke unser Leben am nachhaltigsten beeinflussen.

Farrant nennt seinen psychotherapeutischen Ansatz, der sich auf das im Körper gespeicherte Wissen bezieht, „Cellular Consciousness". Wie Farrant beobachtete, führt der Einbezug des zellulären Bewußtseins in den psychotherapeutischen Prozeß einerseits zu einer Erweiterung des Erlebnisspektrums. Andererseits öffnet sich eine zusätzliche Ebene, in der die Weisheit des Körpers mit seiner natürlichen Neigung zur Gesundheit zum Tragen kommt.

Farrant beobachtete ganz genau die subtilen körperlichen Reaktionen und Verhaltensmuster seiner Klienten. Um den therapeutischen Vorgang zu unterstützen und frühe, abgespaltene Erlebnisse ins Bewußtsein zu rufen, ermutigte er seine Klienten, ihre Wahrnehmungen und Empfindungen zu verstärken und diese mit Hilfe des Körpers auszudrücken. In den meisten Fällen löste dies einen veränderten Bewußtseinszustand aus, der dazu führte, daß Klienten regredierten und mit ihrer Geburt und Erlebnissen der vorgeburtlichen Zeit konfrontiert wurden. Spezielles Augenmerk legte Farrant auf körperliche Anzeichen und emotionale Signale, die er mit bestimmten Umständen und Schwierigkeiten der Implantation und Empfängnis verband. Entgegen der Annahme, alles sei damals ganz normal und natürlich verlaufen, berichteten verschiedene Klienten von schmerzhaften Erlebnissen wie unerbittlichen Machtkämpfen, existentiellen Ängsten, Verweigerungszuständen und verschiedenen Formen der Gewalt.

Nach Farrant sind das emotionale Klima bei der Zeugung, die Art der elterlichen Beziehung und ihre Einstellung zur Sexualität entscheidende Faktoren dafür, wie wir die Empfängnis erlebt haben und welchen Eindruck diese in unserem Bewußtsein hinterlassen hat. Schließlich ist die Empfängnis nicht irgendein beliebiger Augenblick unserer Geschichte, sondern der Anfang unserer Existenz in diesem Körper! Entsprechend setzen unsere Empfindungen bei der Empfängnis unserer Entwicklung einen ersten, sehr prägenden Stempel auf. Da alle Zellen unseres Körpers von der bei der Empfängnis entstandenen Ur-Zelle abstammen, tragen wir diese Erfahrung als Erinnerung in jeder Faser unseres Körpers.

Bei der Empfängnis verschmelzen zwei unterschiedliche Teile – das Ei und das Spermium – zu einer neuen, eigenständigen Einheit. Der

Ur-Rhythmus der Vereinigung und Auflösung, des Entstehens und Vergehens, die grundlegende Wirklichkeit unseres Seins, setzt mit der Empfängnis ein und durchströmt als dominierendes Schwingungsmuster unser ganzes Leben. Jede Bewegung, jeder Atemzug, jedes Erwachen und jedes Einschlafen, alles, was wir tun, ist Ausdruck dieser essentiellen Bewegung, die im Moment der Empfängnis einsetzt und im Augenblick des Todes erlischt.

Für Farrant stellt die Empfängnis keine Dualität, sondern eine Trilogie dar. Körper, Psyche und Geist – Ei, Spermium und Seele – sind in diesem Vorgang die bestimmenden Teile, die dem Wunder des Lebens zur Geburt verhelfen. Ei und Spermium sind dabei Vorläufer des Selbst, welches erst durch die Vereinigung mit der Seele entsteht. Farrant unterschied drei grundlegend verschiedene Dynamiken, die in der Psychotherapie erlebt werden können: Das „Spermium-Sein" drückt sich durch schnelle, hektische Vorwärtsbewegungen des ganzen Körpers aus. Das „Ei-Sein" besteht aus ruhigen, weichen Kreisbewegungen, hauptsächlich durch die Arme ausgedrückt. Die anschließende Beseelung, das Eintreten der Seele in das befruchtete Ei, das Farrant „Ensoulment" nennt, ereignet sich kurz nach der Empfängnis. Klienten, die Schwierigkeiten beim Ensoulment gehabt hatten, berichteten von hartnäckigen Widerständen beim Versuch, sich mit dem befruchteten Ei zu vereinen. Diese primäre Prägung kann sich auf das gesamte Leben übertragen und zu Orientierungslosigkeit, Unentschlossenheit und einer tiefsitzende Angst, sich einzulassen, führen. Im Cellular Consciousness, das nach Farrant ein zelluläres Lernen ist, ist es über den Miteinbezug dieser allerfrühesten Eindrücke möglich, das komplexe Zusammenspiel von Umwelt, Körper und Psyche zu erforschen und dessen Folgen zu verstehen.

Im Laufe einer Serie aufeinanderfolgender Sitzungen machte Farrant eine interessante Entdeckung. Im Zustand der Regression erlebte er sich als befruchtetes Ei und schwebte, eingebettet in eine sanfte, friedliche und warme Welt zeitloser Gelassenheit durch den Eileiter hinunter zur Gebärmutter. Dabei merkte er, wie er sich als Ei stets im Gegenuhrzeigersinn drehte und mit seinem Körper ganz bestimmte, rhythmische Bewegungsmuster ausführte. Auf dieser Reise konnte er den Prozeß der Zellteilung mitverfolgen. Dabei geschah etwas Überraschendes: Zweimal stoppte der Prozeß der Zellteilung, und es trat eine längere Pause ein. Zuerst hatte Farrant

Mühe, diesen unplanmäßigen Unterbruch zu akzeptieren und seinen Wahrnehmungen zu trauen, denn diese Stopps waren mit seinem medizinischen Wissen über die zelluläre Entwicklung nicht vereinbar. Jahre später wurde dieses Phänomen von der medizinischen Forschung ebenfalls beobachtet und als natürlicher Vorgang bestätigt. Der Grund für diese Unterbrechungen in der Zellteilung ist jedoch unbekannt.

Den von vielen Fachleuten beschriebenen Zustand ozeanischer Glückseligkeit irgendwann zwischen dem ersten und dritten Schwangerschaftsmonat datiert Farrant exakt auf die Zeit zwischen dem siebten und zehnten Tag nach der Befruchtung. In dieser äußerst sensiblen Phase erlebten wir einen paradiesischen Zustand kosmischer Verbundenheit. Aufgrund emotionaler Störungen und mentaler Verblendungen, die unser Bewußtsein trüben, haben wir den Zugang zu dieser Quelle des Wissens jedoch längst verloren. Indem wir uns von unseren Schleiern befreien, können wir diesen kostbaren Schatz wieder finden und uns auf unserem Lebensweg von dieser inneren Kraft leiten und inspirieren lassen.

Farrants äußerst differenzierte Beobachtungen sind Zeugnisse, welche die hohe Sensibilität und Empfänglichkeit dokumentieren, mit der wir von Beginn an ausgestattet sind. Nicht irgendwann in der Grauzone der frühen Kindheit, wie oft argumentiert wurde und immer noch wird, sondern seit dem Augenblick der Empfängnis verfügen wir über ein empfindsames Gewahrsein. Indem Farrant überholte Vorstellungen und Konzepte ablegte und sich offen mit den Anfängen unserer Geschichte auseinandersetzte, hat er auf dem Gebiet der körperorientierten Psychotherapie nicht nur einen neuen Weg eingeschlagen, sondern darüber hinaus einen bedeutenden Beitrag zum besseren Verständnis der Subtilität psychischer Vorgänge und der Art und Weise, wie diese mit unserer Geschichte verwoben sind, geleistet. Seine persönlichen Erfahrungen und Beobachtungen brachten ihn zur Einsicht, daß Heilung grundsätzlich ein spiritueller Prozeß und damit eine Angelegenheit des Herzen ist.

Rebirthing

Das Rebirthing ist eine Atemtechnik, die vom Therapeuten Leonard Orr und der spirituellen Lehrerin Sandra Ray in Amerika entwickelt wurde. Über den Atem wird im Rebirthing versucht, emotionale Blockaden und mentale Verkrampfungen, die sich im Körper festgesetzt haben, aufzuspüren und aufzulösen, mit dem Ziel, den zurückgehaltenen Lebensstrom wieder zum Fließen zu bringen. Dazu werden die Klienten ermutigt, sich mittels forcierter Atmung durch Unerledigtes oder Traumatisches hindurchzuatmen. Das klassische Rebirthing beabsichtigt, daß man sich mit Hilfe des bewußten Atmens an die eigene Geburt erinnert und diese noch einmal durchlebt. Die als Folge eingeleitete Transformation soll helfen, negative Eindrücke und störende Verhaltensmuster, die während der Geburt entstanden sind und sich im Bewußtsein niedergelegt haben, in Lebensfreude und Zuversicht umzuwandeln. Häufig wird das Rebirthing, das sich nicht als eigenständige Psychotherapierichtung versteht, als unterstützende Methode in den psychotherapeutischen Prozeß eingebaut.

An neurotischen Einstellungen und negativen Reaktionsmustern halten wir fest, so der Leitgedanke des Rebirthing, weil wir diese aufgrund unserer Geburtserfahrung mit unserem Überleben verbinden. Da alle Wahrnehmungen und Erlebnisse als Erinnerungen in unserem Körper gespeichert sind, sind wir gezwungen, unsere unbewältigte Vergangenheit, insbesondere das Drama unserer Geburt, immer wieder neu zu inszenieren. Während einer Rebirthingsitzung sollen durch das Wiedererleben der Geburt negative Prägungen, die damals entstanden sind, erkannt und aufgelöst werden können. Mit Hilfe des eingeleiteten Bewußtseinsprozesses soll es nach Orr und Ray möglich sein, hartnäckige Verspannungen, Atemschwierigkeiten, existentielle Ängste, somatische Leiden sowie alte Lebensprogramme aufzugeben und für immer loszulassen.

Je unproblematischer die Geburt war, argumentiert Ray, desto unbelasteter gestaltet sich später unsere Partnerbeziehung. Dies hänge damit zusammen, daß zu Beginn einer Beziehung die Erinnerungen an die Geburt unterdrückt und die damit verbundenen negativen Eindrücke inaktiv seien. Doch wenn sich die Beziehung im Laufe der Zeit vertiefe und man sich mehr und mehr füreinander öffne, würden geburtsbezogene Überreste und Muster auftauchen. In der Beziehung treffen nicht nur verschiedenartige Familiengeschichten aufeinander, sondern es kollidieren auch die unterschiedlichen, oft sehr traumatischen Geburtsgefühle. Weil man sich in diesem dichten Gewebe aus Emotionen und Empfindungen leicht verstrickt, was erneut zu Verletzungen führen kann, ist es nach Ray schwierig, eine offene und liebevolle Beziehung zu leben, solange die bei der Geburt niedergelegten Überlebensstrategien und Reaktionsmuster unbekannt sind.

Das Rebirthing ist zwar leicht anzuwenden und erfreut sich wohl deshalb auch großer Beliebtheit, doch über jeden Zweifel erhaben ist es nicht. Viele Beobachtungen über die Geburt und über vorgeburtliche Vorkommnisse sowie die daraus abgeleiteten Erkenntnisse sind spekulativ und sehr vage. Die Technik des forcierten Atmens, bei der mit Druck ein künstlicher Zustand erzeugt wird, hat etwas grundsätzlich Unnatürliches und ist auch problematisch, weil es leicht zu Hyperventilation führen kann. In den Rebirthingsitzungen, an denen ich teilgenommen habe, reagierte mein Körper schnell mit spastischen Symptomen, und die fötusähnliche Stellung, die ich zwar einnahm, rührte kaum von einer vorgeburtlichen Erinnerung her.

Der Einbezug von Atemtechniken in den psychotherapeutischen Prozeß ist eine delikate Angelegenheit. Dagegen hat das natürliche und achtsame Atmen eine sehr anregende und beruhigende Wirkung auf Körper, Psyche und Geist. Im Zustand der Offenheit und Entspanntheit können verdrängte Erlebnisse und abgespaltene Gefühle leichter aktiviert und damit bewußter wahrgenommen werden. Die forcierte Atmung, mit der eine bestimmte Erfahrung vertieft oder ein gewünschter Zustand verstärkt werden soll, kann jedoch das genaue Gegenteil bewirken, indem sich emotionale Widerstände und mentale Verkrampfungen verhärten. Die in der Psychotherapie eingesetzten Techniken, welche primär auf Handeln und Tun ausgerichtet sind, können zur Annahme führen, wir müßten ein bestimmtes Ziel erreichen und gewisse Anforderungen erfüllen, um ganz und heil zu werden. Statt das Suchen nach exotischen Erscheinungen zu fördern, besteht die Aufgabe der Psychotherapie darin, einen klaren und freundlichen Rahmen zu schaffen, in dem wir die Möglichkeit haben, uns selber zu begegnen, um so die Hintergründe unserer Geschichte zu verstehen. Damit wir uns mit unseren Schattenseiten aussöhnen und zurück zu uns finden können, benötigen wir Zeit, Geduld, Verständnis und Inspiration. Wollen wir auf unserer Seelenreise nicht verloren gehen, sind wir auf eine verbindliche und mitfühlende Beziehung angewiesen, die uns hilft, das Heilsame vom Unheilsamen und das Wesentliche vom Unwesentlichen zu unterscheiden.

Past Lives Therapy

Bei der Erforschung unbewußter Bereiche des Seins und der Suche nach den Ursachen emotionaler Störungen beschreitet der amerikanische Psychologe Morris Netherton als Mitbegründer der Past Lives Therapy neue Wege. In der Past Lives Therapy geht man davon aus, daß wir nicht nur Erlebnisse aus diesem Leben in unserem Bewußtsein gespeichert haben, sondern auch Vorkommnisse aus früheren Leben und daß diese uns ebenso nachhaltig geprägt haben. Die Wurzeln emotionaler Störungen und negativer Grundmuster werden also weit über die frühe Kindheit hinaus zur Geburt und sogar zu traumatischen Erlebnissen aus früheren Leben zurückverfolgt. Die Past Lives Therapy setzt sich zwar mit der Frage der Reinkarnation auseinander, doch spielt der Glaube an die Existenz vergangener Leben für den Erfolg der Therapie eine untergeordnete Rolle. Der amerikanische Psychiater und Psychotherapeut Stephen Proskauer, der mit Past Lives Therapy und verwandten Psychotherapiemethoden arbeitet, meint dazu, daß, solange das Auflösen traumatischer Erlebnisse den Prozeß der Selbstheilung unterstützt, die Frage nach deren Ursprung zweitrangig ist.

In der Past Lives Therapy wird primär mit dem unbewußten Verstand gearbeitet. Vergleichbar mit einem Aufzeichnungsgerät speichert er alles, was wir jemals erfahren haben, während sich der bewußte Verstand beharrlich weigern kann, gewisse Vorkommnisse überhaupt wahrzunehmen. Indem der Aufzeichnungsprozeß umgekehrt wird, ist es in der Past Lives Therapy möglich, Verletzungen und Prägungen, die bei der Geburt, in der vorgeburtlichen Zeit, bei der Empfängnis oder während vergangener Leben entstanden sind, aufzudecken und aufzulösen. Nach Netherton können traumatische Vorkommnisse jedoch nur dann vollständig gelöscht werden, wenn ihre störenden Muster und ihre negative Kraft auf allen Ebenen des Bewußtseins, auf denen sich diese niedergeschlagen haben, aufgearbeitet werden.

Um den thematischen Rahmen zu begrenzen, werde ich mich hier auf diejenigen Beobachtungen und Erkenntnisse der Past Lives Therapy beschränken, die mit der Geburt und vorgeburtlichen Ereignissen zu tun haben. Auch Proskauer ist der Überzeugung, daß die Geburt für die meisten Menschen problematisch oder traumatisch war. Weil die Geburt, vergleichbar mit dem Tode, einen der anspruchsvollsten Übergänge darstellt, prägen alle in diesem Augenblick erlebten Gefühle und Wahrnehmungen, wie wir als Erwachsene mit Streß umgehen und auf alltägliche Schwierigkeiten reagieren. Der bei der Geburt vorherrschende emotionale Grundton spielt eine zentrale Rolle für spätere Verhaltensmuster. Nach Proskauer wird alles, was wir während dieses Übergangs erlebt haben, auf drei Bewußtseinsebenen gespeichert: Auf der ersten Ebene sind die somatischen Wahrnehmungen, emotionalen Empfindungen und mentalen Eindrücke der Wehen bei der Passage durch den Geburtskanal und der Phase danach eingeprägt. Auf der zweiten Ebene sind die ausgedrückten und zurückgehaltenen emotionalen, physischen und verbalen Reaktionen der Mutter aufgezeichnet. Auf der letzten Ebene sind Verhaltensweisen, gesprochene Worte und nicht ausgedrückte Emotionen der die Geburt begleitenden Personen gespeichert.

Während unserer ersten neun Monate gab es für uns nur eine einzige Welt: den Körper unserer Mutter. In diesem kleinen Universum fanden wir alles, was wir brauchten. Wir waren so eng mit unserer Mutter verbunden, daß wir auch spürten, wie es ihr ging, was sie dachte und fühlte. Dementsprechend bildet der vorgeburtliche Lebensabschnitt einen primären Erfahrungsgrund. Dieser beeinflußt nicht nur unsere gesamte psychische Entwicklung, sondern lehrt uns auch, was wir vom Leben zu erwarten und was wir zu befürchten haben. Da die Ursache für emotionale Störungen häufig im pränatalen Bereich liegen, ist es nach Netherton und Proskauer wichtig, das familiäre Klima, in dem wir entstanden sind, zu kennen. Dazu zählt neben besonderen Ereignissen die emotionale Atmosphäre, die während der Zeit der Schwangerschaft in der Familie geherrscht hat. Nach Proskauer ist das Abgelehntwerden vor der Geburt eine häufige Ursache für eine negative, lebensfeindliche Einstellung. Chronische Depressionen und Probleme mit dem Selbstwert konnten in etlichen Fällen darauf zurückgeführt werden, daß die Schwangerschaft ungewollt war und manchmal sogar abgebrochen werden sollte.

Proskauer beschreibt den Fall einer Klientin, die unter schweren Angstzuständen und Gefühlen der Sinn- und Trostlosigkeit litt. In der Past Lives Therapy erlebte sie, wie sie als ungeborenes Kind alles, was ihre Mutter dachte und fühlte, ungefiltert absorbierte, gerade so, als wären es ihre eigenen Gedanken und Gefühle. Da die Mutter während der Schwangerschaft von ihrem Mann verlassen wurde, hat das ungeborene Kind ihre ganze Einsamkeit, Traurigkeit und Hoffnungslosigkeit übernommen. Als Botschaften vom unbewußten Verstand aufgezeichnet, beeinflußten diese vorgeburtlichen Erinnerungen ihr Verhalten und Befinden in nachhaltiger Weise.

Ob wir in Freude oder Haß gezeugt wurden, unsere Schwangerschaft erwünscht oder unerwünscht war, wir bei der Geburt herzlich empfangen oder kühl zurückgewiesen wurden, macht einen gewaltigen Unterschied. Wie Netherton und Proskauer weiter aufgezeigt haben, verfügen wir über ein äußerst feines Sensorium, mit dem wir alles, was wir wahrnehmen und erleben, als Erinnerungen speichern. Frühe Erlebnisse haben eine sehr subtile Qualität und darum einen um so größeren Einfluß auf unsere gesamte psychophysische Entwicklung. Auf den Punkt gebracht, unterstreicht die Past Lives Therapy das, was Psychotherapeuten wie R. D. Laing oder G. Farrant ebenfalls hervorgehoben haben: Was letztlich entscheidet und wirklich zählt, ist Liebe – oder ihre Abwesenheit.

Kinder erinnern sich

Jonathans Mutter hörte während der Schwangerschaft zu ihren täglichen Schwangerschaftsübungen oft die Musik von Bruce Springsteen, besonders gern das Lied „Born to run“. Nach der Geburt von Jonathan nahm alles seinen gewohnten Lauf, und nichts deutete auf irgendwelche Schwierigkeiten hin. Doch mit zwei Monaten begann Jonathan jeden Abend Punkt elf Uhr aus unerklärlichen Gründen zu schreien. Seine Eltern probierten alles mögliche aus, um ihn zu beruhigen, doch Jonathan war untröstlich. Jeden Abend wiederholte sich dasselbe Drama. Plötzlich hatte die Mutter die zündende Idee: Born to run. Und siehe da, sobald dieser Song ertönte, hörte Jonathan augenblicklich auf zu weinen. Mit weit geöffneten Augen hörte er zu und schien Springsteens Musik förmlich in sich aufzusaugen. Fortan blieben Jonathan und seinen Eltern weitere anstrengende Abende erspart.

Kleine Kinder mögen sich häufig noch sehr lebhaft und detailganau an Episoden aus ihren Anfängen erinnern. Nur sind ihre Botschaften aus der Vergangenheit oft sehr abenteuerlich und nicht ganz leicht als solche zu verstehen. In seinem informativen und lesenswerten Buch „Das Seelenleben des Ungeborenen" schildert der kanadische Psychiater Tom Verny die Geschichte eines sechsjährigen Jungen, der jeden Abend kurz nach dem Einschlafen zu schimpfen und zu fluchen begann. Seine Fluchworte waren von einer fremdartigen Komposition, so daß seine Mutter unfähig war, irgend etwas davon zu verstehen. Während dieser abendlichen Szenen schrie der Junge regelmäßig und erwähnte häufig ein seltsames Licht. Besorgt durch das mysteriöse Verhalten ihres Sohnes konsultierten die Eltern verschiedene Ärzte. Doch keine der herangezogenen Fachpersonen war in der Lage, das sonderbare Gebaren des Jungen zu erklären. Auch die verabreichten Medikamente nützten nichts. Doch dann hörte die Mutter eines abends eine Radiosendung über Träume und deren tiefere Bedeutung. Da begann für sie das fremdartige Geschimpfe ihres Sohnes plötzlich einen Sinn zu ergeben. Seine Geburt war höchst dramatisch. Er kam zu früh und wäre bei der Geburt beinahe gestorben. Sie konnte sich erinnern, wie der übermüdete Arzt während der Geburt geflucht und geschimpft hatte. Da es ungewiß war, ob der Junge überleben würde, wurde vorsichtshalber ein Priester gerufen, um das Kind zu segnen. Da wurde ihr klar, daß die Fluchworte diejenigen waren, die der Junge vom Arzt aufgeschnappt hatte, und die Fremdsprache war Latein, das der Priester bei der Segnung gesprochen hatte.

Eine amüsante und dennoch aufschlußreiche kleine Studie über die Existenz von Geburtserinnerungen bei Kindern unternahm die Amerikanerin Linda Mathison. Angeregt durch einen Bericht, in dem zu lesen war, daß Kinder sich an ihre Geburt erinnern können, wollte Mathison diese Aussage auf die Probe stellen. Als ihr dreijähriger Sohn sich gerade in der Badewanne vergnügte, fragte sie ihn, ob er sich noch an seine Geburt erinnern könne. Ohne zu zögern antwortete er, daß er einen Tunnel runter kam und ihm die Geburt wie eine Übung vorgekommen war. Er berichtete auch von einem Licht, dem er begegnet war, und von Kälte. Als Mathison ihn fragte, wie es war, bevor er geboren wurde, erzählte er, daß er in einem warmen Teich gelegen hatte, sonderbare Geräusche vernahm und sich gut bewegen konnte.

Mathison fuhr fort, ihren Sohn über die Geburt zu befragen. Jedes Mal tauchten dabei überraschende Details auf. Mathison hatte vor diesen Gesprächen nie mit ihrem Sohn über die Geburt gesprochen. Trotzdem wußte der Junge, daß er mit der Nabelschnur um den Hals geboren wurde. Auch erwähnte er, viel Geschrei gehört zu haben und daß er Angst gehabt habe, weil er sich klein wie eine Maus fühlte. Nach der Geburt sei er auf den Kopf seiner Mutter gelegt worden. Die tatsächliche Geburt war sehr schwierig, dauerte zweiunddreißig Stunden und wurde mit einer Vakuumglocke abgeschlossen. Während der Geburt schrie die Mutter öfters sehr laut vor Schmerz. Der Junge wurde natürlich nicht auf ihren Kopf gelegt, sondern sehr nahe an ihr Gesicht.

Angeregt durch ihre eigenen Beobachtungen ermutigte Mathison acht Mütter, ihre Kinder ebenfalls über ihre Geburt zu befragen. Was die Kinder erzählten, stimmte ebenfalls in erstaunlich vielen Details mit den wirklichen Geburtsumständen überein. Als ihr Sohn fünf Jahre alt war, nahm Mathison dieses Thema erneut auf und befragte ihn ein weiteres Mal über seine Geburt. Doch jetzt wollte er überhaupt nichts mehr von all dem Zeugs wissen. Den gestellten Fragen wich er aus und nannte das Ganze Babygeschwätz.

Auch in der Kinderpsychotherapie wurden Erscheinungen beobachtet, die auf Erinnerungen an die Geburt und vorgeburtliche Vorkommnisse hindeuten. Besonders zu erwähnen ist die Arbeit des britischen Psychoanalytikers D. W. Winnicott. Winnicott ist der Überzeugung, daß ein psychologisches Leben vor der Geburt existiert. Die Geburt selber versteht er als signifikanten Übergang. Um seine Ansicht zu untermauern, berichtet Winnicott die Geschichte eines fünfjährigen Jungen, der bei ihm in analytischer Behandlung war. Zu Beginn der Psychotherapie, als sie sich noch nicht gut kannten, testete der Junge Winnicott regelmäßig. Der Junge ging einen Schritt auf ihn zu, um sich aber sogleich wieder abzuwenden und zu beobachten, wie Winnicott reagieren würde. Als er genügend Vertrauen entwickelt hatte, setzte er sich auf Winnicotts Schoß, kroch in seine Jacke hinein und rutschte hindurch, bis er zwischen seinen Beinen wieder auftauchte. Ohne Worte zu verlieren, repetierte der Junge dieses Spiel mehrere Male. Als dieses Prozedere schließlich fest etabliert war und er in Winnicott eine wohlwollende Mutter sah, setzte er sich auf den Boden des Behandlungszimmers und verlangte nach Honig. Aufgrund solcher Beobachtungen in der Arbeit mit Kindern gelangte Winnicott zur Überzeugung, daß Geburtsspiele ein wichtiges Element in den Aktivitäten von Kindern sind. Intuitiv weiß das Kind alles über sein Geborenwerden und choreographiert die nötigen Szenen. Für Winnicott ist das Spiel ein Konglomerat aus Erzählungen, die das Kind über seine Geburt gehört hat, und eigenen Geburtserinnerungen.

Der amerikanische Psychiater Rudolf Roden erzählt die Geschichte eines ebenfalls fünfjährigen Knaben, der unter starken Angstzuständen litt und wegen seiner Unfähigkeit, sich an alltäglichen Kinderaktivitäten zu beteiligen, zur Behandlung kam. Der Junge wollte ausschließlich alleine spielen, wobei er sich immer große Sorgen um das Wohl seiner Familie machte. In der fünften Therapiesitzung erzählte er von einem wiederkehrenden Alptraum. In diesem Traum wurde er von einer großen Lokomotive verfolgt, die ihn überfuhr, ohne ihn aber zu töten. Zögernd und beiläufig erwähnte er, daß dieser Traum der Grund war, weshalb er nicht mit anderen Kindern spielen wollte, denn die zum Teil körperlich heftigen Aktivitäten wie Ringen und Kämpfen erinnerten ihn an die nächtliche Begegnung mit der Lokomotive. Im Verlauf der Therapie berichtete der Junge von weiteren Alpträumen. Und immer war da diese starke Bedrohung in Gestalt wilder Monster und schrecklicher Ungeheuer, die ihn zu überrollen und zu erwürgen drohten. Im letztmöglichen Augenblick gelang es ihm jeweils gerade noch, durch eine Art Tunnel zu entkommen. Da Roden über den Ursprung der Schwierigkeiten des Jungen eine Vermutung hegte, befragte er die Mutter über dessen Geburt. Sie berichtete, daß sie lange und schwierig gewesen war, die kurze Nabelschnur sich eng um seinen Hals gelegt hatte und er beatmet werden mußte.

Abschließende Bemerkungen

Die hier beschriebenen Phänomene, die im Rahmen sehr unterschiedlicher Psychotherapiemethoden aufgedeckt und durchlebt wurden, machen deutlich, welch prägenden Einfluß die Geburt und vorgeburtliche Vorkommnisse auf unsere emotionale, physische und mentale Entwicklung ausüben können. Als Nebenerscheinungen des durch die

Psychotherapie ausgelösten Selbstheilungsprozesses tauchten diese bewegenden Erlebnisse meist spontan und völlig überraschend auf. In der Auflösung hartnäckiger Symptome, für die keine plausible Erklärung gefunden werden konnte, spielten diese frühen Eindrücke häufig eine ausschlaggebende Rolle. Obwohl die hier beschriebenen Erlebnisse mittels retrospektiver Mittel aufgedeckt wurden und subjektiven Vorstellungen und Erwartungen unterworfen sind, sind sie trotzdem wertvolle Dokumente unserer Geschichte. Sie fordern uns heraus, unsere begrifflichen Vorstellungen und mentalen Konzepte zu überdenken, die wir vom Leben, besonders vom ersten Abschnitt unserer Entwicklung haben.

Wie ältere und neuere wissenschaftliche Studien der Psychologie und Beobachtungen der Medizin belegen, sind wir von Anfang an wache und empfindsame Wesen, die aktiv an der gesamten Entwicklung im Mutterleib teilnehmen und die Geburt bewußt erfahren. Wir sind nicht, wie oft argumentiert wurde, passive, gefühllose und blinde Passagiere, die einige Wochen nach der Geburt aus einem Zustand dumpfer Teilnahmslosigkeit erwachen. Die Mißachtung der Bedeutung der ersten Lebensphase auf die Entwicklung kann tiefgreifende Konsequenzen für das psychophysische Werden haben und Ursache für das Entstehen existentieller Ängste, somatischer Leiden und Schwierigkeiten mit dem Selbstwert sein.

Wurden wir früh, bei der Geburt oder in der Zeit davor, mit schwierigen oder traumatischen Ereignissen konfrontiert, dann hat dies das Vertrauen in uns erschüttert und den Aufbau einer gesunden, stabilen psychischen Identität gefährdet. Um uns von den Fesseln unserer Geschichte zu befreien und dem Glück zur Geburt zu verhelfen, müssen wir uns vorbehaltlos auf das Wunder Leben einlassen, das sich uns in allem zeigt, was uns begegnet. Diesem Weg folgend, haben wir in der Psychotherapie die Möglichkeit, von unserem kräfteraubenden Lebensdrama Abschied zu nehmen und das zu werden, was wir letztlich sind: offene, sensible und fühlende Wesen.

Prägende Spuren der vorgeburtlichen Zeit

Ich halte es für sinnvoll, die Entwicklung, die das Ungeborene durchläuft, zusammenzufassen und einschließlich der Geburt kurz zu erläutern. Dieses Hintergrundwissen soll uns zum einen die Welt des Kindes näher bringen und zum anderen dazu beitragen, die Bedeutung von Geburts- und Vorgeburtserlebnissen auf unser späteres Leben besser zu verstehen. Es geht mir dabei vor allem um das Beschreiben eindrücklicher und bewegender Erlebnisse, die im Rahmen der Psychotherapie aufgedeckt und erfahren wurden. Was ich unter allen Umständen vermeiden möchte, ist, Schuldige zu suchen oder Anklage zu erheben. Denn, und dies ist entscheidend und darf nie vergessen werden, wir können nur dann Frieden finden und glücklich werden, wenn wir uns, von unserer und der Geschichte unserer Mitmenschen berührt, öffnen und lernen, mit allem, was wir durchlebt haben und unser Sein geprägt hat, Freundschaft zu schließen.

Pränatale Entwicklung und Geburt

Die Werte und Vorstellungen, an denen wir uns orientieren, beeinflussen nicht nur die Art, wie wir die Welt sehen, sondern auch die Einstellung, die wir zum Anfang des Lebens haben. Anders als in unserer westlichen Kultur wird in der taoistischen Tradition der Beginn des Lebensalters mit der Empfängnis und nicht mit der Geburt angesetzt. Auch im Buddhismus, dessen Verständnis vom Bewußtsein und der menschlichen Entwicklung in einem reichen und tiefgründigen spirituellen Wissen wurzelt, wird davon ausgegangen, daß unsere Existenz im Augenblick der Empfängnis beginnt. Damit Leben entstehen kann, müssen ganz bestimmte Bedingungen gegeben sein, unter denen Ei, Samen und Bewußtsein zusammenkommen und sich miteinander vereinen können. Nach der Philosophie des Buddhismus geht es bei der Empfängnis nicht nur um den Beginn einer Wiedergeburt, sondern auch darum, wie Karma – das Gesetz von Ursache und Wirkung – sich ins nächste Leben fortsetzt. Unter dem Begriff

Bewußtsein, von dem in diesem Zusammenhang die Rede ist, wird ein sich unablässig wandelndes geistiges Kontinuum verstanden, das nicht irgendeinen Mutterschoß auswählt, sondern einen, der den eigenen karmischen Neigungen und Tendenzen entspricht. Aufgrund früherer Handlungen und entsprechender Handlungsabsichten prägt Karma das gesamte Wachstum und auch die Art der Erfahrungen, die wir zu durchleben und zu bewältigen haben.

Nach Buddha Shakyamuni, der ursprünglich als Prinz Siddharta Gautama im indischen Königshaus Shakya geboren wurde und später den Buddhismus begründete, ist das Leben im Mutterleib sehr schmerzhaft, gezeichnet von Angst und Not und Gefühlen großer Einsamkeit. Über die Geburt sagte Buddha, daß sie die Natur von Leiden hat und die Basis für alles Leiden des gesamten Lebens darstellt. Bedingt durch unsere Unwissenheit und unsere Verblendungen, die unser Bewußtsein überlagern, sind wir jedoch außerstande, uns an irgendetwas aus der Anfangszeit unseres Lebens zu erinnern. Neben Buddha haben auch andere verwirklichte Meister auf die große Bedeutung der vorgeburtlichen Entwicklung und der Geburt hingewiesen. Im Buch „Das Knie des Lauschens" beschreibt Sat-Guru Da Love Ananda, wie er dem vorgeburtlichen Zustand begegnete und dabei das Vorhandensein einer spirituellen Kontinuität wahrnahm, welche, einem unerschöpflichen Grundstrom vergleichbar, den vorgeburtlichen Zustand mit der Kindheit und dem gesamten Leben verband.

Empfängnis

Bei der Empfängnis entsteht durch den Vorgang der Auflösung und Verschmelzung aus Ei und Spermium ein neuer Organismus: das befruchtete Ei. Einem äußerst präzisen Zeitplan folgend, beginnt sich diese erste Zelle zu teilen, um ein dichtverwobenes, hochkomplexes Gebilde zu werden, das am Ende der physiologischen Entwicklung die Gestalt unseres Körpers annimmt. Dieser einmalige Prozeß ist ein Wunder, das wir leicht als selbstverständlich hinnehmen. Im Augenblick der Empfängnis selber begegnen sich nicht nur Spermium und Ei, sondern auch zwei sehr unterschiedliche Welten. Die aktive und kraftvolle Energie des Mannes trifft auf die empfangende und schützende der Frau. Das emotionale Klima, das bei diesem Vorgang herrscht, durchströmt als psychische Grundschwingung das werdende Leben und hat die Kraft, die Schwangerschaft, die Geburt, ja das ganze Leben zu beeinflussen.

Während einer sexuellen Vereinigung ejakuliert der Mann rund 500 Millionen Spermien, die über die Öffnung des Gebärmutterhalses in die Gebärmutter gelangen. Für die Spermien beginnt eine abenteuerliche und anstrengende Reise in Richtung Eileiter, die nur wenige schaffen. Unterwegs müssen etliche physiologische Barrieren überwunden werden. Einige Spermien bewegen sich auf den falschen Eileiter zu, während andere irgendwo stranden. Wieder anderen bekommt das saure Milieu der Gebärmutter nicht, und sie sterben ab. Beobachtungen deuten darauf hin, daß es unter den Spermien eine Art Verständigungssystem gibt.

Ein gesundes Spermium setzt sich aus drei markanten Teilen zusammen. Im größten Segment, dem Kopf, befindet sich die Erbmasse. Im Zwischenstück liegt der Antrieb, der die Energie für die lange Reise spendet. Daran angeschlossen ist ein dünner Schwanz. Mit 1000 Schwanzschlägen kann sich ein Spermium gut einen Zentimeter vorwärts bewegen. Bei Bedarf tankt er unterwegs zusätzlichen Kraftstoff aus dem Sekret des Eileiters. Ohne Hindernisse benötigt ein Spermium für den Weg von der Scheide bis zum Eileiter mehrere Stunden. Doch nicht alle Spermien sind gleich. Es gibt Sprinter, die es sehr eilig haben und möglichst schnell zum Ziel kommen wollen. Dann gibt es langsamere, die zwischendurch eine Pause einlegen und sich anscheinend ausruhen. Ein großes Hindernis sind die Flimmerhärchen im Eileiter, welche sich zur Gebärmutter hin bewegen. Sie zwingen die Spermien, gegen den Strom zu schwimmen. Gesunde Spermien können vier bis fünf Tage überleben. Treffen sie in dieser Zeit auf kein reifes Ei, sterben sie ab.

In den Eierstöcken einer Frau befinden sich rund vierhunderttausend Eizellen, von denen nur drei- bis vierhundert während der fruchtbaren Jahre heranreifen. Das Ei selber gehört zu den größten Zellen des Körpers und ist im Vergleich zum Spermium riesig. Gelangt ein Ei zur Reife, löst es sich aus dem Eierstock und wird vom Trichter des Eierstockes aufgefangen. Es ist nur rund vierundzwanzig Stunden überlebensfähig. Da es selber über keine Antriebsmöglichkeit verfügt, wird es von den Flimmerhärchen im Eileiter vorwärtsbewegt. Nahrungszellen, die es umgeben, versorgen es unterwegs mit der nötigen Energie. Im Eileiter schwebt das Ei, sich im Gegenuhrzeigersinn drehend, langsam der Gebärmutter entgegen.

Von den ursprünglich rund fünfhundert Millionen Spermien, die die Reise antraten, schaffen es nur einige hundert bis zum Ei. Haben sie ihr Ziel erreicht, dann beginnen sie sich mit dem Kopf ins Ei hineinzubohren, wobei sie heftig mit ihren Schwänzen schlagen. Diese Bewegungen der Spermien helfen, das Ei weiter in Richtung Gebärmutter zu transportieren. Während der Kopf des Spermiums ins Ei einzudringen versucht, wird ein Enzym ausgeschüttet, das die Eihülle Schicht um Schicht auflöst. Hat ein Spermium sein Ziel erreicht und ist ins Innere des Eis eingedrungen, dann geschieht etwas Außergewöhnliches: Das Ei schließt sofort alle Riegel, was das Eindringen weiterer Spermien verhindert. Sobald sich das erfolgreiche Spermium im Ei befindet, explodiert sein Kopf. Die Erbmassen von Ei und Spermium kommen zusammen und bilden die Grundlage, aus der sich ein neuer Organismus zu entwickeln beginnt.

Rund vierundzwanzig Stunden nach der Verschmelzung findet die erste Zellteilung statt. In den nächsten drei bis vier Tagen bleibt das befruchtete Ei im Eileiter. Einem natürlichen Rhythmus folgend, teilt es sich kontinuierlich weiter. Schließlich gelangt das Ei in die Gebärmutter, wo es die äußere Eihülle verliert. Langsam wächst die Keimblase, wie das Ei nun genannt wird, und beginnt den Kontakt mit der Gebärmutterschleimhaut zu suchen. Rund acht Tage nach der erfolgreichen Befruchtung nistet sich das Ei in der Gebärmutter ein. Ab dem zehnten Tag nennt man das sich entwickelnde Ei Embryo. Die Embryonalphase dauert vom zehnten Tag bis zur zwölften Woche der Schwangerschaft. In dieser Zeit werden alle Organe angelegt, die primären Systeme fertig gebildet und sicher miteinander verbunden. Ab der zwölften Woche heißt der Embryo Fötus. Sein Organismus braucht dann nur noch zu wachsen.

Implantation

Zum Zeitpunkt der Einnistung besteht das Ei aus mehreren hundert Zellen. Damit es nicht wie ein Fremdkörper behandelt und abgestoßen wird, schüttet der Körper der Mutter Hormone aus, welche die Gebärmutterschleimhaut für das Ei empfänglich machen. Das Ei selber ist sehr wählerisch. Um einen geeigneten Einnistplatz zu finden, benötigt es oft mehrere Tage, wobei es die Gebärmutterdecke bevorzugt. Ist das Ei fest verwurzelt, dann entwickelt sich ein intensiver chemischer Austausch zwischen Ei und Gebärmutter. Bestimmte Zellen im Ei produzieren eine Substanz, die die Immunabwehr der Mutter schwächen. Gleichzeitig gibt der Eierstock ein Hormon ab, dessen Aufgabe es ist, die Menstruation zu stoppen und die Schwangerschaft zu schützen. Es wird angenommen, daß mindestens zwei Drittel aller befruchteten Eier es nicht schaffen, sich in der Gebärmutter einzunisten, und fortgeschwemmt werden. Neben psychologischen Ursachen gehören genetische Defekte und andere Anomalien zu den häufigsten Gründen. Hat sich das Ei einmal eingenistet, beginnt es anzuschwellen. Die Zellen teilen sich nun mehrmals täglich, bis sie um den zwölften Tag zu einem Verband von einigen tausend herangewachsen sind. Der Embryo frißt sich immer tiefer in die Gebärmutterwand hinein und beginnt mit den mütterlichen Blutbahnen Kontakt herzustellen. Nach und nach bildet sich dabei ein gut entwickelter Nähr- und Schadstoffaustausch zwischen Embryo und Gebärmutter.

Rund drei Wochen nach der Befruchtung mißt der Embryo knapp zwei Millimeter. Das rasante Wachstum, von einem genetisch vorgegebenen Bauplan genauestens gesteuert, geht unaufhörlich weiter. Die Keimblätter, die für die Ausbildung der Organe verantwortlich sind, beginnen sich zu entwickeln. Nach rund vier Wochen werden erste zarte menschliche Züge sichtbar. Der Embryo ist nun gut sechs Millimeter lang und zeigt deutlich erkennbare Anlagen von Gehirn und Rückgrat. Sein kleines Herz pumpt Blut zur Leber und den Hauptschlagadern. Jeden Tag testet der Embryo seinen auf wundersame Weise zusammengefügten Körper, um festzustellen, ob alles richtig funktioniert. Mit sechs Wochen ist der Embryo rund vierzehn Millimeter lang. Augen, Nase und Mund zeichnen sich ab. Der Embryo ist nun in der Lage, in der ihn umgebenden Fruchtblase zu schwimmen. Erste Ansätze für die Entwicklung von Armen und Beinen werden sichtbar. Zellen, die zu diesem Zweck bestimmt sind, gelangen in die Gebärmutterschleimhaut und die Blutgefäße, um die Bildung der Plazenta voranzutreiben. Nährstoffreiches Blut der Mutter wird über diese Verbindung aufgenommen, und Schlackenprodukte des Stoffwechsels werden an sie abgegeben. Die Nabelschnur, die den Embryo mit der Plazenta verbindet und sein Überleben sichert, beginnt sich langsam auszubilden.

Der Embryo wird Fötus

Mit Erreichen der achten Woche nähert sich der Embryo einem entscheidenden Punkt seiner Entwicklung: Der Grundriß seines Körpers wird angelegt und ausgebildet. Alle Organe werden geformt und legen sich an ihren Bestimmungsort. Mit jedem Tag nimmt er deutlich an Größe zu und verfeinert die verschiedenen, eng miteinander verwobenen Strukturen. Er bildet neue Formverbände, differenziert bestehende neurologische Verknüpfungen, erprobt muskuläre Funktionen und testet das sich langsam entwickelnde System immer wieder von neuem. Der Embryo, ab der zwölften Woche ein Fötus, verläßt damit einen kritischen Abschnitt seines Werdens, während dem er sensibel und äußerst verletzbar war. Er ist jetzt rund fünfunddreißig Millimeter lang und wiegt ohne die ihn umgebenden Ernährungs- und Schutzhüllen rund dreizehn Gramm. In wenigen Wochen hat es der Embryo geschafft, sich aus dem Einzellerdasein zu einem hochkomplexen Organismus aus Millionen von Zellen zu entwickeln.

Gut geschützt schwimmt der Fötus in seinem kleinen Reich. Er streckt seinen Körper, bewegt Arme und Beine. Das Fruchtwasser, das ihn umgibt, ist etwas über siebenunddreißig Grad warm. Zirka ab der elften Woche hat der Dottersack, welcher für die Produktion der Blutkörperchen verantwortlich war, ausgedient. Danach müssen Leber, Milz und Knochenmark diese Funktion übernehmen. Mit dem Erreichen der fünfzehnten Schwangerschaftswoche beginnen sich die Gesichtszüge immer deutlicher abzuzeichnen. Die Augenlider schließen sich vollständig und werden erst drei Monate vor der Geburt wieder geöffnet. Obwohl die Ohren bereits in der achten Woche ihre spätere Form annehmen, ist der Fötus erst ab dem fünften Monat in der Lage, Geräusche aus der Umwelt wahrzunehmen und auf diese zu reagieren.

Die Arme, die sich um die dritte Woche als Armknospen zu bilden begannen, sind jetzt so weit gewachsen, daß die kleinen Händchen greifen können. Nach vier Monaten ist der Fötus rund sechzehn Zentimeter lang. Mit Beginn der achtzehnten Schwangerschaftswoche kann die Mutter erste Kindsbewegungen deutlich wahrnehmen. Das körperliche Spüren des Kindes ist ein bewegender Augenblick und hilft, die Beziehung zu vertiefen. Der Fötus wird immer aktiver und beginnt seine Umgebung zu erkunden. Berührt ein Finger zufällig seine Lippen, dann löst dies automatisch den Saugreflex aus. Die Nabelschnur ist von fester Beschaffenheit. Sie besteht aus drei verschiedenen Blutgefäßen, die von einer gelartigen Masse umgeben sind. Die Masse verhindert, daß die Nabelschnur einknickt und die Blutzufuhr abgeklemmt wird.

Seit der achten Schwangerschaftswoche ist der Fötus in der Lage, sich ruck- und reflexartig zu bewegen. Mit Beginn des fünften Monats werden seine Bewegungen weicher und auch koordinierter. Dies weist darauf hin, daß sich das komplexe System der Nervenbahnen verdichtet und ausgeweitet hat. Um die Entwicklung des Skeletts zu fördern und das Wachstum der Muskulatur voranzutreiben, bewegt sich der Fötus immer mehr. Damit trainiert er auch seine Feinmotorik. Mit dem Schlucken von Fruchtwasser erprobt der Fötus offenbar das Funktionieren des Verdauungsapparats. Je näher die Geburt rückt, desto enger wird sein Zuhause. Während einer normalen Schwangerschaft beträgt die Gewichtszunahme der werdenden Mutter rund zehn bis fünfzehn Kilogramm. Dabei macht der Fötus etwas mehr als ein Drittel aus. Der Rest setzt sich aus Plazenta, Fruchtwasser, vergrößerter Gebärmutter und erhöhtem Blutvolumen zusammen. Mit dem Kopf nach unten beginnt sich der Fötus im Becken der Mutter festzusetzen und bereitet sich auf die Geburt vor.

Der Geburtsvorgang

Die Geburt wird in drei Phasen unterteilt: Eröffnungsphase, Austreibungsphase und Nachgeburtsphase. Die Eröffnungsphase beginnt mit dem Einsetzen der Wehen. Manchmal geschieht es, daß die Fruchtblase platzt und Fruchtwasser abfließt. Die Wehen haben die Aufgabe, die Zervix zu öffnen und danach dem Fötus zu helfen, geboren zu werden. Die Zervix ist ein Ringmuskel, der die Gebärmutter während der Schwangerschaft fest verschlossen hält. Damit das Kind nun in den Geburtskanal gelangen kann, muß die Öffnung der Zervix auf einen Durchmesser von zehn Zentimeter ausgedehnt werden.

Sowohl der Geburtskanal als auch der Uterus sind sehr elastisch. In den meisten Fällen ist es der Kopf des Kindes, der den Gebärmutterhals ausweitet. Die Eröffnungsphase ist die längste der drei Phasen und kann bis zu zwanzig Stunden dauern. Ist der Muttermund einmal ganz geöffnet, beginnt die Austreibungsphase. Damit das Kind das Becken der Mutter passieren und geboren werden kann, muß es zuerst mit dem Kopf und danach mit den Schultern eine Rotation ausführen. Durch aktives Pressen unterstützt die Mutter das Kind und ermöglicht ihm, auf die Welt zu kommen. In der Nachgeburtsphase löst sich die Plazenta von der Gebärmutterwand ab und wird ausgestoßen.

Die Geburt ist für Mutter und Kind eine äußerst anspruchsvolle Aufgabe. Beide werden mit starken Schmerzen und heftigen Gefühlen konfrontiert und müssen eine Menge Streß ertragen. Für das Kind bedeutet der Übergang vom Mutterleib hinaus in die Welt einen gewaltigen Schritt. Damit es überleben kann, müssen sich innerhalb weniger Augenblicke wichtige Funktionen und Systeme seines Körpers umstellen und sich vollständig den neuen Gegebenheiten anpassen. Die Lungen waren im Mutterleib zusammengefaltet und luftleer und enthielten geringe Mengen amniotischer Flüssigkeit. Während der Geburt wird ein gewaltiger Druck auf den Brustkorb ausgeübt, der diese Flüssigkeit durch Nase und Mund des Kindes herauspreßt. Sobald der Körper geboren ist, dehnt sich die Brust aus, und in das sich bildende Vakuum strömt Luft. Der erste Atemzug ist vollbracht! Das Blut, das zuvor über die Nabelschnur und die Plazenta floß, muß nun durch die eigenen Lungen gepumpt werden, für den noch zarten und ungeübten Organismus keine leichte Aufgabe. Mit dem Durchtrennen der Nabelschnur ist für das Kind die Geburt abgeschlossen. Eine lange und unbeschreiblich faszinierende Reise, die vor neun Monaten als Zelle begann, hat einen Höhepunkt erreicht. Für die Eltern und das Kind beginnt eine neue und herausforderungsreiche Phase, in die sie gemeinsam hineinwachsen müssen, um die verschiedenen Aufgaben, die sie erwarten, erfolgreich zu meistern.

Wie bei mir alles begann

Noch heute kann ich mich lebhaft an die Therapiesitzungen während meiner Ausbildung erinnern, in denen ich spontan meiner Geburt und eindrücklichen vorgeburtlichen Erlebnissen begegnete. Die erste Annäherung an diesen mir unvertrauten Abschnitt meiner Geschichte fand jedoch Jahre vorher in einem Psychodramaworkshop in Deutschland statt. Im Laufe dieser Veranstaltung verspürte ich plötzlich den Wunsch, meine Geburt nochmals zu erleben. Diese Vorstellung machte mich ziemlich unbeholfen, denn nichts in meinem Leben deutete darauf hin, daß das Geburtsthema für mich in irgendeiner Weise relevant oder bedeutungsvoll sein könnte. Ein erster Versuch war denn auch mehr ein spielerisches Herantasten, das aber in keiner Weise zu Wahrnehmungen führte, die irgendwie auf meine Geburt hingedeutet hätten. Drei Jahre später setzte ich in den USA mein Psychologiestudium fort und erlebte diese Zeit als Verlust vertrauter Geborgenheit, Halt und Sicherheit. Angst und Bedrohung kamen über mich, und ich fürchtete, verrückt zu werden. Ich merkte, daß ich mich und meine Lage immer stärker aus der Perspektive eines kleinen, verängstigten Kindes wahrnahm.

Mein Geburtserlebnis

Da begann ich von dunklen Höhlen, feuchten Tunnels und engen Gängen zu träumen, durch die ich hindurchkriechen mußte. Ich fühlte mich eingeschlossen und hatte Angst, mich nicht befreien zu können. Als wäre dies nicht schon anstrengend genug, tauchten in diesen Träumen oft bedrohliche Ungeheuer oder wilde Höllenmonster auf, die mich verfolgten. Das dominierende Gefühl dieser Träume war die Angst ums nackte Überleben; Angst, es nicht zu schaffen, Angst, zu ersticken, Angst, erdrückt zu werden.

In der Zeit, als ich in der körperorientierten Psychotherapie auf meine Geburt stieß, hatte ich einen für meine Geschichte aufschlußreichen Traum. Mit meinem Zwillingsbruder und einer weiblichen Person war ich in einer hohen, feuchten Höhle mit vielen Gängen unterwegs. Wir hatten eine anstrengende Reise hinter uns und waren nun am Ende eines Armes dieser Höhle angelangt. Durch eine bogenförmige Öffnung schien die Sonne hell in unser dunkles Verlies herein, und die ganze Umgebung erstrahlte in einem wunderschönen blau-gelben Licht. Doch der Weg in die Freiheit war versperrt. Am Ausgang saß ein löwenähnliches Monster. Sobald wir Anstalten machten, uns zu bewegen, fauchte es und drohte mit seinen riesigen Pranken. Vorsichtig versuchte ich mich an diesem Ungeheuer vorbeizuschleichen. Mit einer plötzlichen Bewegung wollte es sich auf mich stürzen. Ich sprang zur Seite und rannte zurück in den Schutz der Höhle. Nach einer Weile unternahm mein Bruder einen Versuch. In einem dramatischen Kampf gelang es ihm, das Monster zu besiegen und sich in Sicherheit zu bringen. Jetzt wagte ich einen zweiten Versuch. Da das Ungeheuer im Kampf mit meinem Bruder viel von seiner Gewalt und Wildheit verloren hatte, wirkte es auf mich nun weniger bedrohlich. Schließlich gelang es auch mir, das Ungeheuer zu überlisten und die Höhle zu verlassen. Die weibliche Person, die uns auf dem Weg durch das dunkle Labyrinth begleitet hatte, überlebte den Kampf mit dem Monster nicht. Wir mußten unsere Reise ohne sie fortsetzen. Wie ich von meiner Mutter später erfahren habe, wurde ihr nach unserer Geburt mitgeteilt, daß sie ursprünglich mit Drillingen schwanger gewesen war, was aufgrund einer routinemäßig durchgeführten Untersuchung der Nachgeburt festgestellt werden konnte.

Meine Geburt war ein sehr schmerzhaftes und unglaublich bedrohliches Erlebnis. Der Kampf ums nackte Überleben dominierte das ganze Geschehen. In meinem Körper spürte ich ein unbändiges Bedürfnis nach Ausdehnung und Raum, nach Leben und Freiheit, nach Wachstum und Entfaltung. Obwohl der Wunsch, leben zu wollen, sehr stark war, wurde alles gleichzeitig vom Gefühl überschattet, es nicht zu schaffen, und der Angst, daß nicht beide – mein Bruder und ich – überleben könnten. Es gab Momente, da wollte ich mein mich einengendes Zuhause, das sich in ein bedrohliches Gefängnis verwandelt hatte, mit aller Gewalt zerstören. Sehr beängstigend war auch das Gefühl des Ausgeliefertseins angesichts meiner Situation, die ich in keiner Weise beeinflussen konnte.

Geborenwerden bedeutete für mich zerdrückt werden, Atemnot, Schmerz und immer wieder klaustrophobische Ängste. Es gab Momente, da wuchs der Druck, der wie eine schwere Last auf meinem Körper lag, ins Unerträgliche. Je länger dieser Zustand andauerte, desto stärker wurde der körperliche Schmerz und damit auch die

Angst, nicht zu überleben. Als sich die Geburt dem Ende näherte, spürte ich eine unglaubliche Erschöpfung und eine sich rasch ausbreitende Lähmung und danach gar nichts mehr. Mein größter Wunsch war, einfach alles zu vergessen und durch den Schlaf der Bewußtlosigkeit dem ganzen Elend zu entfliehen. Was meine Lage zusätzlich erschwerte und mich sehr verwirrte, waren meine Schuldgefühle, die ich meiner Mutter gegenüber empfand. Denn Geborenwerden bedeutete, ihr, die mich während neun Monaten genährt und getragen hatte und damit das Leben überhaupt erst ermöglichte, unsäglichen Schmerz zuzufügen.

Die Begegnung mit meiner Geburt half mir, die grundlegende Bedeutung, die Kontakt für unser Leben hat, verstehen zu lernen. War ich mit meiner Mutter in Beziehung und konnte ich sie spüren, dann konnte ich den emotionalen und körperlichen Schmerz, in dem ich unterzugehen drohte, einigermaßen ertragen. Der Kontakt zu ihr gab mir die Unterstützung, die ich benötigte, um die Geburt fortzusetzen. Jedesmal jedoch, wenn sich meine Mutter vom Schmerz überwältigt verkrampfte, so daß der Kontakt vorübergehend unterbrochen war, geriet ich in Furcht und Not. Bei der Geburt – und dies scheint mir ein ganz zentraler Punkt zu sein – wird unsere Beziehung, die während neun Monaten Zeit hatte zu wachsen, aufs äußerste strapaziert und einer der schwierigsten Prüfungen unterzogen.

Die Augenblicke unmittelbar nach der Geburt in der neuen Welt waren für mich schockierend. Was ich dabei erlebte, entsprach in keiner Weise meinen Bedürfnissen und ließ mich innerlich erstarren. Meine Ankunft erschien mir wie ein Alptraum. Ich fühlte mich wie ein unerwünschter Eindringling in einer Umgebung, die offensichtlich keine Ahnung davon hatte, was ich für mein Wohlbefinden benötigte. Dabei waren meine Bedürfnisse sehr bescheiden und grundlegend einfach: Kontakt, Geborgenheit und Liebe. Ich sehnte mich nach meiner Mutter, nach ihrem Herzschlag, nach ihrer Wärme. Statt dessen wurde ich eingepackt, in eine kleine Kiste gesteckt und in einen großen Saal gelegt, wo sich weitere Eindringlinge befanden. Mutterseelenallein schrie ich das Unfaßbare und Grauenvolle, das mir angetan wurde, in die neue, kalte Welt hinaus, bis ich vor Erschöpfung einschlief.

Die Auseinandersetzung mit meiner Geburt brachte mich zu wichtigen Erkenntnissen. Plötzlich begann ich eingespielte Grundmuster, die in der Vergangenheit immer wieder zu Problemen geführt hatten, zu durchschauen und konnte sie dadurch auflösen. Beispielsweise meine Ungeduld, die angesichts von Hindernissen schnell aufflammte und oft in einem Wutausbruch endete, begann zu verschwinden. Auch mein Unbehagen in Drucksituationen, auf die ich häufig klaustrophobisch reagierte, veränderte sich. Unausweichliche Situationen, in denen ich nichts tun konnte und die mir stets Angst bereiteten, verloren ihre Bedrohlichkeit. Innerlich gewann ich Raum. Ich schaffte mir mehr Platz zum Atmen und damit mehr Freiheit zum Sein.

Bedrängnis, Glückseligkeit und Tod

Nach der Begegnung mit meiner Geburt ging meine Reise in die Vergangenheit weiter. Die Zeit im Mutterleib, die ich zusammen mit meinem Zwillingsbruder erlebt hatte, besaß zwei völlig verschiedene Qualitäten. Während der zweiten Hälfte der Schwangerschaft war es eng und sehr unbequem. Ständig stießen wir gegeneinander. Wir kämpften um unseren Platz und versuchten, so gut es ging, nebeneinander zu leben. Doch je weiter ich regredierte, desto mehr lösten sich Enge und Bedrängnis auf. Es öffnete sich ein weiter, warmer Raum, der mir wie das grenzenlose Universum vorkam. Schwerelos und zufrieden schwebte ich in meinem Reich. Alles, was ich erlebte, war von einer tiefen Ruhe und äußerst feinen Qualität. Zwischen meinem Bruder und mir, den ich später als Konkurrent wahrnehmen sollte, bestand eine innige Freundschaft und ein tiefes Gefühl der Verbundenheit. In dieser ersten Hälfte erlebte ich auch den Nirwanazustand, von dem schon mehrfach die Rede war und dem ich, wie ich auf Seite 36 f. beschrieben habe, auch im Traum begegnet bin.

Ganz am Anfang meiner vorgeburtlichen Zeit geschah jedoch etwas, das mir bis tief ins Erwachsenenalter unbewußt zu schaffen machte: Der Tod unserer Drillingsschwester. Es muß ganz früh in der Schwangerschaft gewesen sein. Im Zustand der Regression spürte ich ihre Anwesenheit und empfand für sie die gleichen zärtlichen Gefühle wie für meinen Bruder. Meine Drillingsschwester hatte etwas sehr Fragiles, und ich hatte stets das Gefühl, daß sie schwächer war als mein Bruder und ich. An einem bestimmten Punkt nahm ich denn auch ihre Not wahr und merkte, daß sie um ihr Leben kämpfte, ohne daß ich ihr hätte helfen können. Dann wurde es ganz ruhig um sie, und sie entschwand im Nichts. Ich erstarrte vor Schreck. Ich befürchtete, durch meinen Wunsch zu leben ihren Tod verursacht zu haben.

Was habe ich nun von dieser Reise in meine Vorgeschichte mitgenommen? Durch die Begegnung mit dem Tod meiner Schwester konnte ich plötzlich verstehen, woher meine latenten Schuldgefühle kamen, deren Ursache ich bisher vergebens suchte. Soweit ich mich nämlich zurückerinnern konnte, fühlte ich mich ständig für irgendetwas schuldig. Schon als Kind fühlte ich mich für zerbrochene Vasen schuldig, die nicht einmal ich heruntergeschmissen hatte. Auch mein übertriebenes Durchsetzungsvermögen und meine „Stärke", um meinen Platz zu kämpfen, bekamen im Kontext meiner frühen Vergangenheit plötzlich einen Sinn. Was ich schon im Mutterleib eingeübt hatte, entwickelte ich im Laufe meines Leben zu einem dominierenden und oft störenden Muster: Kämpfen gleich Überleben. So bereiteten mir Beziehungen Angst, in denen ich einen Erwartungsdruck witterte, und entsprechend gereizt und aggressiv reagierte ich, sobald ich Anzeichen von Bedrängung spürte.

Einnistung und Empfängnis: Die frühesten Eindrücke

Die in der Psychotherapie ausgelöste Regression führte mich immer weiter zurück. Die festen Konturen und Umrisse meiner ICH-Existenz verschoben sich, mein Bewußtsein wurde weiter, durchlässiger und in seiner Beschaffenheit immer feiner, so daß ich jede Art von Festigkeit verlor. Alles bekam eine hauchdünne, seidene Qualität.

Die Implantation erlebte ich als pure Körpererfahrung. Ich spürte mich als riesengroße Kugel, die leicht und sanft über den Boden schwebte und einen Ort suchte, um zu landen und sich einzunisten. Die Implantationserfahrung war von der Angst durchdrungen, diese einmalige und einzigartige Chance zu verpassen und damit das Leben zu verlieren. Übertragen auf die Erwachsenenebene, bedeutete dies für mich, daß ich für alles hart arbeiten und mich sehr anstrengen muß, immer mit der Angst im Nacken, es nicht zu schaffen, um am Ende doch noch Erfolg zu haben.

Von einer inneren Kraft gesteuert, ging der regressive Prozeß unaufhaltsam weiter, bis ich am Ende meiner Empfängnis begegnete.

Dieses Ereignis zeichnete sich durch eine noch feinere und noch subtilere Bewußtseinsqualität aus als alle vorangegangenen vorgeburtlichen Erlebnisse. Dabei spürte ich die Gefühle meiner Eltern im Augenblick der sexuellen Vereinigung. Während ich meine Empfängnis im Therapieraum auf der Matte liegend erlebte, begann mein Körper Schwimmbewegungen auszuführen. Ich verspürte einen starken Drang, mit meinen Beinen zu stoßen und mich vorwärtszubewegen. Für eine unbestimmte Zeit löste sich meine Umgebung auf, und sehr deutlich erlebte ich die Existenz als Spermium. Nach diesem Vorwärtsdrang trat eine längere Ruhepause ein, und eine sanfte Kraft erfaßte mich. In einem Zustand der Ruhe und des tiefen Friedens wurde ich von wellenartigen Bewegungen durchströmt. Ich war dabei, mich als Ei zu erleben.

Alles bloß Einbildung?

Die Begegnung mit meiner Geburt und meiner vorgeburtlichen Zeit bis zurück zu meiner Zeugung erschien mir zuerst recht unwirklich, ja fantastisch. Immer wieder gab es Momente, in denen ich mir über das, was ich erlebt hatte, nicht mehr so sicher war. Vielleicht hatte ich mir das Ganze ja bloß eingebildet oder geträumt. Mit wachsender Distanz zum Erlebten begannen meine Zweifel jedoch zu schwinden, und an deren Stelle trat Gewißheit.

Der Austausch mit Berufskollegen, die selber ihre Geburt und Vorgeburt erlebt hatten und dem Thema offen gegenüberstanden, war für die Entwicklung eines differenzierten psychologischen Verständnisses von der Bedeutung frühester Eindrücke für die psychische Entwicklung sehr förderlich. Restlos überzeugt haben mich die unzähligen Berichte über traumatische Erlebnisse aus dieser frühen Zeit, die ich in der körperorientierten Psychotherapie als Therapeut von meinen Klientinnen und Klienten zu hören bekommen habe. Mitzuverfolgen, wie Atemprobleme, Migräneanfälle oder existentielle Ängste, für die trotz eingehender Untersuchungen keine Ursachen gefunden werden konnten, sich als Folge der Auseinandersetzung mit den Anfängen der eigenen Geschichte auflösten, war für mich jedes Mal eindrucksvoll und sehr bewegend.

Erfahrungsberichte

Das Erleben der Empfängnis

Maja, kaufmännische Angestellte bei einer Bank, quälte sich freudlos durch den Alltag. Soweit sie sich zurückerinnern konnte, fühlte sie sich unglücklich und war mit ihrem Leben unzufrieden. Maja fiel es schwer, sich für ein Hobby zu motivieren oder eine sinnvolle Aufgabe zu finden, für die einzustehen es sich lohnte. Die dominierenden Gefühle, mit denen Maja zu kämpfen hatte, waren Leere und Trauer sowie ein seltsamer Zustand der Heimatlosigkeit, der sich häufig in ihren Träumen zeigte. Maja litt auch darunter, daß sie ihren Körper, in dem sie sich noch nie besonders wohl fühlte, schlecht wahrnehmen konnte und entsprechend Mühe hatte, ihre Gefühle und Bedürfnisse zu spüren sowie auszudrücken. Was Maja dagegen deutlich wahrnehmen konnte, war ihr Herz. Dieses erlebte sie als hohl und leer und verglich es deshalb oft mit einem ausgetrockneten, verschrumpelten Apfel. Wiederholt litt Maja unter Depressionen und Erschöpfungszuständen, die ihre Arbeit und ihr Privatleben immer stärker beeinflußten, so daß sie sich schließlich zu einer Psychotherapie entschied.

Auffallend an Maja war ein diffuser Schleier, der sie wie ein Mantel umhüllte. Durch diesen Schleier wirkte sie unnahbar, und sie selber fühlte sich vom Leben abgeschnitten. Auf der Suche nach den Hintergründen ihrer Leere, ihrer Trauer und Heimatlosigkeit begann sie nach ein paar Therapiesitzungen zu regredieren. Auf dieser Reise in ihre früheste Vergangenheit stieß sie unter anderem auf die Umstände ihrer Zeugung. Wenige Monate, bevor Maja gezeugt wurde, starb ihre Schwester im Alter von zwei Monaten. Sie hatte ebenfalls Maja geheißen. Um diesen großen Verlust zu vergessen, wollte ihre Mutter so schnell wie möglich wieder schwanger werden. Obwohl ihr Wunsch in Erfüllung ging, konnte sie sich nicht so recht über die erneute Schwangerschaft freuen. Zwischen der ungelebten Trauer über das verstorbene und der Sorge um das zukünftige Kind fiel es ihr schwer, zur Ruhe zu kommen und sich auf Maja, die in ihrem Bauch heranwuchs, einzulassen. Majas Umgebung war aber nicht erst in der Schwangerschaft von einer enormen Schwere belastet, sondern bereits bei ihrer Empfängnis. Ihre Zeugung war erfüllt von großer Trauer und einem alles durchdringenden Schmerz. Wärme und Geborgenheit spürte sie kaum, so daß es ihr schwer fiel, sich in dieser freudlosen Atmosphäre angenommen und willkommen zu fühlen.

Durch die Auseinandersetzung mit den Anfängen ihrer Geschichte war Maja zum ersten Mal in der Lage zu verstehen, weshalb sie weder in ihrem Beruf noch in ihren Beziehungen warm werden konnte und sie sich nirgends angenommen fühlte. Zusätzlich konnte sie erkennen, woher ihre ständigen Gefühle der Unerwünschtheit und Verlassenheit kamen. Je mehr sich Maja auf die Hintergründe ihrer Geschichte einließ und diese ergründete, desto mehr lösten sich ihre Trauer und Leere auf, so daß am Ende der Therapie an deren Stelle Neugierde und Freude sowie ein Gefühl der Heimat zu wachsen begannen.

Spreche ich Klienten in der Psychotherapie auf ihre eigene Empfängnis an, wissen die wenigsten etwas darüber zu berichten. Oft löst schon die Vorstellung der Eltern in intimer Umarmung Schamgefühle und Befangenheit aus. In vielen Familien wurde aufgrund von Ängsten oder bestimmten Moralvorstellungen selten oder überhaupt nicht über Intimität und Sexualität gesprochen. Das Wissen über die Umstände unserer Empfängnis kann uns jedoch helfen, mehr über uns zu erfahren. Denn im Moment der Empfängnis übergeben uns unsere Eltern nicht nur ihre Gene, sondern auch ein familiäres Erbe in Form von Erwartungen, Vorstellungen und Mythen, sowie ein kulturelles Vermächtnis.

Im Gegensatz zum Samen, der fortlaufend neu gebildet wird, besitzt das Ei nicht nur ein viel längeres Leben. Es verfügt darüber hinaus auch über einen sehr individuellen Erfahrungshintergrund. Das Ei, das sich bei der Empfängnis mit dem Samen des Vaters vereinigt, hat schon im Eierstock der Mutter existiert, als sie ein Fötus war. In einigen Fällen habe ich in der Psychotherapie sogar erlebt, daß der Schlüssel zur Auflösung psychischer Probleme in einem Ereignis während der Fötalzeit der Mutter lag, beispielsweise in einem Todesfall, der für die Großmutter ein Schockerlebnis darstellte.

Die Begegnung mit der Empfängnis im Zustand der Regression wird häufig erst durch negativ behaftete Erlebnisse wie Zurückweisung in der Beziehung oder Verlust der Arbeitsstelle ausgelöst. Nur in ganz seltenen Fällen habe ich beobachtet, wie die Empfängnis als eigenständiges, unabhängiges Ereignis erlebt oder – besser gesagt – gefeiert wurde. Wie in einem sinnlichen, berauschenden Trancezustand, der frei von Negativität und Störung war, erfaßte es das ganze Sein, um sich in einen unbeschreiblichen Zustand jenseits von Raum und Zeit zu verwandeln. Oft wird im Vorfeld von Empfängniserlebnissen auch von charakteristischen Träumen berichtet, in denen Themen wie Nähe und Distanz, Angst vor Abhängigkeit und Kontrollverlust, Macht oder Gewalt dominieren oder in denen die Eltern dabei waren, sich sexuell zu vereinen, dabei aber Angst hatten, sich für einander zu öffnen oder die Erwartungen nicht zu erfüllen.

Eine Klientin, die ihre Empfängnis in der Psychotherapie erlebte, berichtete:

> Ich spürte sehr intensive Energien in mir; zwei sehr unterschiedliche Teile. Einmal meinen Vater, den ich heftig und lustvoll, ausgerichtet und stark erlebte. Sehr kraftvoll. Und den Teil meiner Mutter – mit viel Schmerz. Schmerzlich wahrzunehmen, wie sie Mühe hatte, sich zu öffnen und sich hinzugeben.

Manchmal geschah es auch, daß der Elternteil, der sich abgewiesen fühlte, die Begegnung mit Vehemenz suchte und die sexuelle Vereinigung richtiggehend erzwang. Weitere Schwierigkeiten, die im Zusammenhang mit dem Erlebnis der Empfängnis berichtet wurden, waren eingespielte Verweigerungsmuster. Eine Klientin berichtete, wie sie als Kind unter der spannungsvollen und feindseligen Familienatmosphäre schwer zu leiden hatte. Weil ihre Eltern häufig lautstark miteinander stritten und es auch zu handfesten Auseinandersetzungen kam, waren friedliche Augenblicke in der Familie eine Seltenheit. In der Psychotherapie konnte sie diesen Spannungszustand, der für sie mit großen Angstgefühlen verbunden war, bis zu ihrer Empfängnis zurückverfolgen. Ihre Erfahrung faßte sie wie folgt zusammen:

> Abhängigkeit und vor allem Hass und Verweigerung. Mein Vater, der den Sex unbedingt wollte, und meine Mutter, die sich zwar verweigerte, aber trotzdem das ganze Theater mitmachte. In der Zeit unmittelbar danach war sie entsprechend aggressiv, was für mich sehr unangenehm war. Eine Art Kriegszustand, wie er später in unserer Familie immer existiert hat. Die Stunden dauernden Streites, das war schon zu Beginn, das war schon bei der Empfängnis so.

Ein Klient, der als Kind immer darunter gelitten hat, daß er sich von seinem Vater nicht angenommen fühlte, berichtete über seine Empfängnis:

> Meine Mutter, die sehr abwehrend und zurückhaltend ist. Und mein Vater, der sich ambivalent verhält. Dann gab es aber auch Momente, wo ich das Gefühl hatte, daß mein Vater aggressiv, ja fordernd war und dies, obwohl er mich nicht wollte! Die Widersprüchlichkeit im Vater wie auch in der Mutter, das spürte ich sehr stark: Einerseits Ablehnung und andererseits Kampf. Beides zusammen, das stimmte in keiner Weise überein.

Beim Wiedererleben der Empfängnis sind häufig zwei sehr unterschiedliche Erfahrungsebenen involviert. Auf der mentalen Ebene wird das Geschehen wie in einem Film wahrgenommen, der die psychologischen Umstände und das vorherrschende emotionale Klima zum Inhalt hat. Sehr bildhaft wird die Qualität der elterlichen Beziehung sowie ihr Umgang mit Intimität und Nähe empfunden. Zusätzlich dazu wird die Empfängnis in den meisten Fällen auch als sehr intensives Körpererlebnis erfahren. Typischerweise beginnt das Ganze damit, daß man im regressiven Zustand den Wunsch verspürt, sich wie eine Schlange auf dem Boden vorwärts zu bewegen. Dabei steigt vom unteren Ende der Wirbelsäule eine starke Kraft empor, welche den Körper energetisiert und sich in Form schlagender Beinbewegungen entlädt. In einigen Fällen wurde die Empfängnis als langer, kräfteraubender Überlebenskampf beschrieben. Bezeichnende Gefühle dabei waren Angst, sich nicht durchsetzen zu können, Angst, verlorenzugehen, Orientierungslosigkeit sowie Verwirrung und Resignation.

Ein wichtiges psychologisches Gesetz besagt, daß wir dazu neigen, alles, was wir in unserem Leben erfahren, aber nicht bewältigt haben, auf unsere Umwelt zu projizieren. Zu diesen Projektionen gehören auch unsere allerfrühesten Eindrücke. Wurden wir in einem Klima der Angst gezeugt oder war unsere Empfängnis unerwünscht, also ein Unfall, dann hat dies tiefe Spuren hinterlassen. Wurden diese im Laufe unserer Entwicklung durch Erfahrungen gleicher Art vertieft, kann dies zum Entstehen störender Grundmuster führen. Übertragen auf unsere engen Beziehungen, kann dies bedeuten, daß wir uns wieder genau so wie zu Beginn fühlen: verängstigt und latent unerwünscht. Obwohl unsere Mitmenschen uns schätzen und uns ihre Liebe beteuern, sind wir mißtrauisch und, besetzt durch die frühen Verletzungen, außerstande, ihre Zuwendung anzunehmen.

Verschiedene Male habe ich in meiner therapeutischen Arbeit miterlebt, wie die Empfängnis zu einer tiefgreifenden, mystischen Erfahrung werden kann. Der Wunsch des Spermiums, zu leben und sich zu entfalten, ist absolut dominierend. Als pulsierende Kraft breitet sich dieser Wunsch im Körper aus und bestimmt das ganze Sein. Sobald alles in der eigenen Macht Stehende getan ist, tritt ein Wendepunkt ein: Der Kampf ums Überleben wird unbedeutend. Die körperliche Existenz verwandelt sich. Alles verwandelt sich in eine leuchtend klare, seidenartige Transparenz. Ruhe, Glückseligkeit und Gelassenheit breiten sich aus. Plötzlich wird klar, daß nichts auf dieser Welt, weder die Empfängnis noch das persönliche Schicksal, in den eigenen Händen liegt, sondern daß alles einer übergeordneten Wahrheit unterworfen ist. In dem Moment, wo die enge Welt der ICH-Existenz vorübergehend aufbricht und die transpersonale Dimension berührt wird, ist der Raum grenzenlos und das Sein höchste Erfüllung. Für die Begegnung mit dieser Wahrheit fühlt man nicht nur Dankbarkeit, sondern auch eine tiefe Ehrfurcht für das Wunder des Lebens, das sich in diesem einen Augenblick offenbart.

Die Reise des Spermiums tritt schließlich in eine entscheidende Phase: Das langersehnte Ziel ist plötzlich ganz nahe. An diesem Punkt wird häufig eine große Unruhe und Sehnsucht nach Vereinigung erfahren, was durch intensive Bewegungen des Körpers zum Ausdruck kommt. Obwohl viele Klienten berichteten, unterwegs intuitiv gewußt zu haben, das auserwählte Spermium zu sein, erlebten sie in unmittelbarer Nähe des Eis häufig starke Spannungen und bedrohliche Gefühle. Ein Klient, der eine Sehnsucht nach diesem anderen Teil verspürte, wurde plötzlich von Angst und Panik erfaßt, als er in der Therapie in die Nähe des Eis kam und dieses sich, einer riesigen Wolke gleich, auf ihn zubewegte. Er befürchtete, verschlungen zu werden und dabei sterben zu müssen. Nach diesem Erlebnis wurde ihm bewußt, daß diese Angst dieselbe war, die er seitens seines Vaters wahrnahm, als dieser sich mit seiner Mutter sexuell vereinigte.

Plötzlich hören alle Bewegungen, insbesondere die der Arme und Beine, auf. Die Energie des Körpers bündelt sich und konzentriert sich im Kopf. Häufig werden in dieser Schlußphase heftige Spannungen im Nacken und ein unangenehmer Druck im Schädelbereich empfunden. Hat der Druck eine gewisse Stärke erreicht, löst er sich urplötzlich auf. Der Kopf scheint in hunderttausend Stücke zu explodieren, wobei sein Inhalt in alle Richtungen geschleudert wird. Damit hat das Spermium seine Bestimmung erfüllt und ist nach einer anstrengenden Reise an seinem Ziel angekommen: Es hat aufgehört zu existieren.

Wenn es einfach nicht klappen will

Paaren, die beispielsweise aufgrund eines Mangels an lebensfähigen Spermien des Mannes oder anatomischer Anomalien der Frau keine Kinder bekommen können, bietet die moderne Medizin eine wachsende Palette von Hilfeleistungen an. Dazu gehört die In-Vitro-Fertilisation, bei der die Empfängnis außerhalb des Körpers der Frau im Reagenzglas vollzogen wird. Das befruchtete Ei wird nachträglich in den Mutterleib eingepflanzt. Ob wir während einer sexuellen Vereinigung im Körper unserer Mutter gezeugt wurden oder ob dieser Vorgang im Reagenzglas stattgefunden hat, ist gewiß nicht dasselbe. Wie haben Personen, die mit Hilfe moderner Techniken gezeugt wurden, diesen sterilen Start ins Leben erfahren, und welche Folgen hat diese Art der Empfängnis auf die psychische Entwicklung? Ist es möglich, daß die künstliche Befruchtung bleibende Eindrücke hinterläßt, welche später als Empfindungen der Kälte, Fremdheit oder Heimatlosigkeit erlebt werden? Und nicht zuletzt, welchen Einfluß haben solche oder ähnliche medizinische Eingriffe auf die Beseelung des Lebens? In diesem – wie ich meine – äußerst wichtigen Bereich sind für mich zu viele Fragen offen. Für die menschliche Entwicklung sehr grundlegende Themen sind völlig unzureichend geklärt oder wurden schlicht ausgeblendet. Daß sich die medizinische Forschung kaum um ethische Fragen kümmert oder sich mit möglichen Spätfolgen ihrer Methoden auseinandersetzt, betrachte ich als unhaltbar, und es bereitet mir persönlich Sorgen.

Daß bei Zeugungsschwierigkeiten die Psychotherapie Hilfe bieten kann, habe ich im Falle eines jungen Paares erlebt, das seit längerem vergeblich versuchte, ein Kind zu bekommen. Da es einfach nicht klappen wollte, entstanden in der Beziehung Spannungen. Nachdem die Konflikte in der Paartherapie geklärt werden konnten, hörten zwar die gegenseitigen Vorwürfe auf und die Beziehung entspannte sich. Dennoch wurde die Frau nicht schwanger. Sie geriet unter einen immer stärker werdenden psychischen Druck und begann unter dem Gefühl zu leiden, nicht zu genügen und als Frau versagt zu haben. Dann machte sie während einer Regression eine interessante Entdeckung: Ihr Vater, der sich mit Verbindlichkeiten schwer tat, verliebte sich, während ihre Mutter mit ihr schwanger war, in eine andere Frau und wollte sich trennen. Die Mutter geriet in eine schwere Krise. Ihre Angst, verlassen zu werden und die Schwangerschaft alleine nicht bewältigen zu können, wurde so groß, daß sie daran dachte, sich das Leben zu nehmen. Die Not und den Schock der Mutter erlebte sie als Ungeborenes direkt mit, und dies hatte zur Folge, daß der Kontakt zur Mutter vorübergehend unterbrochen war. Um sich vor weiteren Verletzungen zu schützen und psychisch überleben zu können, sah sie sich gezwungen, sich zu verschließen und unempfindlich zu werden. Durch das Aufdecken dieser Hintergründe gelang es der Klientin, ihre tiefsitzenden Ängste, verlassen zu werden und den Kontakt zum Leben zu verlieren, zu verstehen. Zusätzlich half ihr das Aufarbeiten ihrer frühen Vergangenheit, eine nervöse Hektik und ein ständiges Angetriebensein abzulegen. Von alten Verletzungen befreit und im Wissen um die Herkunft ihrer prägenden Grundmuster, war sie am Ende der Psychotherapie in der Lage, ein schmerzhaftes Vermächtnis abzulegen und sich dem Thema des In-Beziehung-Seins zu widmen. Krönender Abschluß der Auseinandersetzung mit ihrer eigenen Geschichte war die Erfüllung ihres sehnlichsten Wunsches: Sie wurde schwanger.

Denkanstöße:

- Wie war das vorherrschende emotionale Klima während der Empfängnis?
- Wie haben die Eltern die sexuelle Begegnung erlebt?
- Welcher Art war die elterliche Beziehung?
- Wie war die Familiensituation zum Zeitpunkt der Empfängnis?
- Was habe ich damals bezüglich Nähe, Intimität, Sexualität und Kontakt erfahren und übernommen?

Das Erleben der Implantation

Sich unablässig im Gegenuhrzeigersinn drehend gleitet das befruchtete Ei den Eileiter hinunter. Bis die Gebärmutter erreicht ist, dauert es normalerweise drei bis vier Tage. Dieser ruhige Abschnitt unserer Geschichte wird typischerweise als ein weiches Dahinschweben in einem offenen, weiten Raum erfahren, in dem es weder Störungen noch Hindernisse gibt. Sanfte schwimmähnliche Bewegungen der Arme und Beine begleiten dieses äußerst sinnliche Ereignis. Wie ich dies verschiedentlich beobachtet habe, kann sich das Bewußtsein während dieser Entwicklungsphase wie ein aufgeblasener Ballon stark ausdehnen. Diese Ausdehnung bewirkt, daß die vertrauten Dimensionen von Zeit und Raum sich vorübergehend auflösen und alles als grenzenlos erfahren wird. Die Begegnung mit dieser Welt ist ausnahmslos überwältigend und beglückend. Vom Erlebten zutiefst betroffen, fällt es den meisten Klienten schwer, ihre Empfindungen und Gefühle in Worte zu fassen. Es scheint mir, daß Fahrten, wie sie in Unterhaltungsparks angeboten werden oder immer häufiger auch auf Rutschbahnen in öffentlichen Bädern möglich sind, einen Bezug zu diesem frühen Bereich unserer Entwicklung haben und bestimmte, hauptsächlich angenehme Erinnerungen wachrufen.

Eine Klientin, die ihre allererste Lebensphase mit einem Zwillingsbruder teilte, beschrieb ihre Erfahrung folgendermaßen:

> Ich war nicht alleine. Rechts von mir befand sich noch einmal eine solche Kugel. Wir schwammen den Eileiter runter. Das Ganze kam mir vor wie eine riesige gedeckte Rutschbahn. Wir zwei rutschten als kompakte Kugeln da runter.

Das befruchtete Ei erreicht schließlich den Ort seiner Bestimmung, die Gebärmutter, und sucht sich, um sein Weiterleben zu sichern, einen geeigneten Einnistungsplatz. Nachdem es gelandet ist, beginnt es sich in der Wand des Uterus zu verankern. Damit hat das Ei einen entscheidenden Punkt in seinem Leben erreicht: Zum ersten Mal tritt es mit seinem neuen Zuhause, das es für die nächsten neun Monate beherbergen, nähren und schützen wird, in direkten Kontakt.

Eine Klientin, die darunter litt, daß sie sich an fremden, unvertrauten Orten sehr ängstlich fühlte und in solchen Situationen von Gefühlen der Orientierungslosigkeit und Verwirrtheit heimgesucht wurde, erlebte die Reise den Eileiter hinunter als beängstigend, die Implantation im Gegensatz dazu als äußerst beeindruckend:

> Das Einnisten war enorm. Zuerst erlebte ich dies als etwas, als einen Ort, den ich nirgends finden kann. Lange, sehr lange konnte ich einfach nichts finden. Danach spürte ich vor allem den Versuch, mich mit dem Kopf hineinbohren zu wollen. Danach kam der überwältigende Eindruck, daß es stimmt, daß es, wie es ist, vollständig paßt. Das überragende Gefühl war Angekommensein, war Gelandetsein. Es war ein sehr gutes, tiefes Erlebnis. Der Weg dahin, der war bedrohlich, das Ankommen selber dagegen war sehr schön.

Um Hinweise auf Störungen bei der Implantation zu bekommen, verwende ich manchmal ein Bild. Es zeigt einen im Weltall freischwebenden Astronauten, der nur durch ein langes, dünnes Seil mit dem Mutterschiff verbunden ist. Klienten, die keinen festen Stand im Leben haben und Mühe hatten, sich sicher einzunisten, können durch das Betrachten dieses Fotos leicht in Unruhe, Angst oder gar Panik geraten. Ausgelöst werden diese Gefühle durch die Furcht, fortgeschwemmt zu werden und in der unendlichen Weite des Alls verlorenzugehen.

Eine Klientin, die unter unerklärlichen Verwirrungszuständen litt und in der körperorientierten Psychotherapie ihre Implantation erlebte, berichtete:

> Zuerst war es warm und wohlig. Danach tauchte das mir bestens vertraute Schwindelgefühl auf, welches mich in etwas Grenzenloses, Unendliches fortgeschwemmt hat. Vom Bild her genau gleich wie bei dem Astronauten. Vorne die sichere Raumkapsel und nach hinten hin wird es dunkel, und alles verliert sich im Boden- und Endlosen.

Auch das schwarze, unergründliche Meer wird als Bild im Zusammenhang mit dem Erlebnis der Empfängnis häufig erwähnt. Die

Vorstellung, ein winziges Nichts zu sein, das in diesem unendlich großen Raum weder Halt noch Schutz findet, kann als überaus beängstigend und bedrohlich erfahren werden.

Eine Klientin erlebte ihre Implantationsschwierigkeiten wie folgt:

> Mit den Händen habe ich krampfhaft versucht, mich festzuhalten, um am Leben zu bleiben, doch es wollte mir nicht richtig gelingen. Später, als erwachsene Frau, tauchte diese selbe Angst, nirgends Halt finden zu können, regelmäßig in allen meinen Beziehungen auf.

Aus der Erfahrung der Implantation entwickelte sich, durch weitere Erlebnisse einer gleichen psychischen Qualität verstärkt, ein dominierendes Grundmuster. Entsprechend ihrer bei der Implantation eingeprägten Überlebensstrategie reagierte sie in Situationen, in denen sie sich unsicher fühlte: Festhalten um jeden Preis. Obwohl ihr dieses Verhaltensmuster anfänglich Halt und ein Gefühl der Sicherheit gab, entpuppte es sich später als großes Hindernis und wurde immer wieder zur Ursache für ihre Beziehungsprobleme. Je mehr sie festhielt, desto mehr verlor sie die geliebte Person.

Alles, was wir im Laufe unserer Entwicklung durchgemacht haben, bildet zusammen mit den Schlußfolgerungen, die wir daraus gezogen haben, Grundmuster, welche unser Verhalten und Befinden bestimmen. Haben wir gelernt, unser Überleben durch Festhalten zu sichern, dann reagieren wir in Situationen, in denen wir Angst haben oder uns bedroht fühlen, mit Festhalten. Dies kann bedeuten, daß wir zu Zynismus neigen oder immer Recht haben müssen. Unser Dilemma dabei besteht darin, daß wir immer verkrampfter und unglücklicher werden, je mehr wir uns von unseren Überlebensstrategien leiten lassen. Unser Gegenüber, der unsere Verhaltensweise unangepaßt findet, fühlt sich seinerseits nicht wahrgenommen und durch die Heftigkeit unserer Reaktion bedrängt. Beginnt er oder sie sich darauf zurückzuziehen, verstärkt dies unsere Angst, ohne sicheren Boden zu sein. Aus Furcht, den Kontakt zu verlieren und dem Schmerz unserer eigenen Geschichte zu begegnen, beginnen wir noch mehr festzuhalten, und der Teufelskreis dreht sich immer schneller.

Erst wenn wir unsere eingefleischten Grundmuster und deren Hintergründe untersuchen, können wir uns von ihnen und deren negativen Folgen befreien. Diesem Weg mit Geduld und Achtsamkeit folgend, finden wir schließlich aus dem Drama hinaus, das wir irrtümlicherweise für unser Leben halten und das uns so viel Kraft kostet. Um dieses Verständnis im Alltag umsetzen zu können, müssen wir innehalten und uns, entgegen unserer Gewohnheit, Hindernissen aus dem Weg zu gehen, mit unseren Gefühlen und Schattenseiten anfreunden. Dies ist eine große Herausforderung, auf die einzugehen sich lohnt.

Wie die Empfängnis, so ist auch die Implantation ein Meilenstein in unserer Entwicklung. Während der Einnistung schaffen wir den alles entscheidenden Kontakt zum Urgrund. Des weiteren stellen wir bei der Implantation eine essentielle Verbindung her, die uns als prägende Erinnerung in allem, was wir tun, begleitet. Da diese Verbindung eng mit unserem Überleben verknüpft ist, beeinflußt sie die Art, wie wir der Welt begegnen und uns auf Beziehungen einlassen. Ob wir uns aufgehoben und sicher verankert oder heimatlos und verloren fühlen, wird durch das, was wir bei der Implantation erfahren und daraus abgeleitet haben, mitgeprägt.

Denkanstöße:

- Welcher Art ist meine Verankerung im Leben, in Beziehungen und bei der Arbeit?
- Stehe ich mit beiden Beinen fest auf dem Boden, oder schwebe ich irgendwo zwischen Himmel und Erde?
- Wie fühle ich mich in weiten Ebenen, und wie reagiere ich auf offene Räume, wo es weder Halt noch Schutz gibt?
- Fühle ich mich auf dieser Erde zu Hause oder heimatlos?

Im Mutterleib

Auch wenn hier hauptsächlich von negativen Ereignissen und deren Folgen die Rede ist, darf nicht vergessen werden, daß wir im Laufe unserer Geschichte unzählige gute Erfahrungen gemacht und viel Angenehmes erlebt haben. Als wir klein und auf fremde Hilfe angewiesen waren, haben sich unsere Eltern um uns gekümmert und uns liebevoll umsorgt. Sie haben uns nicht nur Schutz und Nahrung gegeben, sondern auch unsere primären Bedürfnisse nach Nähe, Wärme und Liebe befriedigt. Aus dieser Quelle ziehen wir die Kraft, die wir benötigen, um zu wachsen und die täglichen Herausforderungen zu bewältigen.

Während der frühen vorgeburtlichen Zeit existiert eine paradiesähnliche Phase, bei der Gefühle der Harmonie, des Friedens, der Glückseligkeit und des All-Einsseins auftauchen können. Ein Seinszustand, in dem sich die ICH-Existenz vorübergehend auflöst. Graber, Grof, Farrant und andere Autoren haben auf diesen tranceähnlichen, kosmischen Bewußtseinszustand hingewiesen und dabei unterstrichen, daß dieser für eine gesunde psychische Entwicklung äußerst wichtig ist. Sat-Guru Da Love Ananda, der einen bewegten spirituellen Werdegang hatte und auch über seine pränatalen Erlebnisse berichtete, erwähnt in diesem Zusammenhang „das Helle", das er in der vorgeburtlichen Zeit erlebte. Im Buddhismus wird die Lichthaftigkeit des reinen Bewußtseins „das klare Licht" genannt und kann während des Sterbens als „klares Licht des Todes" erlebt werden. Ich vermute, daß das, was Da Love Ananda erlebt und beschrieben hat, mit diesem Zustand vergleichbar ist.

Begegnungen mit spirituellem Inhalt sind Anzeichen, die einen entscheidenden Wendepunkt im Prozeß der Selbstheilung markieren. Sie werden oft dann erlebt, wenn die Grenzen des Vertrauten überschritten und Vorstellungen und Erwartungen losgelassen werden. In diesem Zustand der Offenheit und Transparenz ist es möglich, Zugang zu tiefen Schichten des Bewußtseins zu finden. In der allerfrühesten Phase unserer Entwicklung, als wir empfänglich und sensibel waren wie nie mehr später im Leben, war diese glückselige, paradiesähnliche Wirklichkeit unsere wahre Heimat. Doch negative Erlebnisse haben unser Bewußtsein getrübt, so daß wir den Kontakt zu dieser Glückseligkeit im Laufe unserer Geschichte verloren haben. In außerordentlichen Augenblicken wie beispielsweise während einem überwältigenden Naturerlebnis, einem schockartigen Ereignis oder unter dem Einfluß bewußtseinsverändernder Substanzen kann es geschehen, daß der Schleier aufreißt und wir der Glückseligkeit wiederbegegnen. In meinem Falle mußten viele Jahre vergehen, bis sich mir über den Weg der spirituellen Praxis und durch die Begegnung mit weisen Menschen der Zugang zu dieser göttlichen Wirklichkeit wieder öffnete.

Durch die Erlebnisse mit dem glückseligen Zustand der vorgeburtlichen Zeit ist mir buchstäblich ein Licht aufgegangen. In mir erwachte eine Kraft der Reinigung und der Erneuerung. Ich begann meine Welt mit ganz anderen Augen zu sehen. Grundlegende Fragen nach dem Sinn des Seins traten in den Vordergrund. Von der Tiefe dieser Eindrücke berührt, bin ich zur Überzeugung gelangt, daß der Verlust des Kontaktes zu dieser spirituellen Wirklichkeit, die wir alle in uns tragen, eine große Tragik ist und beim Entstehen unserer Leiden eine wesentliche Rolle spielt. Ohne von dieser inneren heilenden Quelle zu wissen, ist es schwierig, Vertrauen und Zuversicht zu entwickeln und ein glückliches Leben zu führen.

Von dieser vorgeburtlichen Glückseligkeit überwältigt, beschrieb eine Klientin ihre Erfahrung als einen wunderschönen Zustand der Helle, der Wärme, der Freude und des Lichtes. Alles sei von einer umfassenden Verbundenheit mit allem Sein dieser Erde durchzogen gewesen. Nachdem sie dieser Wirklichkeit zum ersten Mal begegnet war, fühlte sie sich von einer großen Dankbarkeit und tiefen Ehrfurcht erfüllt. Sie hatte den Eindruck, das Lebensglück, das ihr abhanden gekommen war und das sie überall vergebens gesucht hatte, zurückerhalten zu haben.

Ein anderer Klient, der wiederholt mit bewußtseinsverändernden Substanzen experimentierte, hatte folgende Erinnerungen:

> …es muß Phasen gegeben haben, wo es mir sehr wohl war. Ich spürte den Wunsch, diesen Zustand wiederherzustellen. Meine Suchtneigung ist ein Versuch, in ein kosmisches Gefühl zu kommen. In diesem gibt es weder Druck, noch werden Anforderungen gestellt. Ich denke, während der frühen Schwangerschaft muß es eine solche gute und freudvolle Zeit gegeben haben.

Unerwünschtsein und Abgelehntwerden

Eine ablehnende Haltung der Eltern gegenüber der Schwangerschaft kann im Auftreten von Komplikationen während der Schwangerschaft und bei der Geburt eine entscheidende Rolle spielen. Dies zeigten bereits Forschungsarbeiten des amerikanischen Gynäkologen

Dr. L. Sonntag aus den dreißiger und vierziger Jahren sowie die Tests der Psychologen Dr. A. Davids und Dr. S. Devault. Zu einem ähnlichen Schluß kommt der Soziologe Dr. G. Amendt von der Universität Bremen in einer ausführliche Zusammenfassung verschiedener Untersuchungen über das Leben unerwünschter Kinder. Laut dieser Arbeit gehörten auch psychische Schwierigkeiten in der Kindheit und der Adoleszenz zu den negativen Folgen einer unerwünschten Schwangerschaft. Zudem leiden unerwünschte Kinder häufiger unter Ängsten, einem verminderten Selbstwertgefühl und Konzentrationsstörungen. Aufgrund ihrer emotionalen Probleme und ihrer Verhaltensauffälligkeit seien sie auch viel häufiger Opfer von Mißbrauch und elterlicher Gewalt.

Kinder, die unerwünscht waren oder deren Schwangerschaft abgelehnt wurde, haben mit großen Problemen zu kämpfen. In ihrem motorischen Verhalten und psychischen Ausdruck sind sie häufig auffällig. Emotional neigen sie zu Instabilität, schreien oft ohne sichtbare Gründe, verhalten sich unruhig und sind anfälliger für Krankheiten. Im Erwachsenenalter können affektive Störungen, neurotische Verhaltensschwierigkeiten oder somatische Beschwerden auftreten. Der Psychologe Dr. G. Rottmann konnte aufgrund der Einschätzung der psychischen Verfassung der Mutter während der Schwangerschaft darlegen, daß je ambivalenter und ablehnender die Mutter sich ihrem Ungeborenen gegenüber verhielt, desto problematischer sein Verhalten nach der Geburt war. Umgekehrt reagierten Neugeborene umso ausgeglichener und ruhiger, je wohlwollender die Mutter dem Ungeborenen gegenüber eingestellt war.

Ein Klient, der unter Depressionen, Konzentrationsstörungen und Erschöpfungszuständen litt und deshalb wiederholt arbeitsunfähig war, erlebte zu Beginn der Psychotherapie verschiedene Kindheitsszenen, bei denen er sich zurückgewiesen fühlte und vergebens um die Anerkennung und Liebe seiner Eltern kämpfte. Das Zurückverfolgen dieser schmerzhaften Erinnerungen und Gefühle führte ihn in die vorgeburtliche Zeit. Seine Mutter war vierzig Jahre alt, als sie mit ihm schwanger war, und stand der Schwangerschaft eher ablehnend gegenüber. Der Grund für ihre negative Haltung hing einerseits mit ihrem angeschlagenen Gesundheitszustand zusammen. Sie hatte große Angst, überfordert zu sein und diese Zeit nicht zu schaffen. Andererseits litt sie sehr unter der schwierigen Beziehung zu ihrem

Ehemann, von dem sie sich in keiner Weise unterstützt fühlte. Während der Schwangerschaft dachte sie mehrmals daran, sich von ihrem Mann zu trennen.

In der Psychotherapie erinnerte sich der Klient an die Schwangerschaft wie folgt:

> Der Kampf mit meiner Mutter und die Ablehnung, die ich von ihrer Seite her gespürt habe, das war schmerzhaft und bedrohlich zugleich. Eigentlich war ich ihr zu viel; eigentlich wollte sie mich gar nicht. Darauf kam ich im Laufe der Zeit. Am Anfang hatte ich das Gefühl, mich ständig wehren zu müssen und keinen Platz für mich zu haben. Daraus entwickelte sich ein Existenzkampf, so daß alles – mein ganzes Leben – an einem dünnen Faden hing. Nach den Erlebnissen in der Therapie habe ich mit meinem Vater gesprochen. Er hat mir bestätigt, daß sie während der Schwangerschaft mit mir kämpfte und mich nicht wirklich wollte.

Durch die Auseinandersetzung mit dem vorgeburtlichen Abschnitt seiner Geschichte erkannte er, daß die ablehnende Haltung seiner Mutter ihn in seinem Sein zutiefst verunsicherte und die Wurzel seiner depressiven Gefühle und seiner Lebensangst war. Seine große psychische Erschöpfung und das Ausgebranntsein hatten damit zu tun, daß er unbewußt hoffte, im Beruf für seine Leistungen wahrgenommen und in Beziehungen für seine Anstrengungen geliebt zu werden. Da seine Erwartungen jedoch ständig frustriert wurden, entstand ein Teufelskreis. Sein ungestillter Hunger nach Anerkennung wurde immer größer und seine schmerzhaften Gefühle der Zurückweisung immer stärker.

Spreche ich in der Psychotherapie das Thema der elterlichen Einstellung zur Schwangerschaft an, löst dies in den meisten Fällen Erstaunen, Verwirrung oder Indifferenz aus. „Darüber habe ich mir noch nie Gedanken gemacht“ oder „Wie es sich für eine normale Familie gehört, sind wir Kinder einfach gekommen“ sind typische Antworten. Oft sind die Hintergründe für das Kinderkriegen unbekannt. Verschiedene Klienten berichteten auch, wie sie gespürt haben, daß ganz bestimmte Erwartungen an ihr Kommen geknüpft waren, beispielsweise die Hoffnung, die angespannte elterliche Beziehung zu kitten, ein verstorbenes Kind zu ersetzen oder ganz generell eine Leere zu stopfen.

Christines Geschichte

Christine arbeitete als Journalistin bei einer mittelgroßen Tageszeitung. Schon als Kind litt sie unter Eßstörungen und Minderwertigkeitsgefühlen. Seit sie sich erinnern konnte, hatte sie dauernd das Gefühl, das Leben verpaßt zu haben und vom Glück ausgeschlossen zu sein. Als erwachsene Frau wurde sie regelmäßig von Depressionen heimgesucht. Ihre Schwierigkeiten begannen häufig damit, daß sie mit anderen Personen an einem bestimmten Projekt zu arbeiten hatte. Ohne daß jemand etwas Negatives gegen sie gesagt hätte oder sie kritisiert worden wäre, fühlte sie sich plötzlich unsicher und fehl am Platz. Obwohl sie versuchte, sich selber aufzumuntern, gelang es ihr nicht, dieses störende Gefühl zu verscheuchen. Ohne etwas dagegen unternehmen zu können, wurde sie immer verkrampfter, verlor den Bezug zu ihren Mitmenschen und geriet immer tiefer in eine schmerzhafte Isolation. Nur mit viel Willenskraft gelang es ihr, ihre Not zu verbergen und in ihrem sozialen Umfeld auszuharren. Kaum war sie jedoch alleine, verschlang sie zum Trost alles Eßbare, das ihr in die Finger kam. Dies setzte einen Teufelskreis in Gang: Sie bekam Gewichtsprobleme, fühlte sich häßlich, was ihr labiles Selbstwertgefühl weiter schwächte. Auf Anraten ihres Hausarztes entschied sich Christine, psychotherapeutische Hilfe in Anspruch zu nehmen.

Zu Beginn der Psychotherapie verhielt sich Christine sehr zurückhaltend. Sie war es nicht gewohnt, Aufmerksamkeit für sich und ihre Gefühle zu erhalten. Es fiel ihr schwer zu glauben, daß sie als Mensch wichtig war und ihre Probleme etwas zählten. Christine brauchte längere Zeit, bis sie sich entspannen konnte. Dann begann sie von ihrem Leben zu erzählen und realisierte, unter welch schwierigen Verhältnissen sie aufgewachsen war. Schon als kleines Mädchen war sie sehr auf sich alleine gestellt. Ihre Bedürfnisse nach Unterstützung, Geborgenheit und Wärme wurden nicht wahrgenommen. Ihre Eltern stritten sich regelmäßig, manchmal sogar handfest. Ein falsches Wort konnte genügen, und schon gerieten sie sich in die Haare. Christine fürchtete diese Auseinandersetzungen. Vor allem am Wochenende war es schlimm, wenn die ganze Familie beisammen war. Als ältestes Kind fühlte sie sich für ihre Geschwister verantwortlich und war um deren

Wohl besorgt. Kaum drohte ein neuer Streit, nahm Christine ihre Schwester und ihren Bruder bei der Hand, um sich mit ihnen in einem Zimmer zu verstecken oder aus dem Haus zu flüchten. Ihre Eltern, die mit ihrem eigenen Drama beschäftigt waren, nahmen die Ängste ihrer Kinder nicht wahr.

Ein zentrales Thema, das sich wie ein roter Faden durch Christines Leben zog, war das Gefühl der Ablehnung. Als sich Christine in der Psychotherapie für ihre Geschichte zu öffnen begann, tauchte sie in ihre Vergangenheit ein. Im regressiven Zustand nahm sie eine fötale Haltung ein. Dabei spürte sie an Kopf und Brust einen Druck, der immer heftiger wurde und sie einengte. Der Druck wurde unerträglich, sie konnte sich nicht mehr bewegen und bekam Atemschwierigkeiten. Diese Erfahrung erwies sich als Erinnerung an ihre Geburt. Christine berichtete:

> Geboren werden war ein totaler Schock, war Ablehnung; totale Ablehnung. Die bei der Geburt durchlebte Enge habe ich beinahe nicht ertragen. Enge ist etwas, das mir noch heute große Mühe bereitet. Gewisse Streßsituationen lösen dieses Gefühl bei mir sehr schnell aus. Bei einer gewissen Nähe oder wenn die Erwartungen hoch sind, komme ich in eine Anspannung wie damals, wobei ich diesen unangenehmen, bedrohlichen Zustand kaum aushalten kann. Mir ist klar, daß meine Eltern mich nicht wollten. Deshalb hatte ich Angst, die Geburt und später das Leben nicht zu bewältigen.

Während ihrer Geburt wurde Christine nicht nur mit heftigen körperlichen Schmerzen und existentiellen Ängsten konfrontiert. Sie fühlte sich auch alleine und völlig im Stich gelassen. Christine schmerzte die fehlende Unterstützung ihrer Mutter. Statt sich getragen und verbunden zu fühlen, stieß sie auf Gleichgültigkeit und Kälte. Dies erlebte sie als Widerstand gegen das Geborenwerden und als Ablehnung ihrer Person.

Als sie nach diesem in der Therapie gemachten Erlebnis ihre Mutter auf die Geburt ansprach, erzählte sie ihr, daß die Geburt in der Tat äußerst schwierig gewesen sei und lange gedauert habe. Sie selber sei dabei fast gestorben. Weiter berichtete sie, daß sie während der ganzen Geburt ein Gefühl der Fremdheit gespürt und große Mühe hatte,

Wärme oder gar Liebe für ihr Kind zu entwickeln. Wie Christine etwas später von der die Geburt begleitenden Hebamme erfuhr, muß ihre Mutter während dieser Zeit psychisch und physisch sehr angeschlagen gewesen sein.

Doch die Wurzeln für Christines Probleme reichten noch weiter zurück. Im Zustand der Regression nahm sie sich im Mutterleib wahr. Sie berichtete von einem unfreundlichen, kalten Klima, von einem Zustand, der ihren Körper in Spannung versetzte und ihre zarte, sich langsam entwickelnde Existenz bedrohte. Wie sie weiter erlebte, waren die Momente, in denen sie ausruhen und sich entspannen konnte selten. Mehrheitlich fühlte sie sich angespannt und durch die negativen Energien ihrer Umgebung verunsichert. Um den lebenserhaltenden Kontakt zu ihrer Mutter und damit den Bezug zum Leben nicht zu verlieren, mußte Christine festhalten. Das kostete sie viel Kraft. Damit sie die Unerwünschtheit dennoch ertragen und trotz schwieriger Bedingungen überleben konnte, sah sie sich gezwungen, ihre Offenheit und Sensibilität aufzugeben und emotional unempfindlich zu werden.

Durch die Psychotherapie wurde ihr bewußt, daß die Ablehnung, die sie in der vorgeburtlichen Zeit erlitt, einen großen Einfluß auf ihre seelische Entwicklung und körperliche Gesundheit hatte. Eingeprägt als tiefe Verletzung, bestimmte die Ablehnung ihrer Person einerseits die Haltung, die sie dem Leben gegenüber einnahm, andererseits übertrug sie sich als dominierendes Grundmuster auf ihre Beziehungen. Dies kam durch ihr latentes Gefühl der Unerwünschtheit zum Ausdruck. Christine hatte große Schwierigkeiten, Vertrauen zu fassen und zu glauben, daß sie, so wie sie war, angenommen und geliebt werde. Was ihr Mißtrauen zusätzlich vertiefte, war die Angst, angegriffen und zurückgewiesen zu werden, sollte sie es wagen, sich zu öffnen und ihre wahren Gefühle zu zeigen. Die vorgeburtliche Zurückweisung und der in dieser Zeit erlebte Mangel an Zuneigung hatten zur Folge, daß sie innerlich hart und eng wurde und dadurch kaum ein stabiles Selbstwertgefühl entwickeln konnte.

Christine erinnerte sich:

> Im Mutterleib fühlte ich mich sehr unwohl, vor allem abgelehnt. Häufig befand ich mich in einer sehr starken Spannung. Rückblickend denke ich, daß meine Mutter mich

ganz massiv zurückgewiesen hat. Auch jetzt noch kann ich diesen Zustand spüren. Manchmal habe ich dabei das Gefühl, es sei etwas in mir, das überhaupt nicht zu mir gehöre, das mir völlig fremd ist. Dann wieder habe ich den Eindruck, irgendwelche Dinge von anderen Leuten aufzusaugen. Dies kann überraschend und ganz plötzlich geschehen, ohne daß ich dies in irgendeiner Weise realisiere. Dann ist es wieder so weit: Ich steigere mich in etwas hinein und nehme Spannungen oder Gefühle von anderen Menschen auf. Hierzu gehört auch, daß ich sehr früh mit meiner Mutter Machtkämpfe ausgefochten habe: „Wer ist stärker, wer überlebt, wer macht das länger mit" und „Ich lasse nicht los, ich halte fest. Du kannst noch lange machen, ich werde in dir bleiben" – und das alles schon vor der Geburt!

Von großer Bedeutung bei der Suche nach den Ursachen ihrer Probleme war die Erkenntnis, daß ihre Gefühle der Zurückweisung und Ablehnung, die ihr Leben dominiert hatten, nicht Einbildungen oder Fantasien waren, wie sie befürchtete, sondern durch Vorkommnisse verursacht wurden, die sie tatsächlich erlebt hatte. Durch die Auseinandersetzung mit ihrer Geburt und der vorgeburtlichen Zeit in der Psychotherapie war sie in der Lage, wichtige Lebensentscheide, die sie aufgrund früherer Verletzungen gefällt hatte, zu hinterfragen. Dadurch gelang es ihr, im Umgang mit ihrem Leben neue Wege einzuschlagen. Nun brauchte sie nicht länger nach Bestätigung für ihr Drama zu suchen und ihre Gefühle der Zurückweisung weiter zu vertiefen. Christine lernte Vertrauen zu sich zu fassen und ihre positiven Fähigkeiten und gesunden Anteile zu fördern.

Ablehnung und Zurückweisung stellen eine existentielle Bedrohung dar, ganz besonders, wenn sie schon sehr früh im Leben erfahren werden. In der vorgeburtlichen Phase sind wir so empfänglich, daß wir auch subtilste Botschaften aufnehmen, verfügen jedoch über keinerlei Mittel, uns vor Negativem zu schützen, wie wir sie beispielsweise als Erwachsene haben. Jede erneute Zurückweisung verfestigt das Gefühl, unerwünscht zu sein. Daraus kann ein chronischer Zustand werden, der unsere Gesundheit in Mitleidenschaft zieht. Statt uns geliebt zu fühlen und voller Zuversicht auf die Welt zuzugehen, sind wir ängstlich, denn latent fühlen wir uns ständig bedroht. Um uns vor weiteren Verletzungen zu schützen, beginnen wir uns innerlich zurückzunehmen und uns klein zu machen. Ein harsches Wort oder eine kritische Bemerkung genügt, und unser Lebensraum, der eigentlich weit wie der grenzenlose Himmel wäre, wird noch ein Stück enger. Weil wir gezwungen sind, unsere Energie, die wir zum Wachsen benötigen, in den Kampf ums Überleben zu investieren, kostet uns unser Rückzug viel Substanz. Von der Angst getrieben, nicht zu genügen und nicht geliebt zu werden, versuchen wir uns und der Welt dauernd zu beweisen, daß wir trotzdem jemand sind und eine Lebensberechtigung haben. Weil das Joch des Unerwünschtseins so sehr schmerzt, tun wir alles in unserer Macht Stehende, um den Schmerz zu mildern. In der Hoffnung, uns irgendwann genügend angestrengt zu haben und dadurch von unserer psychischen Not frei zu werden, opfern wir uns dauernd auf, nach dem Motto: „Vielleicht werde ich doch noch wahrgenommen und geliebt, wenn ich...". Menschen mit einer solchen Haltung sind nicht nur sehr verletzlich, sie werden auch häufig Opfer von Mißbrauch und Gewalt.

Sich zu entspannen, nichts zu tun und die Muße zu genießen fällt Menschen schwer, deren Ankunft in dieser Welt unerwünscht war. Inaktivität wird möglichst vermieden. Denn die Stille birgt die Gefahr, daß alles hochkommt, daß man sich der Sinnlosigkeit, die eigene Lebensberechtigung durch aufopfernde Handlungen beweisen zu wollen, auf einmal bewußt wird. Doch halten wir inne, denn nur durch das Erkennen unserer Grundmuster und deren Einfluß auf unser Sein kommen wir der unumstößlichen Wahrheit einen Schritt näher, nämlich daß es weder etwas zu tun, noch zu verändern gibt, um glücklich zu sein. Statt zu versuchen, das Unmögliche möglich zu machen und eine weitere Runde auf dem Karussell unseres Lebensdramas zu drehen, können wir unsere Bemühungen darauf richten, uns so anzunehmen, wie wir sind, mit unseren schweren, verrückten und hellen Seiten.

„Ich fühle mich un-tragbar", „Ich betrachte mich als Be-Lastung" oder „Ich bin eine Zumutung", solche den Selbstwert untergrabende Gefühle wurzeln häufig in Verletzungen, die durch Ablehnung der Schwangerschaft entstanden sind. In der Tat belastend sind solche Gefühle in Beziehungen. Obwohl der Partner seine Liebe unablässig beteuert und auch die Mitmenschen einem wohlgesonnen sind, fühlt man sich latent unsicher, ist mißtrauisch und voller Angst. Daß man willkommen ist und als Person geschätzt wird, kann man einfach nicht glauben. Aus Furcht vor den unangenehmen, energieraubenden Gefühlen, die überall lauern, ist man versucht, Beziehungen zu kontrollieren und die Wirklichkeit zu manipulieren. Absolute, bedingungslose Liebe ist das Mindeste, was vom Partner verlangt wird. Kritische Bemerkungen werden als mangelnde Zuneigung und Ablehnung gedeutet. Eine solche Dynamik kann Konflikte ohne Ende heraufbeschwören, wobei das Vertrauen verlorengeht und die Liebe zugedeckt wird.

Auch eine ambivalente, nicht primär ablehnende Haltung der Mutter gegenüber der Schwangerschaft kann zum Gefühl führen, eine Bürde zu sein. Die Mutter sah sich vielleicht aus Angst vor Konflikten oder aus Mangel an Unterstützung gezwungen, die Schwangerschaft so lange wie möglich geheimzuhalten. Obwohl sie die Schwangerschaft innerlich bejahte, hatte sie Mühe, zu dieser und damit zu ihrem Kind offen zu stehen. Eine ambivalente Einstellung der Mutter ist für das Ungeborene eine äußerst instabile Existenzgrundlage. Je länger der Zustand der Ambivalenz andauert, desto stärker werden die negativen Gefühle und können später ebenfalls zu existentiellen Ängsten, psychischen Problemen und Schwierigkeiten mit dem Selbstwert führen.

Dr. Dennis Stott von der Universität Glasgow zeigte in einer bemerkenswerten Langzeitstudie auf, daß vor allem langandauernde Belastungszustände während der Schwangerschaft die Entwicklung des Kindes negativ beeinflussen können. Zudem spielt gemäß dieser Studie auch die Qualität der Beziehung der Eltern zueinander eine wichtige Rolle. So hatten Kinder aus schwierigen Familien viel mehr Angstgefühle, waren unruhiger und litten häufiger unter körperlichen Beschwerden und affektiven Störungen. Die meisten dieser Kinder waren unterdurchschnittlich klein und zeichneten sich durch eine auffällige emotionale Instabilität aus. Zudem verhielten sie sich im Kontakt zu Mitmenschen schüchtern und waren übermäßig stark auf ihre Mutter fixert.

Karls Geschichte

Karl litt darunter, daß er Probleme mit festen und verbindlichen Bindungen hatte. Diese Schwierigkeiten schwächten sein Selbstwertgefühl und führten zu depressiven Verstimmungen. Machte Karl eine neue Bekanntschaft, wiederholte sich immer das gleiche. Nach einer kürzeren, euphorischen Phase der Verliebtheit begann sich Karl aus ihm unerklärlichen Gründen eingeengt und seltsam leblos zu fühlen. Ohne daß er etwas dagegen hätte tun können, geriet er in eine stumpfe Gleichgültigkeit. Je länger die Beziehung dauerte, desto apathischer wurde er. Seine Partnerinnen fühlten sich dadurch nicht wahrgenommen und ungeliebt und beendeten früher oder später den Kontakt. Karls Unsicherheit und Not wurden mit jeder weiteren Erfahrung der Zurückweisung größer, und er begann sich schwere Vorwürfe zu machen. Weil Karl weder ein noch aus wußte, suchte er psychotherapeutische Unterstützung.

In der Therapie fiel es Karl anfangs recht schwer, sich zu spüren. Sein Körper war ihm fremd. Gefühle und Bedürfnisse existierten zwar, doch da sie ihn verunsicherten und ängstigten, behandelte er sie sehr stiefmütterlich. Langsam lernte er, Vertrauen zu fassen und nach innen zu horchen. Parallel zu seinem emotionalen Erwachen begannen längst vergessene Ereignisse seiner Geschichte aufzutauchen. Im Zustand der Regression stieß er unverhofft auf seine vorgeburtliche Zeit. Dabei nahm er die Angst und Not seiner Mutter wahr, während sie mit ihm schwanger war: Es war kurz nach dem Krieg und seine Eltern konnten sich aus finanziellen Gründen keine eigene Wohnung leisten. So sahen sie sich gezwungen, mit den Eltern von Karls Vater zusammenzuziehen. Doch das Zusammenleben in der engen Wohnung gestaltete sich sehr schwierig, und schon bald entwickelten sich starke Spannungen. Als Karls Mutter merkte, daß sie schwanger war, versuchte sie ihren Zustand möglichst zu verbergen. Sie befürchtete, die Schwangerschaft könnte die gereizte Atmosphäre zusätzlich verschärfen.

Während sich Karl mit diesen frühen, prägenden Eindrücken auseinandersetzte, erkannte er, wie sehr ihn die zurückhaltende Einstellung seiner Mutter damals verunsicherte. Was Karl in der vorgeburtlichen Zeit fehlte, war ein weiter und offener Raum des Seins, in dem er sich unbeschwert hätte entwickeln und voller Freude ausdehnen können. Auch vermittelte ihm seine verängstigte und angespannte Mutter zu wenig Sicherheit und Geborgenheit. Dieser frühe Mangel an Kontakt hatte zur Folge, daß er sich als ungeborenes Kind nicht wahrgenommen fühlte und sich unerwünscht vorkam. Um unter diesen Bedingungen zu bestehen, fing er an, sich emotional abzuschotten und möglichst wenig Platz zu beanspruchen.

Mit dem Verstehen der Hintergründe seiner Beziehungsschwierigkeiten begann sich Karls Verhalten zu ändern. Es gelang ihm immer besser, seine Gefühle wahrzunehmen und mit seinem Gegenüber in Kontakt zu bleiben. Seine Depressionen begannen ihre bedrohliche Macht zu verlieren und lösten sich am Ende der Psychotherapie vollständig auf. Dieser Wandel hatte positive Folgen: seine Beziehungen wurden lebendiger und sein Leben befriedigender.

Denkanstöße:

- Wie war das emotionale Klima während der Schwangerschaft?
- Wie war das familiäre Klima während der Schwangerschaft?
- Fühle ich mich im Leben grundsätzlich angenommen und geliebt oder unerwünscht und abgelehnt ?
- Habe ich häufig das Gefühl, eine Belastung zu sein ?
- Existierten während der Zeit der Schwangerschaft Probleme, die die Familie schwer belasteten und nicht aufgelöst werden konnten?

Das „falsche" Geschlecht

Personen, die mit dem „falschen" Geschlecht auf die Welt gekommen sind, neigen zu somatischen Beschwerden, besonders Verdauungs- und Unterleibsproblemen, sowie Depressionen, Schuldgefühlen und einem ausgesprochenen Mangel an Selbstwert. Die Ablehnung des eigenen Geschlechts durch die Eltern oder einen Elternteil gefährdet zudem den Aufbau einer gesunden, geschlechtsbezogenen Identität. Häufig können sich Menschen, die als Junge statt Mädchen oder umgekehrt zur Welt gekommen sind, daran erinnern, wie sie sich schon in der Kindheit mit ihrem eigenen Geschlecht schwer taten.

Wer aufgrund des Geschlechtes abgelehnt wurde, hatte nie die Chance, für seine Einzigartigkeit geliebt zu werden. Immer war da etwas, das anders hätte sein sollen. In der Hoffnung, trotz dieses „Makels" angenommen und geschätzt zu werden, hat man Überdurchschnittliches geleistet, hat durch sportliche Leistungen und gute Noten geglänzt oder später als Erwachsener eine erfolgreiche Karriere gemacht. Auch versucht man vielleicht, der Rollenerwartung des anderen, des ‚gewünschten' Geschlechts zu genügen. Intuitiv haben solche Menschen jedoch schon früh im Leben gespürt, daß mit ihnen etwas nicht in Ordnung ist. Mit der geschlechtsbedingten Ablehnung ist eine tiefe Tragik verbunden, denn der Wunsch, von den Eltern akzeptiert und geliebt zu werden, geht nie in Erfüllung. Der Schmerz der Zurückweisung stellt eine tiefe Verletzung dar und muß darum verdrängt werden. Im Bewußtsein als Schock niedergelegt, kann die Ablehnung des Geschlechts unter entsprechenden Bedingungen zu einer psychischen Spaltung führen, welche das ganze Leben nachhaltig prägt.

Die geschlechtsbedingte Zurückweisung kann sich auf äußerst subtile Weise abspielen. Dies zeigt die Geschichte einer Klientin, die schon als Kind unter Eßstörungen und Gewichtsproblemen litt. In der Pubertät kamen Depressionen und eine große Einsamkeit hinzu. Schon früh hatte sie stets das ungute Gefühl, irgendwie anders zu sein als ihre Spielkameradinnen. In der Psychotherapie zeigte sich schon bald, daß sich das Thema Ablehnung wie ein roter Faden durch ihr ganzes Leben zog.

Ihre Mutter war eine unsichere, von Ängsten geplagte Frau. Während des Krieges groß geworden, erlebte sie eine entbehrungsreiche Kindheit. Da sie nie die Möglichkeit zu einer Ausbildung hatte, fühlte sie sich minderwertig. Als sie mit fünfundzwanzig Jahren schwanger wurde, fiel es ihr schwer, sich über die Schwangerschaft zu freuen. Dies hatte vor allem damit zu tun hatte, daß sie durch ihren veränderten Zustand plötzlich an unbewältigte Ereignisse ihrer eigenen Vergangenheit erinnert wurde. Da war die Lieblosigkeit und Kälte, die sie als kleines Kind in ihrer Familie erfahren hatte, und da war die Zurückweisung, die sie von ihrem Vater gespürt hatte, weil sie ein Mädchen und kein Junge war. Je mehr das Kind, das sie in sich trug, wuchs und Raum beanspruchte, desto mehr zog sie sich emotional von ihrer Schwangerschaft und damit von ihrem Kind (der Klientin) zurück. Wie die Klientin in der Psychotherapie in Erfahrung brachte, lag der Ursprung ihrer störenden Gefühle, welche zu prägenden Grundmustern wurden und ihre Lebenseinstellung stark beeinflußten, nicht in der Kindheit, sondern in der vorgeburtlichen Zeit.

In ihren eigenen Worten:

> Was in der Psychotherapie sehr bald auftauchte, war das Gefühl, daß ich als Mädchen nicht erwünscht, nicht willkommen bin. Das erlebte ich sehr massiv, und es setzte relativ früh nach der Empfängnis ein. Ich kann mich erinnern,

wie ich mich wirklich sehr klein gefühlt habe und für mein Geschlecht abgelehnt wurde.

Die Zurückweisung, die schon ihre Mutter erlebt hatte, übertrug sie in der Schwangerschaft unbewußt auf ihr Kind. Durch diese subtile, aber trotzdem sehr nachhaltige Übertragung entstanden in der kindlichen Psyche tiefe Eindrücke. Weil sie sich nun ihrerseits als Mädchen unerwünscht fühlte, bekam sie mit ihrer Identität als Frau Schwierigkeiten. Der immense Hunger nach Kontakt führte schon in der Kindheit zu Eßproblemen. Erst durch das Aufarbeiten ihrer Geschichte hatte sie die Möglichkeit, sich und ihre Verhaltensweise verstehen zu lernen und den Familienmythos, daß Mädchen minderwertig und unerwünscht sind, an der Wurzel durchzuschneiden.

In vielen Familien wird mehr oder weniger unbewußt ein Stammhalter gewünscht. Häufig ist es der Vater, der auf einen Jungen hofft, damit dieser sein Lebenswerk weiterführe. Nicht selten setzt diese Erwartungshaltung die Mutter unter Druck, denn sollte sie es nicht „schaffen", ihm einen Jungen zu gebären, muß sie damit rechnen, seine Zuneigung zu verlieren. Die Erwartung ihres Mannes, einen Stammhalter zu gebären, kann dazu führen, daß sie in der Schwangerschaft zwischen Angst und Hoffnung hin und her schwankt. Die Befürchtung, mit dem „falschen" Geschlecht schwanger zu sein, kann eine problematische Dynamik in der Mutter-Kind-Beziehung in Gang setzen. Um einer möglichen Enttäuschung vorzubeugen, beginnt die Mutter den Kontakt zum Kind auf subtile Weise zurückzunehmen und überträgt dabei unbewußt ihre Ängste und Sorgen auf ihr Kind. Weil das Ungeborene alle ihre Regungen und Gedanken wahr- und aufnimmt, spürt es genau, daß es die Ursache für die Schwierigkeiten und Not seiner Mutter ist.

Kinder, die wegen ihres Geschlechts zurückgewiesen werden, haben keinen einfachen Start ins Leben. Es scheint, daß es ihnen schwerer fällt, geboren zu werden. Weil mit der Geburt das „falsche" Geschlecht als unabwendbare Wirklichkeit ans Licht kommt, versucht das Kind, die Geburt so lange wie möglich hinauszuzögern. Klienten, die dies in der Psychotherapie erlebt haben, berichteten davon, gespürt zu haben, wie auch die Mutter aus Angst vor der Wahrheit die Geburt zurückhalten wollte. In den meisten Fällen wurde die Geburt denn auch zu einer äußerst problematischen Erfahrung.

Sandras Geschichte

Die dreiunddreißigjährige Sandra kam in die Psychotherapie, nachdem sie ihr Freund, mit dem sie drei Jahre zusammengewohnt und viel erlebt hatte, überraschend wegen einer anderen Frau verließ. Die Trennung machte ihr stark zu schaffen. Sie litt nicht nur unter starken Gefühlsschwankungen, hinzu kamen Unterleibsbeschwerden, die zwar nicht neu waren, doch nach der Trennung viel schlimmer wurden.

Zu Beginn der Therapie ging es Sandra primär darum, den Verlust der Beziehung zu verarbeiten und ihren Gefühlen der Trauer, Enttäuschung und Verlassenheit Ausdruck zu geben. Nach einigen Sitzungen, nachdem Sandra den Schmerz über die Trennung besser annehmen konnte, wurde sie mit verschiedenen Erlebnissen ihrer Kindheit konfrontiert, hauptsächlich mit der schwierigen Beziehung zu ihrem kühlen Vater. Als weiteres zentrales Thema kristallisierte sich ihre Ambivalenz zu ihrer sexuellen Identität heraus. Ihre Rolle als Frau führte in Beziehungen zu Männern wiederholt zu Mißverständnissen und Verletzungen. Sandra war sich bewußt, daß ihre Schwierigkeiten mit ihrer Weiblichkeit irgendwie mit ihrer Mutter zusammenhingen. Was deren Aufklärung erschwerte, war der Umstand, daß sie, sobald sie sich darauf einzulassen versuchte, von einer unglaublichen Müdigkeit und Schwere erfaßt wurde und deshalb während der Psychotherapie häufig einschlief.

Doch Sandra blieb beharrlich, und ihre Gefühle und Eindrücke wurden immer faßbarer. In ihrer Geschichte forschte sie immer weiter zurück, bis sie schließlich im Zustand der Regression auf ihre vorgeburtliche Zeit stieß. Schon im Mutterleib nahm sie ein alles dominierendes Gefühl wahr, anders sein zu müssen, als sie war. Ihre Eltern wollten einen Jungen, diesen Anspruch konnte sie deutlich spüren. Und daß sie als Mädchen für ihre Eltern eine Enttäuschung bedeutete, nahm sie ebenfalls unmittelbar wahr. Um mit diesem ausweglosen Dilemma umzugehen und die Verletzung über die subtile Zurückweisung auszuhalten, gab es für sie nur eine Möglichkeit: Nichts mehr spüren.

> Ich hatte permanent das Gefühl, daß etwas in meine Welt eindringt, das mir nicht gut tut. Davor hatte ich große Angst. Die Gefühle meiner Mutter erlebte ich wie eine Art schlech-

ter Energie. Ihr ging es in der Zeit der Schwangerschaft nicht gut. Sie hatte Depressionen, ausgelöst durch Probleme mit meinem Vater. Die Geburt ist ja irgendeinmal vorbei. Dieser Zustand jedoch hatte etwas lange Dauerndes und nimmt kein Ende. Als ich die Bilder von Embryonen in der Fruchtblase betrachtete, fühlte ich mich elend. Ich fand, das Eingeschlossensein müsse grauenhaft und das Nicht-Hinaus-Können müsse sehr schlimm sein.

Sandras Eltern besaßen ein gutgehendes Lebensmittelgeschäft in einer größeren Stadt. Während mehrerer Jahre arbeitete auch die Mutter im Laden, fühlte sich jedoch nie wirklich glücklich dabei. Sie wünschte sich Kinder. Auch ihr Mann wollte eine Familie gründen, doch er wollte unbedingt einen Jungen. Schon bei Sandras älterer Schwester hatte er Mühe, sich über seine gesunde Tochter zu freuen. Obschon Sandras Mutter gesundheitlich angeschlagen war und ihr der Arzt von einer weiteren Schwangerschaft abriet, wurde sie zwei Jahre später erneut schwanger. Während der ganzen Schwangerschaft mußte sie medizinisch betreut werden. Zusätzlich zu dieser körperlichen Belastung kam der Druck des Vaters, der sich nun unbedingt einen Jungen, einen Stammhalter wünschte.

Später in der Therapie stieß Sandra auch auf ihre Geburt. Diese hatte lange gedauert und war sowohl für sie wie auch für ihre Mutter sehr schwierig. Obwohl sie eine unbändige Kraft spürte, auf die Welt zu kommen, wurde sie von irgend etwas daran gehindert. Die Unmöglichkeit, ihrem eigenen Rhythmus folgend geboren zu werden, löste in ihr starke Emotionen aus, vor allem Wut, Ohnmacht, Schmerz und Verzweiflung. Ihr auswegloser Zustand führte schließlich dazu, daß sie verzweifelt aufgab. Parallel zu ihren eigenen Gefühlen nahm Sandra die Angst und den Schmerz ihrer Mutter wahr. Um der bevorstehenden Enttäuschung zu entgehen, die das Geschlecht ihres Kindes bei ihrem Mann auslösen könnte, wehrte sie sich innerlich gegen die Geburt. Sandra ihrerseits fühlte sich schuldig, denn ihr war bewußt, daß ihr Kommen die Ursache des Leidens ihrer Mutter war.

Über ihre Geburt berichtete Sandra:

…es war ein unglaublicher, ein unerbittlicher Kampf. Von meiner Mutter habe ich wenig Unterstützung gespürt. Da sie weder bereit war, loszulassen noch sich zu öffnen, mußten wir miteinander kämpfen, was wir, schaue ich auf unsere Beziehung zurück, unser ganzes Leben lang getan haben.

Während Sandra ihre Geburt nochmals erlebte, nahm sie einen dumpfen Schmerz in ihrem Unterleib wahr. Endlich geboren, fühlte sie sich zwar erleichtert. Doch ihr war auch klar, daß jetzt die Stunde der Wahrheit gekommen war, vor der sich ihre Mutter so sehr gefürchtet hatte. Statt bei ihrer Ankunft voller Freude und Zuneigung begrüßt und mit Liebe und Zärtlichkeit überhäuft zu werden, spürte Sandra Angst und eine unglaubliche Spannung. Sie mußte miterleben, wie ihr Vater mit Enttäuschung und Widerwillen auf sie reagierte. Unfähig, sein Herz für Sandra zu öffnen, wandte er sich von ihr ab und begegnete daraufhin sowohl ihr wie auch ihrer Mutter gleichgültig und desinteressiert.

Sandra war nun in der Lage zu verstehen, weshalb sie sich als Frau latent unsicher fühlte und Mühe mit ihrer Weiblichkeit hatte. Die Zurückweisung durch ihren Vater bedeutete für sie eine schwere Verletzung, welche ihre geschlechtliche Selbstfindung nachhaltig beeinflußte. Eine weitere Folge der Zurückweisung war, daß Sandra als Kind ständig das Gefühl hatte, mit ihr stimme etwas nicht und sie sollte irgendwie anders sein. In der Hoffnung, die Liebe ihres Vaters dennoch zu erhalten, versuchte sie den unausgesprochenen Erwartungen gerecht zu werden und verhielt sich wie ein Junge. Mit der Welt der Mädchen wußte sie dagegen wenig anzufangen. Dieser Tendenz blieb sie während ihrer Pubertät treu und widmete sich auch später überwiegend männlichen Aktivitäten. Bis zur Trennung von ihrem Freund gelang es Sandra, die Wirklichkeit der Zurückweisung zu verdrängen und ihr Image der aktiven, starken und selbstbewußten Frau aufrechtzuerhalten.

Der Name, den ein Kind bekommt, kann vorbelastet und mit bestimmten Wünschen und Erwartungen seitens der Eltern besetzt sein. Wird das Kind diesen gerecht, sind alle zufrieden und glücklich. Doch fixe Vorstellungen, wie sie beispielsweise in der ausschließlichen Wahl eines Jungennamen zum Ausdruck kommen, schränken nicht nur den Lebensraum des Kindes ein, sondern können auch seine Entwicklung behindern. Es ist Aufgabe der werdenden Eltern, sich vor der Empfängnis mit ihren Gefühlen, Erwartungen und Wünschen, die sie an das Kind haben, auseinanderzusetzen. Sollten Unstimmigkeiten oder ernsthafte Probleme auftreten, liegt es an ihnen, sich Zeit zu nehmen oder Hilfe zu holen, um diese zu bereinigen.

Denkanstöße:
- Wie fühle ich mich bezüglich meiner sexuellen Identität, meiner Geschlechterrolle?
- Hatte oder habe ich manchmal das Gefühl, mit meinem Körper, insbesondere meinem Geschlecht, stimme etwas nicht?
- Weiß ich oder habe ich gehört, daß nicht mein, sondern das andere Geschlecht erwartet wurde oder erwünscht war?
- Wenn ja, welche Konsequenzen sind für mein Leben, meinen Selbstwert und meine Beziehungen daraus erwachsen?

Der verlorene Zwilling

Die Wahrscheinlichkeit, als Zwilling geboren zu werden, ist rund eins zu hundert. In Familien mit Zwillingen sind Zwillingsgeburten jedoch häufiger. Ob es dazu kommt, bestimmt nicht der Vater, sondern die Mutter. Untersuchungen haben gezeigt, daß Zwillinge nicht in regelmäßiger Abfolge geboren werden, sondern daß meistens eine Generation übersprungen wird. Bedingt durch fertilitätsmedizinische Eingriffe wie der In-Vitro-Fertilisation kommt es heutzutage vermehrt zu Zwillings- oder gar Mehrlingsgeburten.

Bei Zwillingen oder Mehrlingen wird entsprechend der Art ihres Entstehens zwischen zweieiigen und eineiigen unterschieden. Zweieiige Zwillinge sind aus zwei Eiern und zwei Spermien hervorgegangen und teilen nicht dieselbe Erbmasse. Im Gegensatz dazu haben eineiigige Zwillinge eine identische genetische Grundlage, da sie aus demselben Ei und demselben Spermium entstanden sind.

Eine Zwillings- oder Mehrlingsschwangerschaft ist für die Mutter in jeder Hinsicht eine anspruchsvolle Aufgabe. Das letzte Drittel, besonders das Ende der Schwangerschaft, ist beschwerlich, wenn ihr Körper so stark an Gewicht zugenommen hat und es ihr Mühe bereitet, sich zu bewegen. Aber auch für die Ungeborenen wird es immer unbequemer, denn mit dem Näherrücken des Geburtstermins werden sie mit ernsthaften Platzproblemen konfrontiert. Untersuchungen haben gezeigt, daß Zwillinge bei der Geburt mit Gewichtsproblemen zu kämpfen haben, zu Frühgeburten neigen, anfälliger für Krankheiten sind und verglichen mit anderen Kindern vermehrt unter emotionalen Störungen leiden. Ferner wurde beobachtet, daß das zweitgeborene Kind häufig gebrechlicher und schwächer ist und in der Regel mehr Aufmerksamkeit und Unterstützung braucht, und zwar nicht nur unmittelbar nach der Geburt, sondern auch später im Leben. Ein Handikap, mit dem das Zweitgeborene bei der Geburt zu kämpfen hat, ist die nachlassende Wehentätigkeit, sobald das Erste auf der Welt ist. In der Annahme, die Geburt sei nun vorüber, beginnt sich der Körper der Mutter umzustellen. Dadurch kann dem zweiten Zwilling die nötige Unterstützung fehlen, die er benötigt, um sicher geboren zu werden, was den Einsatz von Instrumenten wie Zange oder Saugglocke erfordern kann.

Die Anfangsphase zu zweit, die engen räumlichen Verhältnisse oder die geteilte Geburt – was immer die Ursachen sein mögen, Zwillinge haben es entgegen der Volksmeinung in ihrem Leben nicht immer einfach. Obwohl sie ihr Leben zusammen mit einem Gefährten oder einer Gefährtin beginnen können und während der ganzen Kindheit selten oder überhapt nie alleine sind, durchleben sie häufig schwierige Krisen. Nicht umsonst ist die Selbstmordrate bei Zwillingen mit über zehn Prozent besonders hoch. (Mehr Informationen zum Zwillingsthema in: E. Noble: „Having Twins“.)

Verschiedene Fachleute gehen davon aus, daß weit mehr Schwangerschaften mit zwei oder mehr befruchteten Eiern beginnen, als allgemein angenommen wird. Aufgrund meiner Erfahrungen schätze ich diesen Anteil auf rund zwanzig Prozent aller Schwangerschaften. Elizabeth Noble, die im Rahmen der pränatalen Psychologie das Zwillingsthema erforscht hat, geht sogar von einer weit höheren Zahl aus. Bei Schwangerschaftsbeginn kann nach ihrer Meinung der Anteil von zwei oder mehr befruchteten Eizellen gegen achtzig Prozent betragen. Der amerikanische Arzt und Psychotherapeut Ray Castellino spricht von der Möglichkeit, daß siebzig Prozent aller Zeugungen als Zwillings- oder Mehrlingsschwangerschaften beginnen. Aufgrund biologischer oder psychologischer Ursachen schaffen es jedoch viele dieser Zwillinge oder Mehrlinge nicht zu überleben und sterben in den ersten Schwangerschaftswochen unbemerkt ab. Der Organismus des verstorbenen Zwillings oder Mehrlings löst sich dabei vollständig auf und wird vom Fruchtwasser absorbiert. Alle Spuren, die auf seine Existenz hindeuten könnten, werden dadurch für immer verwischt. An der Plazenta durchgeführte Untersuchungen können, günstige Bedingungen vorausgesetzt, Hinweise geben, ob ein weiteres oder gar mehrere Kinder vorübergehend den Mutterleib bewohnt haben. Daß der frühe Tod eines Zwillings auch in der Seele des Überlebenden Spuren hinterlassen kann, zeigt das nachfolgende Beispiel.

Karins Geschichte

Seit über zehn Jahren arbeitete Karin als Kindergärtnerin. Das Zusammensein mit den Kindern, der Raum für Spiel und Kreativität, welche ihre Arbeit mit sich brachte, bereiteten ihr große Freude. Doch im Kontrast zur Vielfalt ihrer Arbeit war ihr Privatleben grau und düster. Regelmäßig wurde sie von starken Kopfschmerzen heimgesucht, die sie lähmten und viel Substanz kosteten. Oft war es ihr deshalb unmöglich, an kulturellen Veranstaltungen oder sozialen Anlässen teilzunehmen. Trotz aller Bemühungen, ihre Kopfschmerzen in den Griff zu bekommen, blieb ihr Zustand unverändert, so daß sie immer verzweifelter wurde. Ein weiteres Problem waren die Spannungen zwischen ihr und ihrem Ehemann, die sie schwer belasteten. Die Auseinandersetzungen lösten bei ihr Verlustängste aus und das seltsame Gefühl, etwas Wichtiges für immer verloren zu haben; etwas, das sie weder in der Beziehung noch sonstwo finden konnte. Obwohl ihr Partner ihr zu geben versuchte, wonach sie sich sehnte, konnte er sie nie zufriedenstellen. Dadurch fühlte er sich seinerseits frustriert und wurde ungeduldiger und aggressiver. Wonach Karin suchte, das wußte auch sie nicht. Einzig in Träumen begegnete sie gelegentlich diesem Etwas, diesem außerordentlichen Gefühl der Ganzheit, das sie äußerst glücklich machte.

In der Psychotherapie merkte sie, daß dieses Etwas keine Einbildung war. Im regressiven Zustand tauchte es aus ihrem Unbewußten auf und begann Form und Gestalt anzunehmen. Wie Karin zu ihrer großen Überraschung entdeckte, war dieses Etwas, nach dem sie sich sehnte und überall vergebens suchte, ein menschliches Wesen, mit dem sie zusammen gelebt hatte. Mit Tränen in den Augen und von Gefühlen der Trauer und des Schmerzes überwältigt, begegnete Karin ihrem Zwillingsbruder, der in den ersten Wochen der Schwangerschaft gestorben sein muß.

Über diese erschütternde Erfahrungen berichtete Karin:

> Ich war nie vorher und nie nachher so glücklich wie mit meinem Zwillingsbruder. Dieser Zustand dauerte relativ lange. Dann wurde es plötzlich dunkel. Das Licht dieser hellen, gelb-braunen Welt war weg, und danach wurde es vollkommen schwarz. Ich fühlte mich sehr unsicher, denn ich hatte den Kontakt zu meinem Zwillingsbruder verloren. Mit diesen Gefühlen bin ich auf der Matte des Therapieraumes erwacht. Du hast mich dann gefragt, wer mich nicht alleine lassen sollte, wer fort gegangen sei. Ich antwortete „mein Zwillingsbruder", hatte aber bis zu diesem Zeitpunkt keine Ahnung, daß ich einen Zwillingsbruder hatte. Was ich dagegen spürte und intuitiv wußte, war, daß ich nicht ganz, nicht vollständig bin. Irgend etwas fehlte mir ständig. Auch mein Vater hat oft gemeint, daß ich nach etwas suchen würde. Doch wonach genau ich suchte, das konnte ich nicht sagen.

Nach der ersten Begegnung mit ihrem verstorbenen Zwillingsbruder fühlte sich Karin einsamer und verlassener denn je. Obwohl sie sich über diese Entdeckung erleichtert fühlte und sie bedeutungsvolle Zusammenhänge erkennen konnte, war das Ganze für sie nur schwer faßbar. Die Tiefe des Erlebten, die Intensität der aufgebrochenen Emotionen und die Konsequenzen, die dieser frühe Verlust auf ihr Leben hatte, waren ganz einfach überwältigend.

Hierzu sagte Karin:

> Danach blieb ich in dieser dunklen Höhle zurück und wollte von allem nichts mehr wissen. Ich wünschte mir meinen Zwillingsbruder zurück, aber das ging nicht. Das Gefühl, verlassen, hilflos und ausgeliefert zu sein, begann bereits vor der Geburt. Von dem Augenblick an, als ich realisierte, daß er weg war, wollte ich nicht mehr leben. Dies ist ein Gefühl, das mich die ganze Jugend, hauptsächlich in der Pubertät hindurch, sehr stark begleitet hat. Auch später ist es immer wieder aufgetaucht.

Der frühe Tod ihres Zwillingsbruders löste bei Karin eine existentielle Angst aus. Die Bewältigung des Verlusts gab Karin die Möglichkeit, diese tiefe Verletzung zu heilen und sich vom erdrückenden Schuldgefühl zu befreien, das sie entwickelt hat, weil sie überlebt hatte und ihr Bruder gestorben war. Die Auseinandersetzung mit diesem unbewältigten Erlebnis war auch für ihre Beziehung wichtig. Karin konnte ihre Erwartungen und Hoffnungen, die sie unbewußt auf ihren Partner übertrug, ablegen und die damit verbundenen störenden Gefühle zurücknehmen. Statt in ihrem Partner den verlorenen Zwillingsbruder zu sehen, dessen Tod sie nie bewältigt hatte, gelang es Karin gegen Ende der Therapie, zu entspannen und in ihrem Mann den Menschen zu entdecken, der er war.

Wenn wir den Beginn der Schwangerschaft mit einem Zwilling geteilt haben, der nicht überleben konnte, bedeutet dies eine einmalige, ganz besondere psychische Konstellation. Zum einen haben wir uns während einer kurzen, aber sehr intensiven Zeit mit einem anderen Wesen verbunden gefühlt, wie kaum mehr später in unserem Leben. Zum andern sind wir in dieser äußerst sensiblen Phase unseres Seins dem Tod begegnet. Wer das erlebt hat, mußte hilflos miterleben, wie sein geliebter Gefährte wegging und dabei ein Stück Leben mit sich nahm. Von Trauer und Schmerz überwältigt und mit einer plötzlichen Leere konfrontiert, fühlten sich Überlebende der Zwillingsgemeinschaft für das Sterben des anderen mitschuldig. Als schockartiges Ereignis verdrängt und vom Bewußtsein abgespalten, begann es eine Eigendynamik zu entwickeln, welche nachhaltige Störungen ausgelöst und die Entwicklung auf subtile Weise beeinflußt hat.

Da wir den Tod des Zwillings mit unserem Streben nach Raum und unserem Bedürfnis nach Entfaltung in Verbindung brachten, bekamen wir Angst, zu wachsen und uns auszudehnen. Sobald wir mehr Platz beanspruchen würden, so unsere Befürchtung, würde sich dasselbe Drama wiederholen. Einmal zu einem dominierenden Grundmuster geworden, können wir als Erwachsene Angst entwickeln, uns zu entfalten, uns durchzusetzen und unseren Platz in Beziehungen zu beanspruchen. Unbewußt befürchten wir, eine uns nahestehende Person wie unsere Freundin oder unser Partner könnte durch unser Verschulden in Not geraten, sollten wir es wagen, uns emotional auszudehnen und unseren Raum einzunehmen. Um eine solche Situation, die uns mit unserem vorgeburtlichen Drama konfrontieren würde, zu umgehen, verhalten wir uns vorsichtig und sind mit unseren Bedürfnissen sehr zurückhaltend.

Eine weitere Folge des Verlustes eines Zwillings ist die verzweifelte Suche nach etwas, das wir weder im Beruf, noch in unseren Beziehungen, noch sonstwo auf dieser Welt finden können. Obwohl wir uns in unserer Arbeit erfolgreich engagieren, bleibt da immer diese unstillbare Sehnsucht, dieses unerklärliche Gefühl des Unbefriedigtseins, der Unvollkommenheit und des Mangels. In Beziehungen zu nahestehenden Personen fühlen wir uns latent unzufrieden. Unbewußt übertragen wir die ganze Tragik, alle Emotionen, Erwartungen und Schuldgefühle, die dem verstorbenen Zwilling gelten, auf den Partner oder die Partnerin. Dies kann in ein schwieriges Dilemma führen, dessen Motto lautet: „Ohne meinen Partner kann ich nicht leben, und mit ihm halte ich es nicht aus".

Überlebende einer Zwillingsgemeinschaft haben eine spezielle Affinität zum Tod. Besonders ausgeprägt leiden sie auch unter extremen Verlustängsten, die sie sich in keiner Weise erklären können. Geraten sie in Schwierigkeiten, so daß sie sich in ihrer Existenz bedroht oder sich vom Leben abgeschnitten fühlen, können bei ihnen auch Suizidgedanken auftauchen. Am liebsten möchten sie alles aufgegeben oder verspüren unbewußt den Wunsch, ihrem verstorbenen Zwilling nachzufolgen.

Verenas Geschichte

Verena wurde als jüngstes von drei Mädchen geboren. Weil das Einkommen des Vaters knapp war und die finanziellen Mittel oft nicht ausreichten, sah sich die Mutter gezwungen, einer Teilzeitarbeit nachzugehen. Wie sich Verena erinnerte, waren sie als Kinder oft alleine und mußten ihren Alltag selber organisieren. Die häufige berufsbedingte Abwesenheit ihrer Eltern belastete Verena. Sie wünschte sich eine ganz normale Familie, mit einer Mutter, die zu Hause, und einem Vater, der für sie und ihre Anliegen da war, so wie sie dies bei ihren Schulkameradinnen vorgelebt bekam. Nach Abschluß einer kaufmännischen Ausbildung rutsche Verena unaufhaltsam in eine Krise und wurde depressiv. Ausgelöst wurde ihre Krise durch ihre Schwierigkeit, einen Freund zu finden, mit dem sie ihre Freuden und Sorgen hätte teilen können. Ihr Alleinsein und die als Folge auftauchenden Minderwertigkeitsgefühle verstärkten ihre Not zusätzlich. Als sie fünfundzwanzig Jahren alt wurde, begann sie unter somatischen Beschwerden, primär Störungen der Verdauung, zu leiden. Obwohl sich Verena einer gründlichen medizinischen Untersuchung unterzog, war der Befund negativ. Verenas tragische Leidensgeschichte nahm ihren Fortgang. Bis sie das zweiunddreißigste Lebensjahr erreichte, mußte sie aufgrund psychischer Störungen und zweier Nervenzusammenbrüche mehrere Male hospitalisiert werden.

Mit psychiatrischer Begleitung und medikamentöser Unterstützung gelang es Verena, wieder Fuß im Leben zu fassen und im Büro eines kleinen Elektrogeschäftes eine befriedigende Arbeit zu finden. Diese Wende zum Guten gab ihr Halt und Sicherheit zugleich. Die berufliche Tätigkeit half ihr, ihr angeschlagenes Selbstwertgefühl zu stärken und den Kontakt zu den Mitmenschen, den sie beinahe aufgegeben und verloren hatte, wieder aufzunehmen. Als Verena in die Psychotherapie kam, fühlte sie sich aufgewühlt und sehr durcheinander. Obwohl es ihr grundsätzlich gut ging, befand sie sich seit einigen Wochen unter einem gewaltigen psychischen Druck, der sie ängstigte. Verena hatte den Eindruck, kurz vor einem wichtigen Ereignis zu stehen, welches latent immer präsent gewesen war, doch erst jetzt an die Oberfläche ihres Bewußtseins kommen konnte. Während Verena ihre schwierige Lebensgeschichte schilderte und auch über den Druck sowie ihre momentanen Gefühle sprach, breitete sich in ihrem Körper ein intensives und heftiges Brennen aus, das sie mit einem Fieberanfall verglich.

Über diese eindrückliche Therapieerfahrung berichtete Verena:

> Das Fieber spürte ich zuerst auf der einen Körperseite. Es hat mich sehr verwirrt, denn es wurde immer intensiver und löste Panik aus. In mir tauchte das Bild eines kleinen, schutzlosen Wesens auf. „Meine rechte Seite ist tot, unbrauchbar, hängt einfach so an mir", war mein Gefühl. Meine linke Seite bewegte sich dagegen heftig. Ich versuchte zu schwimmen und mich zu bewegen, um mich zu beruhigen und meinen Körper abzukühlen.

Wie Verena schon als Kind zu hören bekam, reagierte ihr Vater, als er erfuhr, daß ihre Mutter erneut schwanger war, sehr heftig. Da er keine weiteren Kinder mehr wollte und die angespannte finanzielle

Lage der Familie ihn überforderte, drohte er sich scheiden zu lassen, sollte sie das Kind austragen. Verenas Mutter befand sich ihrerseits in einem unsäglichen Dilemma: Auf der einen Seite hatte sie Angst, ihren Ehemann zu verlieren und alleine mit zwei kleinen Kindern dazustehen. Andererseits wollte sie das Kind, mit dem sie schwanger war, behalten. Schließlich obsiegte die Angst, und sie ließ sich von ihrem Ehemann dazu überreden, das Kind abzutreiben. Mit Pillen, Tees und anderen Mitteln versuchte sie die Schwangerschaft zu beenden. Doch da alle Methoden fehlschlugen, brachte sie ihr Ehemann zu einem Arzt, der bereit war, einen Schwangerschaftsabbruch vorzunehmen. Als sie zum abgemachten Termin in der Praxis eintrafen und ihre Mutter vor lauter Weinen und Schluchzen kein Wort hervorbrachte, befragte sie der Arzt nach den Motiven und Hintergründen für einen Schwangerschaftsabbruch. Bald wurde offensichtlich, daß sie nur aus Angst und auf Druck ihres Mannes eingewilligt hatte, in Wahrheit das Kind jedoch behalten wollte, weshalb es nicht zu einem Eingriff kam.

Der Fieberanfall, der sich als einschneidendes Ereignis ankündigte und den sie zu Beginn der Psychotherapie erlebte, war außerordentlich bedrohlich. Verena fühlte sich dem Brennen und der Hitze, die immer stärker und immer aggressiver wurden und nach und nach ihren ganzen Körper erfaßten, schutz- und hilflos ausgeliefert. Von Angst und Panik ergriffen, befürchtete sie, verbrennen und sterben zu müssen. Um sich an diese erschreckende Erfahrung heranzutasten und sich mit den beängstigenden Gefühlen vertraut zu machen, benötigte Verena viel Zeit und Geduld. Nach mehreren Sitzungen, die angesichts der Heftigkeit der Empfindungen äußerst schwierig waren, wurde ihr bewußt, daß das Fieber, das ihren Körper befiel und sie an ihre Grenzen brachte, Abtreibungsversuche waren, die sie überlebt hatte. Doch damit nicht genug. Verena machte die traurige Entdeckung, daß sie die Anfangszeit der Schwangerschaft mit einem Zwillingsbruder geteilt hatte, der die Abtreibungsversuche jedoch nicht überlebte.

Die sehr qualvolle Art und Weise, wie ihr Gefährte, mit dem sie sich innig verbunden gefühlt hatte, gestorben war, erfüllte sie mit Schmerz und Trauer. Verena hatte verständlicherweise Mühe, dieses schockartige Ereignis, das unter der Abtreibungserfahrung verborgen lag, anzunehmen und zu bewältigen. Unmittelbar und sehr körperlich konnte sie die Angst und Not dieses kleinen und zarten Wesen spüren, das kämpfte und verzweifelt um sein Leben rang. Verschiedene Male träumte Verena in dieser Zeit davon, wie sie sich einer dämonischen Gewalt ausgesetzt fühlte, die sie überwältigte und ihr Leben bedrohte. In den meisten Fällen überlebte sie die Attacken nicht und folgte ihrem Gefährten, der bei ihr war, in den Tod nach. Nach einer energieraubenden Phase des Haderns und des Nichtwahrhabenwollens, nach etlichen Sitzungen, die von Wut und Verzweiflung überschattet waren, gelang es Verena, diese Wirklichkeit anzunehmen und sich mit diesem tragischen Teil ihrer Geschichte zu versöhnen.

Mit mehr Distanz zum Erlebten begannen wichtige Zusammenhänge und bedeutungsvolle Einsichten aufzutauchen. Verena wurde bewußt, weshalb weder ihr Partner noch sie zu einer Trennung ja sagen konnten, obschon es in der Beziehung regelmäßig zu unauflösbaren und heftigen Auseinandersetzungen kam. „Wenn wir uns scheiden lassen", so ihre Erkenntnis, „dann überlebe ich dies, nicht aber mein Ehemann". Als Überlebende der Abtreibungsversuche entwickelte sie starke Verlustängste und litt, da sie sich für das Ableben ihres Zwillingsbruders mitverantwortlich fühlte, unter hartnäckigen Schuldgefühlen. Indem Verena ihr ganzes vorgeburtliches Drama auf ihren Partner übertrug, entstand in der Beziehung ein symbiotisches Abhängigkeitsverhältnis mit destruktiven Neigungen. Obwohl sich beide unfrei und gefangen fühlten, war es ihnen aufgrund ihrer eigenen Geschichte und den eingespielten Beziehungsmustern nicht möglich, ihre Schicksalsgemeinschaft aufzulösen. Nachdem Verena die Ursachen dieser Dynamik erkannte und die Auswirkungen, die diese für ihre Beziehung hatte, verstand, konnte sie loslassen und ihrem Partner Raum zugestehen. Statt wie früher mit ihm um Nichtigkeiten zu streiten und ihn für die erlebten Enttäuschungen und Verletzungen anzuklagen, konnte Verena eine schwere Last, die sie über vierzig Jahre mit sich herumgetragen hatte, ablegen.

Der „verlorene Zwilling" ist in der Psychologie ein unbekanntes Thema. Auch die Psychotherapie, die sich die Erforschung der Psyche und das Aufdecken emotionaler Schwierigkeiten zum Ziel gesetzt hat, tut sich schwer mit diesem Phänomen. Das hat verschiedene Gründe: Gemäß dem traditionellen psychologischen Verständnis beginnt die psychische Entwicklung in der Kindheit. Die Geburt und der vorgeburtliche Bereich werden als schwer faßbare Grauzone vorzugsweise ausgeklammert. Aufgrund dieser Sichtweise fehlt vielen Therapieansätzen sowohl das psychologische Wissen als auch der dazu nötige therapeutische Rahmen, damit Erlebnisse der Anfangszeit erkannt, wiedererlebt und im Kontext der Geschichte integriert werden können. Ein weiterer Faktor, der die Erforschung dieses Phänomens erschwert, besteht darin, daß der Tod des Zwillings in dieser frühen Schwangerschaftsphase unbemerkt geschieht. Auf die eigenen Gefühle und Wahrnehmungen angewiesen und der Intuition vertrauend, ist es nicht ganz einfach, das vorgeburtliche Drama aufzudecken und die entsprechenden Konsequenzen zu ziehen.

Alle Erlebnisse aus der vorgeburtlichen Zeit haben als gemeinsames Merkmal, daß sie allein erlebt werden und somit mit niemandem geteilt werden können. Haben wir einen Zwilling verloren, dann waren wir mit allen damit verbundenen Empfindungen alleine, mit der Trauer über den Verlust eines Gefährten, mit dem wir uns sehr glücklich gefühlt haben, mit der lähmenden Einsamkeit und mit der frühen Begegnung mit dem Tod.

Denkanstöße:

- Befällt mich manchmal das sonderbare Gefühl, daß mir etwas Wichtiges oder Kostbares abhanden gekommen ist?
- Leide ich unter einem unerklärlichen Gefühl der Unvollkommenheit, des Verlustes und der Schuld?
- Bin ich ständig auf der Suche nach etwas, das ich weder im Beruf noch im Privatleben finden kann?
- Fühle ich mich oft von einer Sehnsucht angetrieben, die mit dem Wunsch nach Ganzheit und Vollkommenheit verknüpft ist?
- Wie ist meine Einstellung zum Sterben und zum Tod? Überkommen mich hin und wieder Todessehnsüchte?
- Wird meine Beziehung vom Dilemma dominiert: Mit dir kann ich nicht sein, und ohne dich halte ich es nicht aus?

Überlebte Abtreibungsversuche

Es ist mir bewußt, daß ich mit dem Thema Abtreibung ein heikles und komplexes Gebiet betrete. Sehr grundlegende Fragen werden in diesem Zusammenhang aufgeworfen, wie die nach der Verantwortung dem Leben gegenüber, dem Verständnis vom Bewußtsein sowie der Ethik. Die meisten Diskussionen, die ich zu diesem Thema mitverfolgt habe, stimmten mich nachdenklich; nicht des Inhalts wegen, sondern wegen des Klimas. In den häufigsten Fällen bestimmten Anschuldigungen, Vorwürfe und negative Gefühle Ton und Inhalt der Gespräche. Mit dem Abtreibungsthema steht der Beginn des Seins und damit auch das Leben als solches zur Debatte. Weil damit grundsätzliche Werte und Vorstellungen tangiert werden, ist die Gefahr groß, daß jeder Versuch eines Gesprächs in einer Spaltung in Gegner und Befürworter endet. Anteilnahme und Betroffenheit, für ein gegenseitiges Verstehen unabdingbare Voraussetzungen, haben unter solchen angespannten Bedingungen kaum Platz. In den Wirren der hochgehenden Emotionen und der miteinander kollidierenden Vorurteile gehen diese leider unter. Mit meinem Beitrag möchte ich nicht eine bestimmte Seite unterstützen. Es ist mir vielmehr ein Anliegen, mit den nachstehenden Berichten von Menschen, die Abtreibungsversuche überlebt haben, betroffen zu machen und dieses vielschichtige und brisante Thema aus deren Perspektive zu beleuchten.

Bei Abtreibungen sind immer mehrere Menschen involviert, wie überall, wo das Leben in seiner Unmittelbarkeit berührt wird. Auf der einen Seite befindet sich die Mutter oder das Paar, die aus unterschiedlichen Gründen eine Schwangerschaft beenden möchten. Im Normalfall – ich schließe hier traumatische Extremsituationen wie Vergewaltigungen oder Ähnliches aus – ist der Entschluß zu einer Abtreibung schwierig und aufreibend. Quälende Gedanken und ein Gefühlsbad aus Ängsten, Zweifeln, Schuldgefühlen und Selbstvorwürfen verfolgen einen Tag und Nacht. Sich für oder gegen das Ungeborene zu entscheiden geht tief und wühlt auf. Nicht umsonst träumen betroffene Personen in dieser Zeit häufig und intensiv. Inhalt dieser oft alptraumartigen Träume sind Abschied und Verlust. Ein weiteres Erschwernis ist der Umstand, daß die Entscheidung in relativ kurzer Zeit zu fällen ist.

Was Frauen oder Paare, die vor dieser schwierigen Entscheidung stehen, benötigen, sind nicht Urteile oder Ratschläge, sondern Unterstützung in Form einer mitfühlenden Begleitung. Genauso wichtig wie ein sorgfältig durchgeführter medizinischer Eingriff ist die Möglichkeit aller Beteiligten, vom Ungeborenen Abschied zu nehmen und zu trauern. Findet der ganze Vorgang in einem offenen Klima statt, wo Gefühle Platz haben, hilft dies den Betroffenen, die Erfahrung besser zu bewältigen und leichter loszulassen. Ist dies nicht der Fall, kann eine Abtreibung leicht Depressionen, Angstzustände und erdrückende Schuldgefühle hinterlassen. Nicht zu vergessen sind die Fachpersonen, die den Eingriff durchführen, insbesondere Arzt oder Ärztin. Weil jede Ursache eine Wirkung hat und bei einer Abtreibung menschliches Leben betroffen ist, erachte ich es für diese Personen als wichtig, sich mit der persönlichen Motivation für diese Arbeit und den möglichen Folgen, die daraus erwachsen können, offen und ehrlich auseinanderzusetzen.

Menschen, die Abtreibungsversuche überlebt haben, wissen in der Regel nichts davon. Nur in absoluten Ausnahmefällen hatten Betroffene die Möglichkeit, offen mit der Mutter oder den Eltern darüber zu sprechen. Ein Abtreibungsversuch stellt einen massiven Angriff auf Leib und Seele dar und ist wie kaum ein anderes Ereignis eine überaus angstbesetzte Erfahrung. Angesichts der existentiellen Bedrohung, der man ausgesetzt ist, wird das ganze Lebensfundament schwer erschüttert. Alles ist plötzlich in Gefahr und droht einzustürzen. Entsprechend tiefgreifend sind die entstandenen Verletzungen. Zusätzlich zum physischen Schmerz wird man mit Ablehnung konfrontiert, die zerstörerischer nicht sein könnte. Entsprechend einschneidend sind auch die Folgen überlebter Abtreibungsversuche auf die psychische Entwicklung und die Gesundheit: affektive Behinderungen, Persönlichkeitsstörungen, schwere Beziehungskonflikte, Neigung zu Sucht und Suizidalität sowie somatische Beschwerden unterschiedlichster Art.

Unzählige Male nahm ich in der Psychotherapie daran teil, wie Klienten die Erfahrung eines Abtreibungsversuches wiedererlebten. Die Erfahrung des versuchten Schwangerschaftsabbruchs wird als Ganzes in der Tiefe des Bewußtseins eingefroren und schlummert unbemerkt vor sich hin. Damit ist sie jedoch nicht aus der Welt geschafft. Durch ein Ereignis, das mit existentieller Angst verbunden ist, sei dies das Ende einer wichtigen Beziehung oder eine schwere Krankheit, kann sie plötzlich aktiviert werden. Anzeichen, die auf überlebte Abtreibungsversuche hindeuten, sind in Bildern, dramatischen Inszenierungen und ritualisierten Handlungsabläufen zu finden. Dominierend sind die Furcht, auf qualvolle Weise zu sterben, und das Bemühen, Überlebensstrategien zu entwickeln, um dem Tod zu entrinnen. Eine weitere aufschlußreiche Ebene, auf der sich die Abtreibungswirklichkeit spiegelt, sind Träume. Charakteristisch sind Träume von engen Räumen, dunklen Tunnels und finsteren Verliesen. Am Anfang fühlt man sich aufgehoben und geborgen. Doch dann beginnt sich das Klima plötzlich oder schleichend zu verändern. Gefahren in Form eines lodernden Feuers, einer gewaltigen Flutwelle oder eines bösartigen Tieres stehen einem gegenüber. In einem dramatischen Kampf versucht man Leib und Seele zu retten, um am Ende angegriffen und schwer verletzt zu werden. Ein typisches Merkmal dieser Alpträume ist das Gefühl, körperlich klein und schutzlos einer überwältigenden Macht gegenüberzustehen. Ein weiteres Anzeichen, das auf Abtreibungsversuche hindeutet, ist eine überbordende Angst, die sich hauptsächlich in engen Räumen bemerkbar macht. Ohne ersichtliche Gründe wird man plötzlich nervös, gerät in Aufruhr und Panik. Auch längere Tunnelfahrten werden von Personen, die einen versuchten Schwangerschaftsabbruch überlebt haben, möglichst vermieden. Zu groß ist die Angst, steckenzubleiben und hilf- und schutzlos einer gefährlichen Macht ausgeliefert zu sein.

Sabinas Geschichte

Sabina arbeitete als Sozialarbeiterin in der Familienberatungsstelle einer mittelgroßen Gemeinde. Ihre Hauptaufgabe bestand darin, Familien in Krisensituationen beizustehen. Nach der Rückkehr aus den Herbstferien, die sie in den Bergen verbrachte, fühlte sich Sabina plötzlich seltsam unwohl, unruhig und energielos, obwohl sie beim Lesen und Wandern auftanken und sich gut erholen konnte. Doch die Tage kamen ihr endlos lange vor, und es fiel ihr schwer, sich für ihre Arbeit zu motivieren. Als ältestes Kind in einer Großfamilie aufgewachsen, hatte Sabina gelernt, für die anderen zu sorgen. Getreu dieser Einstellung erachtete sie es als ihre Pflicht, alles zu tun, um ihren Klienten bei der Bewältigung ihrer Konflikte behilflich zu sein. Womit Sabina Mühe hatte, waren Probleme, bei denen sie nichts zur Auflösung beitragen konnte, so daß sie sich als Versagerin vorkam. Regelmäßig verlor sie in solchen Situationen ihre Mitte und ließ sich von den Konflikten ihrer Klienten vereinnahmen. Obschon Sabina in Supervision war und sich immer wieder Erholung und Ruhe gönnte, lösten sich ihre Energielosigkeit und ihre körperliche Verkrampfung, die sie seit den Ferien verspürte, nicht auf. Ganz im Gegenteil, Schlafstörungen und Magenbeschwerden kamen hinzu, was sie bewog, psychotherapeutische Hilfe in Anspruch zu nehmen.

Ein zentrales und für ihre Entwicklung bedeutungsvolles Thema war ihre Rolle, die Sabina als Kind in ihrer Familie übernommen hatte. Als ältestes Mädchen war sie schon früh fest im Familiensystem eingebunden und für die Betreuung ihrer jüngeren Geschwister zuständig. Von dieser Aufgabe in Anspruch genommen, fehlten ihr Raum und Zeit, die sie benötigt hätte, um selber Kind zu sein. Von außen gesehen, war Sabina ein aktives und zufriedenes Mädchen. In ihrem Inneren sah es jedoch ganz anders aus. In ihren Bedürfnissen nach Nähe, Kontakt und Unterstützung übergangen, war sie traurig und unglücklich. Wenn Sabina alleine war, träumte sie von einer idealen Welt, in der sie frei und ungebunden war, keine Pflichten hatte und ganz alleine im Zentrum der Aufmerksamkeit stand.

Von den Bedingungen und Eindrücken ihrer Familie geprägt, hatte Sabina früh in ihrem Leben gelernt, gut zu funktionieren und sich durch besondere Anstrengungen Beachtung und Wertschätzung zu verschaffen. Im Laufe ihres Heranwachsens führte dies dazu, daß sie den Bezug zu sich verlor und sich nach außen orientierte. Entsprechend fiel es Sabina schwer, ihr Befinden mit Worten auszudrücken. Eine wichtige Aufgabe in der Psychotherapie bestand für sie darin, mit der ihr fremd gewordenen Innenwelt vertraut zu werden und einen neuen Zugang zu sich selber zu finden. Diesem Weg folgend, gelang es Sabina, ihren Körper besser zu spüren. Ihre Gefühle und Bedürfnisse, die sie in der Vergangenheit höchstens als verschwommene Erscheinungen wahrnehmen konnte, wurden faßbar. Durch diesen innerpsychischen Prozeß unterstützt, löste sich ihre Niedergeschlagenheit auf, so daß nach und nach ihre Lebendigkeit in ihren Alltag zurückkehrte. Unerwartet tauchte eine alte, in Vergessenheit geratene Problematik auf. In alle Beziehungen, die Sabina etwas bedeuteten, schlich sich ein Gefühl der Unerwünschtheit und Ablehnung ein. Sabina konnte nicht glauben, daß sie, so wie sie war, geschätzt und geliebt würde.

Durch das Vertrauen gestärkt, das ihr der neugewonene Zugang zu ihrer Innenwelt ermöglichte, wollte Sabina diesem Gefühl auf den Grund gehen. In ihren Körper hineinatmend und allen auftauchenden Erscheinungen Raum gewährend, begann sie zu regredieren. An ihrem Hals nahm sie zuerst eine Enge und dann ein Würgen wahr.

Sabina war außerstande zu sprechen und bekam Atemnot. Eine lähmende Verkrampfung ergriff ihren Körper, Arme und Beine konnte sie nicht mehr bewegen. Plötzlich hatte Sabina das beklemmende Gefühl, in einem dunklen Sarg eingesperrt zu sein, während von außen etwas Mächtiges unaufhaltsam auf sie eindrang. Voller Entsetzen machte Sabina die Entdeckung, daß ihre Mutter, wie diese ihr dies später bestätigte, verschiedene Male versucht hatte, die Schwangerschaft mit ihr zu beenden.

Über die Hintergründe ihrer Erfahrung berichtete Sabina:

> Als die Mutter schwanger war, war sie gerade 21 Jahre alt. Sie kroch durch Bauröhren, rannte Treppen rauf und runter. Sie trank Schnaps und probierte alles mögliche aus. Sie machte Einläufe mit Seife. Als alles nichts half, reiste sie mit dem Zug nach Bern, um abzutreiben. Noch heute habe ich Mühe, im Zug zu schlafen, wenn es schaukelt. Da muß ich aufstehen und mich bewegen, sonst ertrage ich diesen Zustand nicht. Schließlich kam sie in Bern an und betrat den Behandlungsraum, der jedoch schmutzig war. Sie wurde auf einen erhöhten Tisch gelegt und dabei sah sie die Instrumente für den Eingriff, die nicht sauber waren. Voller Angst schlich sie sich davon. Mit dem Zug reiste sie wieder nach Hause und hatte eine qualvolle Schwangerschaft; vor allem gefühlsmäßig qualvoll.

Für Sabina war die Begegnung mit dieser schmerzhaften Wirklichkeit, die sie geahnt und gefürchtet hatte, letztlich heilsam. Das Aufarbeiten der Abtreibungsversuche gehörte zum Schwierigsten, das sie durchzustehen hatte. Nie zuvor wurde sie mit existentiellen Ängsten und physischem Schmerz dieser Intensität und dieses Ausmaßes konfrontiert. Sie konnte sich an nichts Vergleichbares erinnern, wodurch sie sich so bedroht, so zurückgewiesen und in ihrem Sein so ungeliebt fühlte wie damals, als ihre Mutter sie abtreiben wollte. Nähe und Intimität waren für sie in der Folge gleichbedeutend mit Bedrohung und Gefahr. Obwohl sie sich einen Partner wünschte, befürchtete sie, sobald sie sich einließ, von einer destruktiven Macht angegriffen und zerstört zu werden. Da sie mit dieser Dynamik, die sie in Beziehungen verschiedene Male durchlebte, nicht umgehen konnte, sah Sabina keine Alternative als die, hart zu werden und sich emotional zu verschließen. Daß sie diesen kräfteraubenden Zustand auf die Dauer nicht aufrecht erhalten konnte, erlebte sie, als sie nach den Ferien unerwartete in die Krise geriet. Erst durch das Annehmen der Verletzungen ihrer frühen Vergangenheit war es ihr möglich, das Beziehungsdrama zu verstehen und sich mit ihrem Schicksal auszusöhnen.

Abhängig von den Methoden, die die Mutter benutzte, um die Schwangerschaft zu beenden, wird von sehr unterschiedlichen Empfindungen berichtet. Einige Klienten beschrieben, wie ihre Hautoberfläche heißer und heißer wurde und sie befürchteten, verbrennen zu müssen. Erwähnt wurden auch ätzende oder giftige Substanzen, die, schwarzen Wolken gleich, von außen in ihre Welt eindrangen. In den meisten Fällen führte dies zu Lähmungserscheinungen, was bewirkte, daß die Betroffenen außerstande waren, ihre betäubten Körper zu spüren und ihre Not auszudrücken. Laute Geräusche, starke Vibrationen oder dumpfe Schläge wurden ebenfalls im Zusammenhang mit Abtreibungsversuchen erwähnt.

Im Gegensatz zu diesen betont physischen Erfahrungen können Abtreibungsversuche auch auf ausgesprochen subtile Art wahrgenommen und erlebt werden, etwa durch ein wachsendes Gefühl der Isolation, des Abgeschnittenseins, des Aushungerns oder Absterbens. Bei diesen Erlebnissen handelt es sich weniger um Eindrücke, die durch bestimmte Aktivitäten wie das Herunterspringen von einer Leiter oder das Einnehmen einer Substanz ausgelöst wurden. Vielmehr sind es Energien, die als permanente Quelle der Angst Zurückweisung und Ablehnung signalisieren. Dieses feindselige Klima bedroht die fragile Existenz des Ungeborenen und hindert es am Wachsen und Gedeihen.

Der verzweifelte Kampf ums Überleben wird als Schock eingefroren. Doch der Körper vergißt das Trauma nie. An der verletzlichen Stelle zwischen Kopf und Rumpf kann es sich niederschlagen, um sich Jahre später, durch Erlebnisse einer gleichen emotionalen Qualität ausgelöst, als schmerzhafte Verhärtung bemerkbar zu machen. Hartnäckige Muskelverhärtungen in der Hals- und Nackengegend können im chronischen Zustand Halsbeschwerden, Kopfschmerzen und Migräne verursachen. Sanftes Massieren kann helfen, die blokkierten Energien zum Fließen zu bringen, damit die zurückgehaltenen

Gefühle ausgedrückt werden können. Über den Einbezug des Körpers in den Therapieprozeß kann die Spaltung in Erlebnis und Gefühl, Vergangenheit und Gegenwart, Bewußtheit und Unbewußtheit aufgelöst und geheilt werden. Sich auf traumatische Erfahrungen wie einen am eigenen Leib erfahrenen Abtreibungsversuch einzulassen ist leichter gesagt als getan. Neben Geduld und Beharrlichkeit braucht es viel Vertrauen in die Psychotherapeutin oder den Psychotherapeuten. Doch genau das ist das Schwierigste, denn das, was damals am stärksten verletzt wurde, ist das Vertrauen.

Mariannes Geschichte

Ursprünglich kam Marianne wegen jahreszeitbedingter Depressionen in die Psychotherapie. Neigte sich der Sommer dem Ende zu, wurde Marianne traurig und von einer seltsamen Schwere heimgesucht. Wie ein welkes Blatt verlor sie ihre Vitalität und Lebensfreude. Der Herbst war für sie eine unfruchtbare Zeit des Sterbens und des Stillstands. Mit Hilfe ausgewählter Körperübungen gelang es Marianne jedoch schon bald, die Niedergeschlagenheit und Schwere aufzulösen. Mit Unterstützung des therapeutischen Prozesses erkannte sie ein prägendes Grundmuster, das schon sehr früh in ihrer Geschichte entstanden sein muß: In bedrohlichen Situationen stellte sie sich emotional tot. Sie wollte wissen, woher dieses Muster kam und wie es entstanden ist. Ihre Forschungsreise führte sie immer weiter zurück in ihre Vergangenheit, bis sie sich schließlich im regressiven Zustand im Mutterleib wahrnahm. Zuerst fühlte sie sich wohl und zufrieden, doch dann änderte sich ihr Befinden schlagartig. Das Klima wurde feindselig. Marianne sah sich plötzlich einer von außen kommenden Gefahr gegenüber, die sie direkt angriff. Vor Angst und Schreck erstarrt, fiel sie in den ihr vertrauten Zustand des Totseins. Marianne konnte kaum glauben, was mit ihr geschah. Ein loderndes Feuer begann ihren Körper zu erfassen. Ihre ganze Haut schmerzte und sie befürchtete, qualvoll verbrennen zu müssen. Sie war dabei, zu entdecken, daß ihre Mutter versucht hatte, die Schwangerschaft zu beenden.

Was Marianne nach dieser Erfahrung besonders zu schaffen machte, war das Wissen um die Zurückweisung ihrer Person, die sie durch ihre Mutter erlebt hatte. Obwohl Marianne in wiederkehrenden Träumen zahlreiche Hinweise für die Abtreibungswirklichkeit fand, konnte sie es nicht glauben, daß ihre Mutter sich gegen sie entschieden hatte und mehrere Anläufe unternahm, die Schwangerschaft zu beenden. Nachdem Marianne sich psychisch stark genug fühlte, sprach sie ihre Mutter auf das Thema an. Unter Tränen und voller Bedauern, aber sichtlich erleichtert, bestätigte ihre Mutter die in der Psychotherapie gemachte Entdeckung. Sie berichtete ihr offen von ihren Schwierigkeiten und Ängsten. Mariannes Mutter fühlte sich während der Schwangerschaft einsam und von der familiären Situation total überfordert. Von ihrem Ehemann, der geschäftlich viel unterwegs war, erhielt sie kaum Unterstützung. Als sie ihre Lage nicht mehr aushielt, sprach sie mit ihrem Mann über ihre Not und sagte ihm auch, daß sie mit dem Gedanken gespielt hatte, die Schwangerschaft abzubrechen. Mit dieser Idee war er, der mit Kindern nicht umzugehen wußte, mehr als einverstanden. Voller Zweifel und von Schuldgefühlen gequält, mußte Mariannes Mutter alle erforderlichen Schritte für eine Abtreibung selber in die Wege leiten. Am Abend vor dem Eingriff erhielt sie von ihrem Ehemann das dafür nötige Geld, war aber am darauf folgenden Morgen außerstande, zum Arzt zu gehen und die Abtreibung durchführen zu lassen.

Die Aussprache zwischen Mutter und Tochter war wichtig. Sie gab ihnen die Gelegenheit, eine alte, schmerzhafte Wunde zu heilen. Wie Marianne von ihrer Mutter erfuhr, war es Anfang Herbst, als sie die Schwangerschaft beenden wollte. Das Aufarbeiten ihrer Geschichte half Marianne, die Hintergründe ihrer emotionalen Schwierigkeiten aufzudecken und deren Ursachen zu verstehen. Am Ende der Psychotherapie, die sie mit einer langen, anstrengenden Seelenwanderschaft verglich, spürte Marianne eine große Erleichterung. Sie fühlte sich ruhiger und gelassener. Mit Überraschungen und angstbesetzten Vorkommnissen konnte sie nun besser umgehen. Marianne war fortan frei von ihren jahreszeitbedingten Depressionen und konnte sich endlich an der Farbenpracht des Herbstes freuen.

Abschied nehmen hilft Wunden heilen

Um Betroffenen zu helfen, Abschied zu nehmen, verwende ich in meinen Workshops ein speziell zu diesem Zweck entwickeltes Ritual. In diesem Ritual geht es darum, mit der verstorbenen Person oder dem abgetriebenen Kind Kontakt aufzunehmen. Durch die Betroffenheit und das Mitgefühl der Gruppenmitglieder entsteht dabei ein Raum der

Offenheit und Anteilnahme, in dem es möglich ist, die nie gelebte Trauer und den zurückgehaltenen Schmerz auszudrücken und der verstorbenen Person oder dem abgetriebenen Kind Lebewohl zu sagen. Jedes Mal, wenn ich diesem Ritual beiwohne, berührt es mich, wie stark der Tod in unserer Gesellschaft tabuisiert und dem Gespräch darüber ausgewichen wird. Es verwundert darum nicht, daß zum Abschiednehmen in der Regel das nötige Umfeld fehlt. Mütter und Väter, die eine Abtreibung erlebt haben, berichten immer wieder davon, wie sie keine Gelegenheit fanden, sich bewußt mit diesem einschneidenden Ereignis auseinanderzusetzen. Viel Not und Schmerz könnten vermieden werden, würde betroffenen Personen die psychologische Begleitung geboten, die sie in dieser schwierigen Zeit brauchen. So ist es nicht überraschend, daß viele Mütter und Väter sich in diesem Ritual zum ersten Mal überhaupt auf die Erfahrung einlassen. Während des Rituals folgt in den häufigsten Fällen auf den sehr bewegten Teil eine Zeit der Andacht und der Dankbarkeit. Für einen kurzen Augenblick, so erlebe ich dies jedes Mal voller Staunen, scheint die Welt still zu stehen und alles in einem tiefen Frieden zu ruhen.

Niemand entscheidet sich leichtfertig für eine Abtreibung, denn letztlich geht es nicht nur um ethisch-moralische Fragen, sondern um die Existenz eines Kindes. Kommt es zu einer Abtreibung, gilt es jegliche Verurteilung oder Schuldzuweisung zu unterlassen. Leider wird meines Erachtens eine Abtreibung zu einseitig als nur medizinischer Eingriff angesehen. Es ist wichtig, sich immer wieder daran zu erinnern, daß dabei sehr intime Gefühle und ein ganz grundlegendes Thema berührt werden, was eine Abtreibung für die Frau oder das Paar zu einer sehr schwierigen Auseinandersetzung macht. Oft ist es wenig, was wir in solchen Augenblicken für jemanden tun können. Zu dem Wenigen gehören: eine Beziehung anbieten, ein offenes Herz sowie Anteilnahme und Mitgefühl.

Denkanstöße:

- Leide ich unter einem durchdringenden Gefühl der Ablehnung und Zurückweisung?
- Fühle ich mich ständig unerwünscht, obwohl meine Mitmenschen mir Wohlwollen und Zuneigung entgegenbringen?
- Habe ich unerklärliche Ängste in engen Räumen wie Tunnels oder Fahrstühlen? Meide ich den Kontakt mit Wasser?

- Habe ich selber oder meine Partnerin eine Abtreibung vornehmen lassen? Wenn ja, dann gibt es Folgendes zu bedenken: Bestand zum damaligen Zeitpunkt die Gelegenheit zu trauern und vom Ungeborenen Abschied zu nehmen? Wenn dies nicht der Fall war, wäre es ratsam, dies jetzt nachzuholen. Dies kann beispielsweise mit einem an das Kind geschriebenen Brief oder einem einfachen Ritual getan werden. Eine schöne Geste, die hilft, Wunden zu heilen und das Ganze würdevoll abzuschließen, ist das Einsetzen eines Pflänzchens, das für das Leben steht und das Wiederaufnehmen des abgerissenen Lebensfadens symbolisiert .

Das Entscheidende ist Kontakt

Unsere Gewohnheiten und Erwartungen, unsere Vorlieben und Abneigungen, unsere Gedanken und Emotionen sind der Stoff, mit dem wir uns, meistens eher unfreiwillig als freiwillig, zu beschäftigen haben. Auch wenn dies vielleicht schwer nachzuvollziehen ist, so spielen die Geburt und die Erlebnisse der vorgeburtlichen Zeit beim Entstehen unserer Neigungen und Grundmuster eine ganz besondere Rolle. Wir haben gesehen, daß wir in den Anfängen unseres Werdens so empfänglich und verwundbar waren wie in keiner anderen Phase unserer Entwicklung. Dementsprechend nachhaltig haben uns die Erlebnisse und Eindrücke dieser Zeit beeinflußt. Sie waren mitbestimmend für die Art und Weise, wie wir der Welt begegnen und uns auf das Leben einlassen. Fühlten wir uns angenommen und geliebt, dann konnten wir uns sicher mit dem Sein verbinden und eine solide Lebensgrundlage aufbauen. Fest in der Beziehung zu unserer Mutter verankert, konnten wir mit den immer neuen Bedingungen mitwachsen und die an uns gestellten Herausforderungen bewältigen. Wurde jedoch unser grundlegendes Bedürfnis nach Wärme, Geborgenheit und Halt laufend frustriert, hat uns das in unserer Existenz tief verunsichert. Um emotional zu überleben und uns vor weiteren Verletzungen zu schützen, begannen wir uns zu verschließen. Ohne zu realisieren, daß wir damit langsam aus dem Fluß des Lebens ausstiegen, verloren wir den Bezug zu unserem Körper, zu unseren Bedürfnissen und Gefühlen – zu uns selber. Dieser psychische Entfremdungsvorgang führt früher oder später in einen Zustand der Heimatlosigkeit.

Zwar erwachsen, aber von uns selber abgeschnitten, klammern wir uns an alles, was uns irgendwie Hoffnung, Trost und Sicherheit verspricht.

Mit sich in Kontakt sein heißt, sich mit sich und der Welt verbunden und aufgehoben fühlen. Wir und unsere Mitmenschen sind Teil eines übergeordneten Ganzen. Nur wenn wir fest mit dem Lebensstrom verbunden sind, können wir großzügig sein und auch mit Schwierigkeiten umgehen, ohne sofort das Gleichgewicht zu verlieren. Von der Weisheit unseres Herzen angeleitet, sind wir sicher unterwegs. Wir haben Energie und sind mit uns im Frieden, weil wir weder gegen uns kämpfen noch ständig unser Glück sabotieren müssen. Das Schicksal anderer ist uns nicht gleichgültig, sondern weckt unser Mitgefühl. Sind wir mit uns in Kontakt, erscheint uns das Leben nicht mehr sinnlos, denn wir erkennen, daß alles, so wie es ist, Manifestation einer höheren Wahrheit ist. Wir erkennen auch, daß alles, was wir erleben und uns in unserem Alltag begegnet, Ausdruck unserers Bewußtseins ist, das sich in unserer Geschichte spiegelt.

Der Grund, weshalb ich das Thema Kontakt immer wieder hervorhebe, liegt in seiner grundlegenden Bedeutung für unsere Entwicklung und Gesundheit. Kontaktverlust ist die Hauptursache für alle unsere individuellen und sozialen Probleme. Wir sind nicht deshalb depressiv, neigen nicht deshalb zu Sucht oder Gewalt, weil wir etwas, das wir uns wünschen, nicht bekommen. Unsere Probleme sind vielmehr die Folge einer tief verwurzelten Einstellung. Diese prägt unser Kontaktverhalten. Daraus wiederum ziehen wir unsere Schlußfolgerungen und zementieren damit erneut unsere Einstellung. Der Mangel an Kontakt kann so weit gehen, daß wir nicht mehr wissen, wer wir sind, noch was wir für ein erfülltes, glückliches Leben brauchen.

Wie kommt es dazu? Verfestigte, starre Einstellungen wurzeln in Erlebnissen und Eindrücken, die wir ganz zu Beginn unseres Lebens erfahren haben; nicht irgendwann in der Kindheit, sondern bei der Geburt oder sogar noch davor. Das heißt aber nicht, daß jede Schwierigkeit während der Schwangerschaft beim Ungeborenen unweigerlich später zum Auftauchen von Problemen führen muß. Auch eine schwierige Geburt muß nicht zwangsläufig traumatische Folgen haben. Unter normalen Umständen kann das Kind vorübergehende Schwierigkeiten und Konflikte durchaus bewältigen. Bleiben Mutter und Kind auch in schwierigen Zeiten miteinander in Kontakt, fühlt sich das Kind geborgen. Erst wenn sich das Kind von der Mutter abgeschnitten fühlt und dieser Zustand durch weitere Erlebnisse einer gleichen emotionalen Qualität verstärkt wird, werden frühe Eindrücke zur Grundlage für starre Muster.

Daß der Kontakt abrupt abbrechen kann und die Folgen gravierend sein können, habe ich in meiner Arbeit verschiedene Male erfahren. Rolfs Geschichte ist exemplarisch dafür: Wenn Rolf die Ambulanz, die Polizei oder die Feuerwehr nur hörte, geriet er in Angst und Panik. Der schrille Ton der heulenden Sirenen schoß ihm durch Mark und Bein und versetzte ihn jedes Mal von neuem in einen Schockzustand. Die Suche nach dem Ursprung dieser Angst führte ihn in der Psychotherapie bis in den Mutterleib zurück. Als seine Mutter mit ihm schwanger war, tobte der Zweite Weltkrieg. Sein Vater stand an der Front, und die Mutter war mit der Familie allein. Sehr deutlich konnte Rolf im regressiven Zustand die Sorgen und Ängste seiner Mutter wahrnehmen, vor allem, wenn die Sirenen heulten und sie mit der ganzen Familie vor den feindlichen Flugzeugen in den Luftschutzkeller fliehen mußte. Das Dröhnen der Motoren, die Detonationen der Bomben, die Sirenen, all das versetzte die schwangere Frau in Schrecken und Todesangst. In der Psychotherapie erlebte Rolf diese wiederkehrenden, alptraumartigen Zwischenfälle hautnah aus der Perspektive des Fötus: zuerst die plötzliche Hektik, dann Chaos und Aufregung. Alles geriet durcheinander und drohte auseinanderzubrechen. Berge aus Angst überrollten ihn, dann war es um ihn dunkel und kalt. Der Kontakt zu seiner Mutter war unterbrochen.

Offensichtlich haben diese frühen Erlebnisse bei Rolf tiefe Spuren hinterlassen, wie beispielsweise seine panische Angst vor Sirenen. Auch seine tief verwurzelte Verlustangst, die in der Beziehung zu seiner Partnerin immer wieder zu Spannungen führte, war ein Erbe dieser traumatischen Ereignisse. Geschah es beispielsweise, daß seine Partnerin sich zurückzog, weil sie für sich sein wollte, geriet Rolf in äußerste Not und fürchtete, sie zu verlieren. Um diesen unerträglichen Zustand zu beenden, unternahm Rolf alles, um die Nähe zu ihr wieder herzustellen. Seine Partnerin ihrerseits fühlte sich durch sein Klammerverhalten bedrängt. Nachdem Rolf die Wurzeln seiner Schwierigkeiten aufgedeckt und aufgearbeitet hatte, gelang es ihm, auch in Situationen ruhig zu bleiben, in denen alles durcheinander geriet und der Kontakt abzubrechen drohte.

Fassen wir noch einmal zusammen: Die Gründe, die zum Kontaktverlust führen können, sind wiederkehrende Störungen oder traumatische Vorkommnisse. Um aus dem Lebensrhythmus zu fallen und den Kontakt zu verlieren, müssen diese Ereignisse zum einen sehr früh, in der Anfangszeit unserer Geschichte, aufgetreten sein. Zum anderen müssen sie Verletzungen verursacht haben, die wir innerhalb unseres psychischen Systems nicht einbinden konnten und die unsere Identität tief erschüttert haben. Um den Kontakt wieder aufzunehmen, müssen wir dahin zurückgehen, wo der Lebensfaden abgerissen ist, dahin, wo wir verloren gingen. So können wir den Bezug zu uns neu knüpfen und unser Herz, das in der Folge verwaist und verlassen war, wieder bewohnen.

Denkanstöße:

- Welcher Art und Qualität ist der Kontakt zu den mir nahestehenden Personen?
- Fühle ich mich in bezug auf Kontakt mißtrauisch, vorsichtig und zurückhaltend?
- Leide ich unter starken Verlustängsten, für die es keine plausible Erklärung gibt?
- Ist es vorgekommen, daß ich bei Kontaktverlust in existentielle Not oder gar schockartige Zustände geraten bin?

Geburt: Tor ins Leben

Die Geburt ist ein ganz besonderer Augenblick im Leben, ein einmaliger Wendepunkt, bei dem die Existenz auf eine schwere Probe gestellt wird. Daß die Geburt eine überwältigende, schmerzhafte Erfahrung ist, davon weiß jede Frau, die ein Kind zur Welt gebracht hat, zu berichten. Leicht in Vergessenheit gerät, daß auch das Kind leiden muß. Vor über zweitausendfünfhundert Jahren hat Buddha Shakyamuni auf die große Bedeutung der Geburt und auf die Not des Kindes hingewiesen. S. H. der Dalai Lama erwähnt den Geburtsschmerz des Kindes ebenfalls. Er sagt, daß die Geburt und der Tod die beiden tiefgreifendsten Ereignisse in unserem Leben darstellen; beide Male sind wir allein und können unser Schicksal mit niemandem teilen.

Erst als ich in der körperorientierten Psychotherapie überraschend auf meine eigene Geburt stieß, wurde mir bewußt, was es heißt, geboren zu werden. Beinahe zwanzig Jahre später, bei der Geburt unserer Tochter, erlebte ich erneut ein unglaubliches Spektrum an Gefühlen und Empfindungen und hatte den Eindruck, ein weiteres Mal geboren zu werden. Während ihrer Geburt gab es Augenblicke, da fühlte ich mich ruhig, entspannt und sehr wach. Ich konnte mich dem Geschehen hingeben und meiner Partnerin beistehen. Ein paar Augenblicke später änderte sich jedoch alles. Mehrmals wurde mein ganzer Körper von einer überwältigenden Kraft erfaßt, so daß ich in Bewußtseinszustände eintauchte, die ich mit Worten nicht beschreiben kann. Als unsere Tochter schließlich geboren war, lösten sich diese Gefühle sofort auf und wichen einer überwältigenden Freude, Dankbarkeit und einem tiefen Glücksgefühl.

Was die Geburt zu einem so intensiven und bewegenden Erlebnis macht, ist ihre Tiefe und Unmittelbarkeit. Alles manifestiert sich direkt und ungeschminkt: Schmerz als Schmerz, Wut als Wut, Verzweiflung als Verzweiflung, Kraft als Kraft, Trauer als Trauer und Freude als Freude. Eine Geburt ist immer auch eine Reise in ein unbekanntes Land und damit eine Begegnung mit der Ungewißheit und dem Unvorhergesehenen. Da sich die Geburt dem Wunsch nach Kontrolle vollständig entzieht und wir nicht wissen können, womit wir konfrontiert werden, bedeutet eine Geburt immer auch Abschiednehmen von Ideen und Vorstellungen.

Denkanstöße:
- Wie muß es sich für ein Kind anfühlen, geboren zu werden?
- Was weiß ich über meine eigene Geburt?
- Wie ist die Geburt für mich und meine Mutter verlaufen?
- Was war das Wesentliche, das Prägende, das ich während meiner Geburt erfahren habe?
- Was sind mögliche Folgen meiner Geburt für mein Leben?

Ihrer Bedeutung und Intensität wegen kann sich die Geburt bis weit ins Erwachsenenalter immer wieder bemerkbar machen. Doch wie? Wie spiegelt sich diese prägende Erfahrung in unserem Alltag, und was in unserem Verhalten deutet auf das Geburtsgeschehen hin? Ein aufschlußreiches Merkmal, das Hinweise auf unsere Geburtsdynamik geben kann, ist die Art, wie wir auf Herausforderungen reagieren und wie wir auf Hindernisse zugehen. Zwei Muster sind auszumachen: Kampf oder Flucht. Nehmen wir an, wir werden im Beruf vor eine anspruchsvolle Aufgabe gestellt, die viel Geduld verlangt und alles andere als einfach zu lösen ist. Vielleicht werden wir schnell ungehalten und reagieren aggressiv. Weil wir Ausharren kaum ertragen, beginnen wir überstürzt zu handeln. Doch vielleicht neigen wir in die genau entgegengesetzte Richtung: Angesichts der Schwierigkeit der Aufgabe wagen wir es gar nicht uns einzulassen und geben vorschnell auf. Ob Kampf oder Flucht, die Wurzeln beider Grundmuster reichen häufig zur Geburt zurück.

Auch die Begegnung mit Grenzen kann uns unbewußt an unsere Geburt erinnern, denn die Geburt ist die einschneidendste Grenzerfahrung, die wir im Laufe unserer Geschichte erlebt haben. Je schwieriger und problematischer unsere Geburt war, desto tiefer und nachhaltiger sind die im Bewußtsein niedergelegten Eindrücke, und umso größer können unsere Schwierigkeiten im Umgang mit Hindernissen und Grenzen sein. Etwas Neues auszuprobieren oder einen mutigen Schritt in die Ungewißheit zu wagen fällt uns sehr schwer. Nicht von ungefähr heißt es, daß wir im Augenblick der Geburt und des Todes alles Bekannte und Vertraute loslassen müssen und, jedes Schutzes beraubt, uns nicht verstecken können.

Heinz' Geschichte

Heinz arbeitete als Architekt in einer kleinen Bürogemeinschaft. Sein Privatleben war ausgefüllt von seiner Familie und seiner großen Leidenschaft, dem Segelsport. Eigentlich ein rundum glücklicher Mensch, wäre da nicht etwas, das ihm Sorgen bereitete und ihn daran hinderte, seinen Alltag unbeschwert zu genießen. Seine Schwierigkeiten begannen häufig damit, daß er während eines größeren Bauprojekts auf etwas Unvorhergesehenes stieß, das seine Pläne durchkreuzte. Solche Situationen versetzten ihn immer wieder in Panik und führten dazu, daß er sich mental total blockiert und physisch gelähmt fühlte. Er hatte Mühe zu kommunizieren und war unfähig, angemessen zu reagieren. Natürlich fürchtete sich Heinz vor solchen Situationen sehr, weshalb er versuchte, sie tunlichst zu umgehen, zum Beispiel indem er Vorhaben von vornherein mied, deren Ausgang ungewiß war. Mußte er an einem Projekt außer Haus arbeiten, setzte ihn das unter großen psychischen Druck. Allein der Gedanke an die Autofahrt oder an Übernachtungen im fremden Hotel waren ihm ein Greuel.

Weil sich Heinz immer mehr zurücknahm und schwierigen Situationen aus dem Weg ging, fühlte er sich zunehmend verunsichert, bis er unter Minderwertigkeitsgefühlen und etwas später unter Depressionen zu leiden begann. Obwohl er einsah, daß er mit seinen Problemen nicht mehr alleine fertig wurde, beschämte ihn die Tatsache sehr, psychotherapeutische Hilfe in Anspruch nehmen zu müssen. Nach und nach faßte er Vertrauen und es gelang ihm, seine Gefühle und Bedürfnisse, die er stets ignoriert und mit Härte bekämpft hatte, wahr und ernst zu nehmen. Zu seiner großen Überraschung geschah es, daß Heinz während einer Sitzung zu regredieren begann. Die ihm vertraute Wirklichkeit löste sich auf. Er wurde immer kleiner, tauchte in seine frühe Kindheit ein, erlebte sich als Baby, bis er schließlich auf seine Geburt stieß. Geborenwerden war für Heinz sehr schmerzhaft und äußerst bedrohlich. Während er seine Geburt wiedererlebte, nahm er einen starken, harten Druck am Kopf wahr, der sich auf seinen ganzen Körper ausbreitete und ihn in seiner Bewegungsfreiheit einengte. Als Reaktion auf den Druck erwachte in seinem Körper der intensive Wunsch, das Hindernis zu durchstoßen, um endlich geboren zu werden. Doch es ging nicht. Heinz blieb stekken und fühlte sich in einer ausweglosen, klaustrophobischen

Situation gefangen. Seine Lage wurde durch die archaischen Kräfte der Wehen, die ihn zu erdrücken drohten, immer beängstigender. Er bekam Atemnot und befürchtete, elendiglich ersticken zu müssen.

Heinz brauchte viel Ausdauer, Vertrauen und Geduld, um das Erlebte zuzulassen und seine Emotionen, insbesondere die Angst, es nicht zu schaffen, seine Hilflosigkeit, seine Ohnmacht und Wut, auszudrücken. Die Auseinandersetzung mit seiner Geburt hatte zur Folge, daß die existentielle Angst, die ihm das Leben schwer machte, ihre bedrohliche Macht verlor, um sich dann ganz aufzulösen. Aufgerüttelt von der Begegnung mit dem Anfang seiner Geschichte, erkannte Heinz, daß seine Einstellung, wonach Probleme primär Hindernisse und als solche bedrohlich sind, unter den Umständen seiner Geburt entstanden war. Diese Einsicht half ihm, die Grundmuster, die ihm eine trügerische Sicherheit vermittelt hatten, nach jahrzehntelangem Festhalten abzulegen.

Wenn die Geburt in einer Therapie für den Heilungsprozeß wichtig ist, taucht sie meistens ganz natürlich als logische Konsequenz des eingeleiteten Regressionsprozesses auf. Bestimmte äußere Bedingungen oder Vorkommnisse wie beispielsweise übermäßiger Streß bei der Arbeit oder eine langandauernde psychische Druckperiode können auslösende Faktoren sein, die bewirken, daß die Geburt ins Bewußtsein tritt. Folgende körperliche Anzeichen können vorgängig darauf hindeuten: starke Druckempfindungen im Kopf und Oberkörper, Engegefühle im Hals und der Brust, Atembeschwerden, Kopfschmerzen, Migräneanfälle sowie Verspannungen im Nackenbereich. Es ist für die Geburtsdynamik geradezu klassisch, wenn diese unangenehmen Empfindungen von heftigen Gefühlen wie Wut, Trauer, Ohnmacht, Hilflosigkeit, Verwirrung, Orientierungslosigkeit oder Verzweiflung begleitet sind. Aufgrund der Intensität der aufbrechenden Emotionen und körperlichen Reaktionen fühlt man sich auch leicht gereizt, verwirrt und schnell überfordert. Was den Umgang mit der plötzlich auftretenden Geburtsthematik nicht eben gerade erleichtert, sind die im Hintergrund lauernden existentiellen Ängste wie die Angst, zu versagen, zu ersticken, zu sterben oder ganz einfach verrückt zu werden.

Auch Träume können verschlüsselte Botschaften über die Geburt enthalten und darauf hindeuten, daß dieses Thema noch nicht ganz abgeschlossen ist. Typisch sind Träume von engen Räumen, finsteren

Tunnels oder feuchten Höhlen. Häufig haben sie apokalyptische Szenen zum Inhalt, und alles dreht sich ums nackte Überleben. Oft fühlt man sich anfänglich noch ganz wohl und geborgen. Doch plötzlich ändert sich die Umgebung und damit auch das Befinden. Gewaltige Naturkräfte drohen einen zu erdrücken. Oder man wird von dunklen Mächten gejagt und von diabolischen Monstern verfolgt. Mit rasendem Herzen schafft man es jeweils im allerletzten Augenblick, sich aus der Gefahr zu befreien und die eigene Haut zu retten. Geburtsträume sind oft Alpträume, aus denen man schweißgebadet aufwacht. Auf eindrückliche Weise haben die beiden Maler P. P. Rubens und H. Bosch dieses Thema in ihren Gemälden aus der Höllenwelt dargestellt. Auch der zeitgenössische Künstler H. R. Giger hat mit seinen fiktiv-surrealistischen Bildern, die unter anderem auch im Film „Alien" verwendet wurden, das Geburtsdrama eindrücklich dokumentiert. In vielen sehr erfolgreichen Action- und Abenteuerfilmen – wie beispielsweise Indiana Jones – dreht sich das ganze, in eine phantastische Geschichte gepackte Geschehen um diesen ersten Kampf ums Überleben.

Gefühle, die auf die Geburt hindeuten, kommen häufig in folgenden Sätzen zum Ausdruck: „Ich habe Angst, es nicht zu schaffen", „Ich habe Angst, erdrückt zu werden und unterzugehen", „Ich kann tun und machen, was ich will, ich komme nie durch", „Angesichts der Unüberwindbarkeit der Hindernisse muß ich aufgeben", „Will ich mich durchsetzen, muß ich andere verletzen" oder, um ein letztes Beispiel zu nennen, „Im entscheidenden Moment fühle ich mich alleine und kann auf keine Hilfe zählen". Typischerweise lösen diese Gefühle intensive Körperwahrnehmungen aus, hauptsächlich Druckempfindungen an Kopf, Schultern und Brust sowie ausgeprägte Spannungen in Beinen und Becken. Weitere Merkmale sind während der Sitzung spontan auftauchende Bewegungsabläufe. Zu diesen gehören kraftvolle Drehungen des Oberkörpers und Rotationen um die eigene Körperachse. Erreicht der körperliche Druck ein bestimmtes Ausmaß, weckt dies den starken Wunsch, mit den Beinen kräftig gegen einen festen Widerstand zu stoßen. Diese Reaktion ist als natürliches, tiefverwurzeltes Bewegungsmuster zu verstehen, das uns ermöglicht, uns aus der Umklammerung zu befreien, um geboren zu werden.

In den meisten Fällen ist die Geburt ein überaus angstbesetztes und sehr bedrohliches Ereignis. Geborenwerden kann mit dem Eintauchen in einen wilden Sturzbach mit Untiefen und Wirbeln verglichen werden. Von Empfindungen aller Art überrollt, wird man in einen alles entscheidenden Kampf ums Überleben hineingezogen, der mit dem Herausgepreßtwerden aus dem sicheren und wohligen Mutterleib endet. Geborenwerden ist eine Konfrontation mit den Grenzen des Seins, mit Leben und Tod, mit archaischen Emotionen und erdrückenden Kräften.

Ein Klient erlebte seine Geburt wie folgt:

> Zuerste habe ich den angenehmen Teil erlebt. Die schwierigen Gefühle, besonders die Angst zu ersticken, die Angst, keinen Raum zu haben, und Engegefühle sind dann später in Fragmenten aufgetaucht. Eigentlich war der erste Teil sehr angenehm. Ein Stück weit spürte ich eine gewisse Beengung. Noch stärker als diese war eine unglaubliche Kraft. Später kam die Erfahrung des Hindurchstoßens. Da habe ich eine große Energie gespürt. Das anschließende Geborenwerden fühlte sich wie eine Erlösung an. Die unangenehmen Gefühle waren: „Ich habe Angst zu ersticken", „Es ist zu eng", „Ich habe keinen Platz" und „Ich bin total blockiert". Die Angst zu ersticken stand im Vordergrund und löste Kampf und ein verzweifeltes Wehren aus. Hörte ich auf, mich zu wehren, kam absolute Panik auf. Das Gefühl dabei war: „Jetzt halte ich es nicht mehr aus, jetzt stirbst du". Insgesamt war Geborenwerden schlicht und einfach schrecklich.

Weil eine Geburt unser Fassungsvermögen übersteigt und wir die Eindrücke nicht in unser psychisches System einbinden können, ist die Geburt so überwältigend. Für unser Ego bedeutet Geborenwerden eine absolute Katastrophe, einen psychischen Notstand. Darum neigen wir dazu, das Ganze so schnell wie möglich wegzustecken und aus dem Bewußtsein zu verdrängen. Öffnen wir uns für unsere Geschichte und begegnen wir dabei unserer Geburt, sind wir auf einen Begleiter angewiesen, der das Territorium kennt und den Weg selber gegangen ist. Ohne diese Unterstützung besteht die Gefahr, daß wir alles, was in Bewegung gesetzt wurde und unsere Identität bedroht, angesichts der Heftigkeit wieder abwürgen.

Das Ticken der inneren Uhr – Ein kleines Experiment

Mit der nachfolgenden kleinen Übung wollen wir versuchen, mehr Licht auf zwei wichtige Angelpunkte unseres Lebens zu werfen: auf unsere Zeugung und unsere Geburt. Gehen Sie in Ihrem Leben so weit zurück bis zum Alter, das Ihre Mutter hatte, als Sie gezeugt wurden. Wie haben Sie sich damals gefühlt, was haben Sie durchlebt? Nehmen Sie sich Zeit und versuchen Sie, dies herauszufinden. Dann drehen Sie Ihre Lebensuhr rund neun Monate vorwärts, also zum Alter Ihrer Mutter, als Sie zur Welt kamen. Was geschah zu diesem Zeitpunkt in Ihrem Leben?

Als ich so alt wurde, wie meine Mutter zum Zeitpunkt meiner Empfängnis war, geriet ich in eine schwere Krise. Einer Flutwelle gleich brach sie ohne Vorwarnung über mein Leben herein. Als ich dieser Erfahrung auf den Grund ging, stellte ich zu meiner großen Überraschung fest, daß ich mit dem Energiemuster meiner Empfängnis in Berührung gekommen war. Neun Monate später, als ich das Alter meiner Mutter zum Zeitpunkt meiner Geburt erreichte, wiederholte sich das gleiche Drama, zu meiner großen Erleichterung allerdings in abgeschwächter Form.

An diesen beiden Schnittstellen löst eine innere Uhr, die still und unbemerkt vor sich hin getickt hat, ein Signal aus. Dieses weckt eine Erinnerung, die in Form einer kraftvollen Energie ins Bewußtsein kommen kann. Schon oft habe ich beobachtet, daß das Auftauchen des Energiemusters der Empfängnis oder der Geburt einen Prozeß einleitet, der zu markanten Umwälzungen und Veränderungen führen kann. Diese können durchaus auch positiver Art sein, wie beispielsweise eine Heirat, die Geburt eines Kindes oder ein Berufswechsel. Das energetische Muster kann sich auch, wie dies bei mir der Fall war, negativ bemerkbar machen. So geraten wir in eine Lebenskrise, verlieren unseren Beruf, werden von der Partnerin oder dem Partner verlassen oder von einer schweren Krankheit heimgesucht, für die weder eine Ursache noch eine Erklärung gefunden werden kann.

Daß vielleicht auch unsere Marotten und rituellen Handlungen, die fest zu unserem Lebensprogramm gehören, mit dieser inneren Uhr zu tun haben, zeigt folgende amüsante Episode:

Ein Klient wurde jahrelang regelmäßig Schlag 03.52 aus dem Schlaf gerissen. Jedes Mal durchströmte ihn vom Kopf her ein heftiger, wellenförmiger Energiestoß. Nach diesem Vorfall, der meistens nur einige Minuten dauerte, fühlte er sich jeweils wie gereinigt. Er bekam Lust auf etwas Süßes und verschlang genüßlich eine Tafel Schokolade, die er speziell für diese nächtlichen Zwischenfälle in seinem Nachttisch bereitgelegt hatte. Danach schlief er zufrieden wieder ein. In der Psychotherapie stellte er zu seinem großen Erstaunen fest, daß die Uhrzeit, zu der er aufgeweckt wurde, exakt seine Geburtszeit war.

Unterschiedliche Arten, geboren zu werden

Die nachfolgend beschriebenen Geburtserlebnisse wurden in der körperorientierten Psychotherapie im Zustand der Regression erlebt. Sie wurden nicht durch bestimmte Methoden wie Massage, Hypnose oder spezielle Musik herbeigeführt, sondern tauchten spontan als Nebenerscheinung des Selbstheilungsprozesses auf. In einigen Fällen war es möglich, die in der Psychotherapie gemachten Wahrnehmungen mit den Erinnerungen der Mutter zu vergleichen. Die meisten Klienten, von denen ich berichte, wußten wenig oder überhaupt nichts von ihrer Geburt. Die befragten Mütter reagierten erstaunt auf die zum Teil große Übereinstimmung zwischen den in der Psychotherapie aufgedeckten Einzelheiten und ihren eigenen Erinnerungen an die Geburt. Diese Kongruenz sollte nicht überraschen. Sie ist Ausdruck und Folge des Vertrauens in unsere innere Wahrheit.

A. Schädellage

Die Anatomie des Beckens der Mutter und die Lage des Kindes sind für die Geburt entscheidende Faktoren. In der Regel befindet sich das Kind einige Wochen vor der Geburt in der sogenannten vorderen Hinterhauptlage. Dabei liegt es mit dem Kopf nach unten, sein Rücken schmiegt sich an die Bauchdecke der Mutter, Arme und Beine sind bei ihrer Wirbelsäule. Der Kopf ist leicht nach vorne geknickt. Diese Position ist für den Durchtritt durch den Geburtskanal die beste Ausgangslage. Mit Unterstützung der Wehen kann die Mutter das Kind durch den Geburtskanal zur Welt bringen. Um die anatomischen Barrieren des Beckens zu überwinden, muß das Kind zuerst mit dem

Kopf und danach mit den Schultern eine Rotationsbewegung ausführen. Bei der Geburt spielt der Kopf eine wichtige Rolle. Seine Aufgabe ist es, zuerst den Muttermund und danach den Geburtskanal zu öffnen und soweit zu dehnen, daß der ganze Körper hindurchschlüpfen und das Kind geboren werden kann. Während der Geburt erwacht im Kind ein archaischer Überlebenstrieb. Diese Energie, die von der Wirbelsäule, dem Becken und den Beinen ausgeht, ermöglicht es dem Kind, sich mittels einer Vorwärtsbewegung aus der Gebärmutter zu befreien. Im Normalfall benötigt das Kind einige Stunden, um diesen Übergang zu bewältigen.

Die Geburt kann zu einem Trauma werden, wenn Komplikationen auftreten. Anfänglich versucht das Kind verzweifelt, gegen die Hindernisse anzukämpfen. Sind seine Bemühungen erfolg- und ist seine Lage ausweglos, dann führt dies beim Kind früher oder später zur Erschöpfung und Aufgabe. Seine Kraft, Zuversicht und Lebensfreude, die es zur Geburt mitgebracht hat, werden von Schmerz, Angst und Ohnmacht aufgezehrt. Fühlt es sich über längere Zeit dem Ansturm von Emotionen und Eindrücken hilflos ausgeliefert, ist die Gefahr groß, daß es die Verbindung zur Mutter verliert. Und dieser Kontaktverlust ist es, was als existentielle Bedrohung erfahren wird und die Geburt definitiv zum Alptraum werden läßt.

Michaels Geschichte

Michael, Vater von zwei kleinen Kindern, war Geschäftsmann in einem kleinen Unternehmen der Elektronikbranche. Als mittleres von drei Kindern wuchs er wohlbehütet in einer intakten Familie auf. Soweit sich Michael zurückerinnern konnte, hatte er eine glückliche Kindheit. Einzig in der Pubertät gab es zwischen ihm und seinen Eltern heftige Auseinandersetzungen. Doch diese stürmische Phase war von kurzer Dauer. Erst viele Jahre später, als er schon fest im Berufsleben stand, geriet Michael in eine ernstere Lebenskrise. Statt sich über seine Beförderung zu freuen, fühlte er sich unter Druck und bekam Angst vor der wachsenden Verantwortung, die er nun im Betrieb übernehmen sollte. Michael fühlte sich häufig nervös und unruhig. Hinzu kam ein seltsames, schmerzhaftes Engegefühl in der Brust, welches ihm völlig neu war. Es fiel ihm zudem immer schwerer abzuschalten. Ständig hatte er Angst zu versagen. „Ich will aus allem raus“ oder „Ich schaffe es nicht mehr“ waren Gedanken, die ihn plötzlich sehr beschäftgten. Auch die Nacht brachte ihm häufig keine Ruhe mehr. Er hatte Mühe einzuschlafen und litt wiederholt unter Alpträumen. Was war bloß mit ihm los? In seiner Ratlosigkeit entschied er sich für eine Psychotherapie.

Zu Beginn der Therapie klagte Michael vor allem über seine körperlichen Probleme: die starken Kopfschmerzen, seine Verspannungen im Nackenbereich und über die Enge in der Brust. Michael benötigte Zeit, um sich zu öffnen und um über seine Ängste und Schwierigkeiten zu sprechen. Nachdem er Vertrauen gefaßt hatte, begann er seine Innenwelt zu erforschen, seine Empfindungen ernstzunehmen und seine Gefühle auszudrücken. Indem Michael es lernte, mit sich in Kontakt zu treten, war es ihm möglich, den Ursachen seiner Schwierigkeiten auf den Grund zu gehen. Dies führte ihn zuerst zu verschiedenen angstvollen Erlebnissen seiner Kindheit, die er vollständig verdrängt und vergessen hatte. Einige Sitzungen später tauchte er in einen regressiven Zustand ein, der ihn geradewegs zu seiner Geburt führte. Der stechende Druck in seiner Brust verstärkte sich schlagartig. Michael fühlte sich an Kopf, Nacken und Brust eingeengt. Gleichzeitig spürte er, wie in ihm eine unbändige Energie erwachte, die ihn antrieb, sich mit aller Kraft vorwärts zu bewegen. Doch er war gefangen. Ein unüberwindbares Hindernis versperrte seinen Weg. Der Druck hatte sich in der Zwischenzeit auf seinen gesamten Körper ausgedehnt und wurde unerträglich. In wilder Panik versuchte er erfolglos, den Widerstand zu überwinden. Doch dieser Zustand dauerte nur wenige Augenblicke. Dann spürte Michael nichts mehr. Wie ihm später bewußt wurde, war er damals emotional gestorben.

Von seiner Mutter erfuhr Michael von den schwierigen Umständen seiner Geburt: Als Michaels Mutter mit ihm schwanger wurde, ging es ihr nicht gut. Häufig gab es in der Ehe Konflikte, zudem war ihre Mutter schwer krank. Als der Zeitpunkt der Geburt näher rückte, mußte man jeden Moment mit dem Tod der Mutter rechnen. Deshalb war sie, als sie sich auf den Weg ins Spital machte, voller Sorge um ihre Mutter. Im Spital mußte sie lange warten, bis ein Gebärzimmer frei wurde. Je länger sie ausharren mußte, desto stärker traten die Sorgen und Ängste um ihre kranke Mutter in den Vordergrund, so daß es ihr schwer fiel, sich auf die bevorstehende Geburt und das Kind einzustellen. Die Wartezeit kam ihr vor wie eine Ewigkeit, und als die

Geburt dann endlich beginnen konnte, war sie emotional total aufgewühlt, fühlte sich körperlich verkrampft und hatte Mühe, sich dem Gebären hinzugeben. Schließlich traten Komplikationen auf, und erst nach einer langen und anstrengenden Geburt kam Michael endlich zur Welt.

Durch die Auseinandersetzung mit der Geburt wurde für Michael plötzlich vieles klar; zum Beispiel, weshalb er in Drucksituationen – oder wenn er auf Widerstand stieß – Angst bekam. Oder was die Ursachen seines Grundmusters waren, sich bei Schwierigkeiten nicht durchsetzen zu können. In Beziehungen etwa kam dies dadurch zum Ausdruck, daß er sich bei der geringsten Störung zurückzog und Konflikten aus dem Wege ging. Auch wurde ihm bewußt, daß er bei seiner Geburt gelernt hatte, seinen Lebensraum klein zu halten und seine Kraft zurückzunehmen. Weder in seinem Beruf noch in seinem Privatleben hat er es jemals gewagt, sich für seine Anliegen einzusetzen und zu seiner eigenen Meinung zu stehen. Lieber verhielt er sich, was seine Wünsche und Bedürfnisse betraf, bescheiden. Insgeheim war er aber eifersüchtig auf Personen, die sich behaupten konnten und ihren Platz im Leben einnahmen. Durch das Erkennen dieser Zusammenhänge konnte Michael Ängste und Spannungen abbauen und sich von Grundmustern, die ihn in seiner Entwicklung behinderten, lösen. Ermutigt durch diesen positiven Wandel, begann in Michael die Lebenskraft, die er bei seiner Geburt verloren hatte, neu zu erwachen. Zwar hatte er vor engen Räumen und Drucksituationen nach wie vor Respekt, doch es gelang ihm immer besser, angesichts von Unannehmlichkeiten stehenzubleiben und Konflikte anzusprechen.

Denkanstöße:

- Was geschah während meiner Geburt mit meiner Kraft, meinem ureigenen Rhythmus?
- Welche emotionalen Reaktionsweisen und energetischen Grundmuster sind während meiner Geburt entstanden?
- Welche Strategien benutze ich heute im Umgang mit Widerständen und Hindernissen? Sind diese sinnvoll und angebracht, und helfen sie mir weiter?
- Welche Emotionen und Empfindungen verbinde ich mit dem Geborenwerden?

B. Eingeleitete Geburt

Eine Geburt wird dann durch wehenfördernde Medikamente eingeleitet, wenn der berechnete Geburtstermin überschritten wird – in der Regel gelten vierzehn Tage als Grenzwert – oder wenn die Wehen schwach und instabil sind oder die Gesundheit des Kindes gefährdet ist. Personen, deren Geburt eingeleitet wurde, haben ein sensibles Gespür für das Klima ihrer Umgebung. Situationen, in denen sie sich unterordnen müssen oder sich einer höheren Gewalt ausgeliefert fühlen, fürchten und umgehen sie. Sie wollen stets frei bestimmen können und ertragen es nicht, wenn ihnen ein bestimmtes Verhalten diktiert wird. Angesichts von Schwierigkeiten und Hindernissen fühlen sie sich schnell unsicher oder bedroht. Es ist ihre primäre Angst, überrannt zu werden und den eigenen Raum und damit die Freiheit zu verlieren. „Warte einen Augenblick, ich bin noch nicht soweit" oder „Ich brauche mehr Zeit, um mich vorzubereiten" hört man von ihnen häufig, wenn sie gedrängt werden. Weil sie während ihrer Geburt von einer für sie unnatürlichen Kraft überrollt wurden, haben sie den Eindruck, aus etwas herausgerissen worden zu sein. Von dieser tiefgreifenden Erfahrung geprägt, reagieren sie später im Leben empfindlich auf Forderungen und hohe Erwartungen. Umgekehrt zeigen sie häufig eine große Verbissenheit, ja Sturheit, mit der sie an etwas festhalten und mit der sie sich wider jede Vernunft verteidigen können. Ihr Verhalten rechtfertigen sie mit Aussagen wie: „Jetzt bestimme ich. Jetzt sage ich, was zu geschehen hat und wo's lang geht." Hinter dem Festbeißen stecken existentielle Gefühle wie die Angst, die Kontrolle zu verlieren, von einer Übermacht einfach überrannt zu werden – genau wie damals bei der Geburt.

Thomas' Geschichte

Thomas arbeitete als Sozialarbeiter in einer öffentlichen Beratungsstelle für Alkoholprobleme. Die täglichen Begegnungen mit seinen Klienten und deren Schwierigkeiten waren nicht immer einfach zu ertragen. Die tragischen Schicksale, die häufig von Schmerz, sozialem Elend und Gewalt gezeichnet waren, wühlten ihn auf. Trotzdem entwickelte Thomas unermüdlich neue Ideen und Konzepte, die er in seine verschiedenen Therapiegruppen einfließen ließ. Für sein Engagement und den frischen Wind, den er in die Beratungsstelle brachte, wurde Thomas zwar hoch geschätzt. Doch ein unproblematischer Mitarbeiter war er nicht. Im Team zu arbeiten machte ihm besonders zu schaffen. Mußte er zum Beispiel zu zweit eine Beratungsgruppe leiten, fühlte er sich als Leiter schnell ungenügend wahrgenommen oder in seinem Handlungsspielraum eingeschränkt. Ein weiteres Konfliktthema im Team war seine Langsamkeit im Abschließen von Berichten. Wurde er von seinen Mitarbeitern gedrängt, endlich weiterzumachen, fühlte er sich so beleidigt, daß er sich regelmäßig wortlos zurückzog. Dieses Verhalten behinderte nicht nur die Zusammenarbeit im Team, sondern machte auch Thomas selber immer mehr zu schaffen, so daß er sich zu einer Psychotherapie entschied.

Die Probleme im Team belasteten Thomas mehr, als er sich eingestehen wollte. Obwohl er sich den Kopf zerbrach, konnte er nicht sagen, was die Ursachen für seine Schwierigkeiten waren. Die Suche nach den Wurzeln seiner Konflikte führte ihn zunächst zu Erlebnissen seiner Pubertät, zum Verlust seiner ersten großen Liebe und zum unterkühlten Verhältnis zu seinem Vater. Nachdem Thomas um die verpaßte Chance, mit ihm warm zu werden, getrauert hatte, konnte er zwar eine alte Verletzung ablegen, und seine Ängste, nicht zu genügen und nicht geliebt zu werden, wurden schwächer. Thomas war der Meinung, durch die Versöhnung mit diesem Teil seiner Geschichte die wesentlichen Schwierigkeiten seines Lebens geklärt und deren Ursachen aufgedeckt zu haben, und er dachte daran, die Therapie zu beenden. Doch dann hatte Thomas einen intensiven Traum. Er träumte von einem hellen, weiten Raum mit unzähligen, verschiedenartigen Fenstern. Er fühlte sich sehr geborgen. Mit großer Leichtigkeit konnte er sich in alle Richtungen ausdehnen und seinen Körper bewegen. Doch plötzlich geschah etwas Schreckliches: Die Fenster wurden zugeschlagen, und es wurde stockdunkel. Dann krachte es, und ein wildes Monster stürzte sich auf ihn. Mit aller Gewalt drückte es Thomas gegen die steinernen Wände des Raumes und versuchte ihn zu erdrosseln und zu erwürgen. Drei Tage später erzählte er in der Therapie von seinem Alptraum. Allein schon das Erzählen versetzte ihn in Aufruhr. Dem Inhalt dieses Traumes folgend, regredierte er und erlebte erneut seine Geburt.

Geborenwerden war für Thomas eine Tortur. Zuerst geriet er unter einen mächtigen Druck, der heftige Kopfschmerzen auslöste. Er bekam Platzangst. Verzweifelt versuchte Thomas sich zu befreien. Aber nichts bewegte sich. Er fürchtete zu ersticken, und dann, ganz plötzlich überstürzten sich die Dinge. Thomas nahm eine gewaltige, kalte Kraft wahr, die ihn wie eine Lawine überrollte. Er kam sich vor wie ein Ertrinkender, der in eine gefährliche Strömung geraten war und in die Tiefe gerissen wurde. Als er wieder zu sich kam, fühlte er sich geschunden, erschöpft und psychisch gemartert. Wie er später berichtete, hat er im Anschluß an diese schwere Sitzung zwölf Stunden ohne jede Unterbrechung geschlafen.

Von seiner Mutter erfuhr Thomas, daß die Wehen beim Eintreffen ins Spital schwach und unregelmäßig waren. Weil die Gesundheit des Kindes auf dem Spiel stand, wurden ihr wehenfördernde Mittel verabreicht, was zur Folge hatte, daß Thomas kurze Zeit später geboren werden konnte. Er muß sehr mitgenommen ausgesehen haben. Sein Körper wirkte gebrechlich und leblos. Seine Erscheinung war die eines vom Leben schwer gezeichneten alten Mannes, ein Anblick, der der Mutter beinahe das Herz zerriß. Besonders auffallend war seine mit blutunterlaufenen Flecken bedeckte Stirn, die Wochen benötigten, um vollständig auszuheilen, und noch Jahre später, wenn Thomas wütend wurde, zu sehen waren. Schon als Kind, wie später auch als Erwachsener, litt Thomas in Drucksituationen, wie beispielsweise bei Prüfungen, unter Kopfschmerzen und Migräneanfällen.

Das Aufarbeiten seiner Geburt half Thomas, eine tiefsitzende Lebensangst und große Wut loszulassen. Durch den Einblick in die Hintergründe seines problematischen Verhaltens bei der Arbeit begann er seine eingespielten Reaktionsmuster zu überdenken und konnte alternative Umgangsweisen erproben. Seine verschiedenen existentiellen Ängste – wie die Angst, nicht weiter zu kommen, die Angst zu versagen, sowie die Angst, von einer fremden Macht überrollt zu werden – ließen nach. In der Folge verschwanden auch seine Migräneanfälle. Voller Erleichterung erkannte Thomas, daß seine unerklärliche Furcht vor überraschenden Veränderungen, die durch das Einleiten seiner Geburt entstanden war, fortan der Vergangenheit angehörte.

Das Verabreichen wehenfördernder Mittel ist ein starker Eingriff ins natürliche Geburtsgeschehen. Zweifellos ist gegen die medikamentöse Unterstützung der Wehentätigkeit nichts einzuwenden, wenn es plötzlich schnell gehen muß, etwa weil die Gesundheit der Mutter oder des Kindes auf dem Spiel steht. Zu bedenken gilt allerdings, daß durch das künstliche Einleiten eine nicht zu unterschätzende, schwer steuerbare Dynamik in Gang gesetzt wird. Einerseits bedeutet das Einleiten der Geburt Rettung aus einer schwierigen Lage. Doch aufgrund des wachsenden Wehendruckes wird es im Mutterleib noch enger und noch bedrohlicher, wodurch auch die Schmerzen stärker werden. Typische Spätfolgen einer eingeleiteten Geburt sind Schwierigkeiten im Umgang mit Streß und Drucksituationen. Ausgeprägt sind auch Ängste, etwa vor fremden Mächten und bösen Dämonen, die irgendwo da draußen lauern und es auf Leib und Seele abgesehen haben. Die ebenfalls geburtsbedingte Angst, erdrückt oder überrollt zu werden, kann sich in der Beziehung beispielsweise in der Angst zeigen, vom Partner dominiert zu werden. Eine weitere Problematik, unter der Personen mit dieser Erfahrung leiden können, ist ein mangelndes Gespür für die eigene Lebenskraft, weil diese während der Geburt nicht ein- und umgesetzt werden konnte. Das Fehlen dieser positiven Erfahrung kann sogenannte Lücken hinterlassen. Menschen, deren Geburt eingeleitet wurde, fällt es deshalb häufig recht schwer, ihre eigene Kraft wahrzunehmen und diese in der Bewältigung alltäglicher Herausforderungen geschickt einzusetzen.

Denkanstöße:

- Wie war das vorherrschende emotionale Klima während der Geburt?
- War ausreichend Zeit vorhanden, oder mußte es aus bestimmten Gründen plötzlich schnell gehen?
- Leide ich unter der Angst, vom Partner überrannt oder durch fremde Mächte beherrscht zu werden?
- Wie ist mein genereller Umgang mit Streß und Druck? Wie reagiere ich auf Situationen, in denen ich mich einer anderen Person unterordnen muß?

C. Zangengeburt

Der modernen Geburtshilfe stehen bei Komplikationen nebst medizinischen auch mechanische Hilfsmittel zur Verfügung, um die Geburt für Mutter und Kind möglichst sicher abzuschließen. Zu diesen gehören die Zange. Sie kommt dann zum Einsatz, wenn in Folge von Wehenstillstand oder Erschöpfung der Mutter die Gesundheit des Kindes gefährdet ist und es deshalb aus dem Mutterleib herausgezogen werden muß.

Je nach Lage des Kindes und Position des Kopfes wird die Zange unterschiedlich verwendet. Braucht das Kind nur wenig Unterstützung, um auf die Welt zu kommen, kann die Zange hoch am Schädel angesetzt werden. In diesem Fall sind die Druckeinwirkung der Zange und der Zug auf den sensiblen Kopf geringer. Muß die Zange dagegen tief, etwa am Kinn, angesetzt werden, muß für die Geburt bedeutend mehr Kraft aufgewendet werden. Die Verletzungsgefahr für das Kind nimmt dabei zu. Zweifelsohne ist ein solcher Eingriff unangenehm und schmerzhaft. Eine Klientin schilderte den Griff der Zange als „etwas Kaltes, das an ihrem Kopf herumzumanipulieren begann". Sobald die Zange ihren Schädel ergriff, spürte sie einen „starken, messerscharfen Schmerz", der ihr vom Kopf in den Körper schoß, wobei sie befürchtete, auseinandergerissen zu werden.

Klienten, die in der Psychotherapie ihre Zangengeburt durchlebt haben, berichten einhellig von einer traumatischen Erfahrung. Die vorausgegangene Unterbrechung der Geburt, die als Steckenbleiben in einer ausweglosen Situation erfahren wurde, war an sich schon beängstigend. Die Zange hinterließ einen zwiespältigen Eindruck: Zwar kam von ihr Rettung in äußerster Not und damit Befreiung aus einem klaustrophoben Zustand. Gleichzeitig tat dasselbe Instrument dem sensiblen Kopf Gewalt an. Der zugefügte physische Schmerz blieb meistens noch lange als Kopfschmerz spürbar und war verschiedentlich für das Auftauchen von Migräneanfällen verantwortlich.

Die Zange kann, und dies hervorzuheben ist wichtig, nicht nur körperliche Spuren hinterlassen. Wie wir wissen, ist unser Verhalten angesichts von Widerständen stark von unserer Geburtserfahrung geprägt. Darum kann der Einsatz der Zange bei der späteren Konfliktbewältigung eine wichtige Rolle spielen. Für Menschen, die auf diese Weise geboren wurden, können blockierte Situationen große Probleme darstellen, weil das Mobilisieren der eigenen Kräfte nicht zum eingespielten Verhaltensrepertoire gehört und somit bei der Bewältigung von Schwierigkeiten nicht zur Verfügung steht. Schwierigkeiten in Beziehungen oder im Beruf, die sich nicht sofort auflösen lassen, können die alten, bei der Geburt niedergelegten Überlebensmuster aktivieren. Weil man glaubt, ohnehin keine Chance zu haben, gibt man die eigene Kraft auf und wartet auf Rettung von außen. In der Partnerbeziehung beispielsweise kann dieses Muster zu ernsthaften Problemen führen. Vom Partner erwartet man, daß er einen aus mißlichen Lagen befreit. Tut er es, wird er oder sie ungewollt zur Zange. Dies setzt eine Dynamik in Gang, die in folgendem Dilemma gipfelt: „Bitte rette mich, alleine schaffe ich es nicht. Tust du es, dann fügst du mir große Schmerzen zu." Das Aufgeben der eigenen Kraft hat den Verlust der eigenen Lebendigkeit und inneren Weite zur Folge, welche maßgeblich zum Entstehen von symbiotischen Verstrickungen und unklaren Beziehungsverhältnissen beitragen. Dieser Zustand wiederum wird zum Nährboden, auf dem störende Emotionen und negative Muster bestens gedeihen können. Wird dieser Teufelskreis nicht unterbrochen, entsteht eine destruktive Dynamik, die die Beziehung ernsthaft gefährden kann.

Ein Berufskollege erlebte eine interessante Episode: Ein Klient, Gynäkologe von Beruf, kam wegen eines unverarbeiteten Abschieds in die Psychotherapie. Während einer Sitzung stieß er völlig überraschend auf seine eigene Geburt. Dabei entdeckte er, daß er dabei beinahe gestorben wäre und mit der Zange geholt werden mußte. Nun wurde ihm klar, weshalb ihn in seiner Arbeit Verzögerungen bei Geburten regelmäßig nervös machten. Es waren seine eigenen existentiellen Ängste, die es ihm in solchen Situationen unmöglich machten, ruhig zu bleiben und besonnen zu handeln. Häufig griff er in solchen Fällen ganz automatisch zur Zange. Einmal, als der Einsatz der Zange überhaupt nicht angezeigt war und das Geburtsteam deshalb die Zange verweigerte, geriet er außer sich. In seiner Wut und Verzweiflung ergriff er mit beiden Händen seinen Kopf. In der Psychotherapie realisierte er, daß ihn dieser Vorfall, bei dem er sich hilflos fühlte, mit dem Steckenbleiben während seiner eigenen Geburt konfrontiert hatte. Seine Hände, die seine Schläfen umklammerten, führten auf symbolische Weise den Griff der Zange aus, welche ihm damals aus der ausweglosen Situation geholfen hatte.

Eine Klientin, die unter Depressionen, einer tiefsitzenden Lebensangst sowie einer ausgeprägten Orientierungslosigkeit litt, stieß in der Psychotherapie auf ihre Zangengeburt. Sie berichtete:

> Alles hat damit begonnen, daß ich Atemnot bekam und mich sehr verwirrt fühlte. Ich wußte nicht mehr, wo ich

mich befand. Irgendwo im Hintergrund nahm ich undeutlich andere Personen wahr. Die Atemnot wurde immer schlimmer. Ich hatte große Angst, es nicht zu schaffen, und befürchtete, sterben zu müssen. Das war sehr, sehr bedrükkend. Dann verwandelte sich die ganze Situation. Ein starkes Schwindelgefühl tauchte plötzlich auf – wie Ohnmacht, wie Totsein –, welches große Angst auslöste. Als ich dieses Gefühle erlebte, hatte ich den Eindruck, ich sei im Austritt: Ich wollte raus, doch es ging nicht. Dann kam etwas, eine Art Betäubung, die ich mir nicht erklären konnte. Mir wurde schwindlig, alles um mich herum löste sich auf. Ich befand mich auf einem Karussell und konnte nichts zum Geschehen beitragen. Als ich geboren wurde, spürte ich einen schmerzhaften Druck an den Schläfen. Ich hatte das Gefühl, mein Kopf müsse jeden Augenblick explodieren. Später, als Kind, hatte ich oft Angst, es nicht zu schaffen, wenn es eng wurde und ich irgendwo hindurch mußte. Wiederholt stieß ich dabei an diese Grenzen und blieb stekken. Als erwachsene Frau lösten alltägliche Probleme bei mir häufig Versagerängste und im Körper eine starke Lähmung aus. In den meisten Fällen resignierte ich und hoffte, daß jemand anders mir helfen würde. Meistens sprang dann mein Mann ein und unternahm irgend etwas. War der ganze „Spuk" vorüber, konnte ich wieder alleine, ohne seine Hilfe, weitermachen.

Als die Klientin ihre Mutter auf ihre Geburt ansprach, erfuhr sie von unerwarteten Komplikationen. Weil sich dadurch die Geburt stark verzögerte und der kindliche Herzschlag zuerst unregelmäßig und danach schwächer wurde, mußte sie mit der Zange geholt werden. Während der Geburt wurden ihrer Mutter wiederholt schmerzlindernde Mittel verabreicht, deren betäubende Wirkung sie in der Psychotherapie als Schwindelgefühle und Orientierungslosigkeit erlebte.

Denkanstöße:

- Wurden während der Geburt Instrumente verwendet? Wenn ja: welche, und was sind deren möglichen Auswirkungen?

- Litt oder leide ich unter Kopfschmerzen oder Migräneanfällen, die von den Schläfen ausgehen? Gibt es an meinen Kopf Stellen, die besonders empfindlich sind und sensibel auf Druck, Streß oder Luftzug reagieren?
- Habe ich Angst, mich auf Beziehungen einzulassen, da ich befürchte, in eine Abhängigkeit zu geraten und dabei vom Partner manipuliert oder „gezogen" zu werden?
- Spielt sich in meinen Beziehungen häufig das folgende oder ein ähnliches Muster ab: Obwohl ich in Schwierigkeiten erwarte, gerettet zu werden, reagiere ich auf jegliche Hilfe mit Widerstand und heftigen Gefühlsausbrüchen?

D. Frühgeburt

Kommt ein Kind vor der siebenunddreißigsten Schwangerschaftswoche auf die Welt, spricht man von einer Frühgeburt. Diesen Kindern fehlt ein wichtiges Stück Wachstum in der Geborgenheit des Mutterleibs. Je früher ein Kind auf die Welt kommt, desto nachhaltiger können die Auswirkungen auf die physische und psychische Entwicklung sein. Die Grenze, ab wann ein Frühgeborenes überlebensfähig ist, verschiebt sich mit den Fortschritten auf dem Gebiet der Neonatologie immer weiter nach unten. Heute gibt es bereits Kinder, die in der vierundzwanzigsten Woche geboren wurden und überlebt haben. Im Vergleich mit termingeborenen Kindern sind Frühgeborene leichter und kleiner und, abhängig von ihrem Alter und ihrem Entwicklungsstand, körperlich weniger reif. Häufiger als andere Kinder haben Frühgeborene Hirnblutungen, Schwierigkeiten mit der Wärmeregulierung und, infolge der nicht voll entwickelten Lungen, Atemschwierigkeiten. Insgesamt sind sie anfälliger für Infektionserkrankungen. Die amerikanischen Forscher Blau, Slaff, Easton, Welkowitz, Springarn und Cohen untersuchten die Persönlichkeitsmerkmale von Müttern, deren Kinder zu früh geboren wurden, ohne daß eine medizinische Ursache vorgelegen hätte. Danach sollen diese Mütter im Vergleich zu Müttern von termingeborenen Kindern eine negativere Einstellung zur Schwangerschaft gehabt haben und emotional instabiler gewesen sein.

Susannes Geschichte

Während mehrerer Jahre arbeitete Susanne als Unterstufenlehrerin. Weil sie eine neue Herausforderung suchte und sich persönlich weiterbilden wollte, begann sie an der Universität Psychologie zu studieren. Was Susanne zu schaffen machte und wofür sie eine Erklärung suchte, war eine intensive Angst vor weiten, offenen Plätzen. Befand sie sich in einem großzügig angelegten Park, dann schlich sich ein seltsames Unwohlsein ein. Ohne sichtbaren Grund wurde sie nervös. Susanne bekam Herzklopfen, begann am ganzen Körper zu zittern und fürchtete, den sicheren Boden unter den Füßen zu verlieren. Um wieder zur Ruhe zu kommen, suchte sie jeweils Halt bei einer Mauer oder nahm Zuflucht bei einem Baum. Weil Susanne weite Plätze von vornherein mied, verengte sich ihr Bewegungsraum mehr und mehr. Dies hatte zur Folge, daß sie immer ängstlicher und immer unsicherer wurde.

In der Psychotherapie hatte zuerst der plötzliche Tod ihrer über alles geliebten Großmutter Priorität. Die Angst vor großen Plätzen, welche sie eigentlich in die Therapie brachte, trat in den Hintergrund. Über diesen Einstieg war Susanne nicht unglücklich, denn so konnte sie sich mit der körperorientierten Psychotherapie vertraut machen. Zudem fiel es ihr sehr schwer, sich überhaupt auf dieses unangenehme Thema einzulassen. Erst als sie merkte, daß sie durch ihre sehr kopflastige Art, ihre Probleme anzugehen, nicht weiterkam, konnte sie ihren Gefühlen und Wahrnehmungen den nötigen Raum geben und sich langsam an ihre Angst vor Plätzen herantasten. Durch diese neue Sichtweise ermutigt, versuchte sie im Alltag diesem zentralen Thema nicht mehr auszuweichen, sondern bemühte sich, mit Örtlichkeiten, die ihr Angst machten, in Kontakt zu treten. Dabei merkte sie, daß ihr besonders die Hilflosigkeit, das Ausgeliefertsein und die Schutzlosigkeit zusetzten, die solche Situationen bei ihr auslösten. Nach mehreren anstrengenden Sitzungen, während denen sie sich körperlich klein, zerbrechlich und psychisch erschlagen fühlte, stieß sie auf den Ursprung ihrer unerklärlichen Angst: ihre Geburt.

Susanne wurde vier Wochen zu früh geboren und lag zwei Wochen im Brutkasten. Bei der Geburt fühlte sie sich schwach, denn ihr fehlte die nötige Kraft und Energie. Vom Geburtsgeschehen, das für sie zu früh einsetzte, fühlte sie sich überrumpelt und von den Eindrücken völlig überfordert. Susanne hatte das Gefühl, daß die Geburt wenig mit ihr zu tun hatte. Ihr Körper kam zwar auf die Welt, aber es war nicht ihre Geburt. Nachdem sie auf die Welt gekommen war, fühlte sie sich sehr dünnhäutig und verletzlich. Das Licht, die Geräusche, alle neuen Eindrücke prasselten wie Hagelkörner auf sie nieder. Im Brutkasten fehlte es ihr an Schutz, Halt und Geborgenheit.

Ihren Wunsch nach Wärme und Kontakt drückte sie so aus:

> Einfach bedingungslos in die Arme genommen und gehalten werden. Einfach spüren, daß ich, so wie ich bin, willkommen und geliebt werde. Das hätte ich damals sehr gebraucht.

Die Zeit im Brutkasten empfand sie als Isolation. Jeder Atemzug war anstrengend, jede Bewegung schwierig, denn ihr Körper war wie eingefroren. Im Brutkasten verlor sie das, wonach sie später überall suchte: sich selber.

Bei Klienten, die zu früh auf die Welt gekommen sind, habe ich verschiedentlich einen ausgeprägten Mangel an Energie beobachtet. Solche Personen neigen zu Erschöpfungszuständen, so daß ihnen die Bewältigung des Alltags Mühe bereitet. Schon in der Kindheit fühlten sie sich häufig müde und kraftlos, waren oft krank und mußten sich regelmäßig schonen. Ihr Energiemangel und ihre häufige Halt- und Schutzlosigkeit waren oft auf ihre ungenügende Reife bei der Geburt und die anschließende Zeit im Brutkasten zurückzuführen.

Angesichts von Schwierigkeiten fühlen sich Menschen mit diesem Erfahrungshintergrund schnell verunsichert und überfordert. Dies hängt damit zusammen, daß es ihnen Schwierigkeiten bereitet, ihre Lebenssituation mitzugestalten. Zudem können sie sich kaum von der Flut an Eindrücken aus ihrer Umwelt abgrenzen. Eine scharfe Bemerkung oder ein kritisches Wort kann genügen, und schon fühlen sie sich angegriffen oder verletzt. Bei Konflikten in der Beziehung emigrieren sie in ihren inneren Brutkasten, indem sie sich wortlos zurückziehen und den Kontakt abbrechen. Doch schon bald bereuen sie diesen Schritt, denn ihr Bedürfnis nach Nähe, Wärme und Kontakt ist enorm. Finden sie in der Beziehung nicht genügend Schutz und Geborgenheit, fühlen sie sich als Person abgelehnt. Für den Partner oder die Partnerin ist diese Verhaltensweise nicht immer einfach. Ohne die tieferen Hintergründe und Zusammenhänge zu kennen, kann diese Dynamik in der Beziehung zu ernsthaften Problemen führen.

Denkanstöße:
- Vermeide ich weite, offene Plätze, da ich befürchte, von Empfindungen und Emotionen übermannt zu werden?
- Leide ich häufig an Erschöpfungszuständen und Energielosigkeit, die es mir schwer machen, den Alltag zu bewältigen?
- Fühle ich mich schnell von allem überfordert, und bewege ich mich ständig am Rande meiner Kräfte?
- Habe ich manchmal den Eindruck, mir fehle eine dicke Haut, um mich abgrenzen und vor den Eindrücken der Umwelt schützen zu können?

E. Geburt aus der Steißlage

Im Unterschied zur Schädellage sitzt das Kind bei der Steißlage oder Beckenendlage mit dem Hinterteil im Becken der Mutter. Im günstigsten Fall sind Beine und Arme fest verschränkt. Es kann aber auch sein, daß es die Beine zum Kopf hin gestreckt hält. In dieser Klappmesserposition kann sich das Kind bei der Geburt überhaupt nicht bewegen. Als dritte Möglichkeit kommt das Kind mit den Füßen voran zur Welt. Die Geburt aus der Steißlage ist problematisch und für das Kind nicht ungefährlich. Angesichts der Beckenform ist eine Geburt aus der Steißlage der hindernisreichste Weg aus dem Mutterleib. Bei einer Steißgeburt besteht zudem das Risiko, daß es, sollte sich die Nabelschnur ein oder mehrere Male um den Hals des Kindes gewickelt haben, zu einer Selbststrangulation kommen kann.

Anders als bei den anderen hier beschriebenen Geburtstypen sind die Erfahrungsberichte von Klienten, die eine Steißgeburt hatten, sehr uneinheitlich. Dies macht es schwierig, Gemeinsamkeiten und charakteristische Züge dieser Geburtsart zu benennen. Trotzdem scheint sich als generelle Tendenz von Personen, die aus einer Steißlage geboren wurden, eine Neigung zu Schwermut abzuzeichnen. Nicht selten haben sie Schwierigkeiten mit dem Selbstwert und leiden unter Depressionen. Gegenüber Widerständen oder Hindernissen fühlen sie sich hilflos und überfordert und geben schnell auf. Erschüttert beispielsweise eine Schreckensnachricht die Welt, fühlen sie sich in ihrer Existenz unmittelbar bedroht. Die Unmöglichkeit, etwas gegen das Unheil da draußen zu unternehmen, deprimiert sie. Durch die Handlungsunfähigkeit kann ein Gefühl der Sinnlosigkeit und Leere entstehen, was im Extremfall zu Selbstmordgedanken führen kann.

Die Steißlage wurde von Klienten oft als logische Konsequenz einer Verkettung unglücklicher Umstände interpretiert. Häufig gingen der Steißgeburt schmerzhafte vorgeburtliche Ereignisse voraus, etwa Unerwünschtheit oder Abtreibungsversuche. Solche Vorkommnisse können zu einer Dynamik geführt haben, die zum einen das psychische Gleichgewicht störte und zum anderen in der Beckenendlage ihren Ausdruck fand.

Erikas Geschichte

Schon früh in ihrem Leben wußte Erika, daß sie später einmal mit Kindern arbeiten wollte. Diesem Wunsch folgend, ließ sie sich zur Kinderkrankenschwester ausbilden und arbeitete danach auf einer Kinderabteilung eines größeren Spitals. Die Freizeit verbrachte Erika vorzugsweise draußen in der Natur. Ihre liebste Jahreszeit war der Sommer. Die langen und düsteren Wintermonate waren dagegen schwierig. Mit dem Absinken der Temperaturen sank auch Erikas Stimmung. Regelmäßig durchlitt sie depressive Perioden. Ihre alltäglichen Aufgaben bereiteten ihr Schwierigkeiten, und für erfreuliche Angelegenheiten konnte sie sich kaum noch motivieren. Ihre emotionalen Probleme belasteten nicht nur ihr Privatleben, sondern immer mehr auch ihre Arbeit. Einige Male spitzte sich ihre Not derart zu, daß sie sogar daran dachte, sich das Leben zu nehmen.

Zu Beginn der Psychotherapie fiel es Erika schwer, ihren Körper zu spüren und ihre Gefühle wahrzunehmen. In ihrem Inneren war alles durcheinander geraten. Sie wirkte abgestumpft, und die Schwere, die sie zu erdrücken drohte, schien übermächtig. Erst nach mehreren Sitzungen und mit Unterstützung von Atemübungen konnte sie sich langsam entspannen und zur Ruhe kommen. In der sich öffnenden Weite begegnete sie ihren Bedürfnissen und Gefühlen wieder, zu denen sie den Kontakt längst verloren hatte. Als Folge dieser allgemeinen Entspannung konnte sie wieder besser schlafen. Doch ihre depressiven Stimmungen widersetzten sich hartnäckig allen Bewältigungsversuchen. Die Ursachen für ihre Probleme mußten weiter zurück in ihrer Vergangenheit liegen.

Erst als es Erika gelang, ihre Vorstellungen und Erwartungen loszulassen, trat eine Wende ein. Als Erika in den Mutterleib zurück regredierte, nahm sie den Druck wahr, unter dem ihre Mutter stand. Nach den Vorstellungen ihres Mannes wäre es nach zwei Mädchen Zeit für einen Stammhalter gewesen. Doch ihre Mutter muß geahnt haben, daß sie erneut mit einem Mädchen schwanger war. Um sich vor der schmerzhaften Wirklichkeit, dem „falschen" Geschlecht anzugehören, und der daher drohenden Ablehnung zu schützen, mußte sich Erika emotional verschließen und unempfindsam werden. Die Geburt selber erlebte sie als Alptraum. Alles begann damit, daß es plötzlich sehr eng wurde und sie kaum mehr atmen konnte. Sie kam sich vor wie in einem Schraubstock, der langsam zugedreht wurde. Erika verspürte große Angst, diesen Übergang nicht lebendig zu schaffen. Sie nahm ein Hindernis wahr, das sie nicht überwinden konnte, weil irgend etwas verschoben war. Nachdem sie es trotzdem geschafft hatte, wurde sie, geschunden wie sie war, auf eine harte Unterlage gelegt.

Nachdem Erika ihre nicht ungefährliche Art, auf die Welt zu kommen, bewältigt hatte, löste sich in ihr eine tiefe Angst auf, die sich wie ein roter Faden durch ihr Leben gezogen und sie in ihrer Bewegungsfreiheit eingeengt hatte. Erika begann zu verstehen, daß ihre Depressionen durch ihre Vorstellung verursacht wurden, wonach Schwierigkeiten primär lebensbedrohliche Ereignisse darstellten, die zu bewältigen sie nicht in der Lage war. Ihre Depressionen und Selbstwertprobleme hatten ihren Ursprung bei ihrer Geburt und sogar noch in der Zeit davor.

Wie bei allen bedeutungsvollen Ereignissen, die wir zu meistern haben, treffen auch bei der Geburt unterschiedliche Kräfte und Bedingungen aufeinander, die zusammen ein Ganzes bilden. Die Steißgeburt ist für mich dennoch in mancher Hinsicht ein besonderes Rätsel, ein Mysterium. Wie kommt es, daß es ein Kind auf sich nimmt, in dieser sehr schmerzhaften und anatomisch „verkehrten Art" auf die Welt zu kommen? Möglicherweise ist das Zusammentreffen bestimmter vorgeburtlicher Vorkommnisse, wie übermäßige Angst, dauernder Streß und Ablehnung, ein entscheidender Faktor, der zu einer Steißlage führen kann. Ist die Steißlage gar Ausdruck eines Protests, einer Verweigerung gegen das Geborenwerden, wie dies in den Worten einer Klientin zum Ausdruck kommt?

> Es war die Lage, in der ich mich am meisten gegen das Geborenwerden sperren konnte. Ich wollte nicht hinaus. Ich

hatte Angst und wollte nicht leben. Ich glaube, ich unternahm alles, um mich zu sperren und nicht leben zu müssen.

Was immer die Hintergründe sind, die zu einer Geburt aus der Steißlage führen, es müssen sehr starke Kräfte im Spiel sein, daß ein Kind diesen problematischen, schmerzhaften und gefährlichen Weg in die Welt wählt.

Denkanstöße:

- Leide ich unter Schwermut, Niedergeschlagenheit oder Depressionen, deren Ursachen trotz eingehender Untersuchung nicht aufgedeckt werden konnten?
- Fühle ich mich häufig mutlos und resigniert, und neige ich dazu, Schwierigkeiten primär als Bedrohungen und unüberwindbare Hindernisse zu betrachten?
- Bevorzuge ich, statt den vorderen Eingang zu benutzen, die Hintertür?
- Wähle ich den anspruchsvollsten und hindernisreichsten Weg zum Ziel, obwohl es einen einfacheren, bequemeren gäbe?

F. Kaiserschnittgeburt

Bei rund jeder siebten Geburt kann das Kind nicht vaginal geboren werden, so daß es durch einen Kaiserschnitt zur Welt gebracht werden muß. Bei diesem operativen Eingriff werden Bauchdecke und Gebärmutter geöffnet. Zu den Gründen, die zu einem Kaiserschnitt führen, gehören eine ungünstige Position des Kindes, anatomische Anomalien des Beckens der Mutter, die Lage der Plazenta sowie gesundheitliche Probleme der Mutter oder des Kindes. Man unterscheidet zwischen primärem oder geplantem Kaiserschnitt und sekundärem oder Notfallkaiserschnitt. Beim sekundären Kaiserschnitt wird der Entscheid während der Geburt selber gefällt, was auf rund acht bis zehn Prozent aller Kaiserschnittgeburten zutrifft.

Die meisten operativen Entbindungen sind also im voraus als solche bekannt. Für Mutter und Kind ist es wichtig, daß sie sich möglichst lange auf die Geburt einstimmen können. Medizinische Untersuchungen haben gezeigt, daß es für das Kind vorteilhaft ist, wenn man es vor dem Eingriff so lange, wie es die Umstände erlauben, den massierenden Wirkungen der Wehen ausgesetzt läßt. Die Stimulation der Wehen regt nicht nur das neurologische System an, sondern hilft dem Kind auch, besser mit der gewaltigen Umstellung von der intrauterinen in die extrauterine Welt umzugehen.

Doch Komplikationen können bei jeder Geburt auftreten, und alles muß in diesem Fall plötzlich sehr schnell gehen. Freilich bleibt kaum Zeit, sich auf die operative Entbindung einzustellen. Für eine Mutter, die mit einer unproblematischen Geburt gerechnet hat, kann eine solche unerwartete Wende sehr schwierig sein. Ihre Wünsche und Vorstellungen, wie sie gerne geboren und ihr Kind empfangen hätte, muß sie plötzlich aufgeben. Die Atmosphäre und die Art der Betreuung während des Eingriffs bestimmen in hohem Maße, wie die Mutter und auch das Kind die Kaiserschnittgeburt bewältigen können. Wenn sich die Mutter ernst genommen fühlt und auch ihre Enttäuschung und Ängste Raum haben, kann sie gewiß besser mit der veränderten Situation umgehen.

Lange Zeit hat man die psychischen Konsequenzen, die ein Kaiserschnitt für Mutter und Kind haben können, ignoriert. In den sechziger und siebziger Jahren, als der Glaube an die Kontrolle natürlicher Vorgänge noch ungebrochen war, pflegte man Frauen vor einer Kaiserschnittgeburt mit einer Vollnarkose einzuschläfern. Dies hatte zur Folge, daß diese Frauen nach Wiedererlangen des Bewußtseins große Schwierigkeiten hatten, mit dem Kind in Beziehung zu treten. Wie Klaus und Kennell beschrieben haben, existiert in der Zeit unmittelbar nach der Geburt eine sehr sensible Phase, in der Mutter und Kind sehr empfänglich füreinander sind und der Kontakt höchste Priorität hat. Wird diese Intimität gestört oder kommt es durch die Vollnarkose gar nicht dazu, wird das Bonding, wie die Fortsetzung und Vertiefung der Bindung genannt wird, behindert. In einigen Fällen wurde die Mutter-Kind-Beziehung derart nachhaltig gestört, daß ernsthafte Kommunikationsprobleme entstanden. Frauen, die durch eine Vollnarkose von der Teilnahme an der Geburt ausgeschlossen waren, fühlten sich danach häufig emotional sehr verwirrt und brauchten viel Zeit, um sich mit der Tatsache, daß sie Mutter geworden waren, anzufreunden. Häufig begann für diese Frauen das Muttersein mit depressiven Verstimmungen, Selbstzweifeln, Schuldgefühlen und dem Eindruck, als Frau versagt zu haben.

Regulas Geschichte

Regulas Probleme, ihre Depressionen und Lebensängste, machten sich erstmals in der Pubertät bemerkbar, als sie vor der Berufswahl stand. Angesichts der Fülle beruflicher Möglichkeiten fühlte sie sich blockiert, und erst nach langem Zögern und Zweifeln entschied sie sich zu einer kaufmännischen Lehre. Obwohl ihr der Arbeitsort zusagte und ihr auch das Arbeitsklima behagte, fühlte sie sich unsicher und latent überfordert. Ihr graute vor Unvorhergesehenem und Aufgaben, auf die sie sich nicht vorbereiten konnte. Ihre Ausbildung wurde zu einer wachsenden Belastung, die auch ihre Gesundheit und schließlich ihr Gesamtbefinden in Mitleidenschaft zog. Versagerängste, Depressionen und Probleme mit dem Selbstwert machten ihr zunehmend das Leben schwer. Weil sie befürchtete, abgestempelt zu werden, zögerte sie lange, bevor sie psychiatrische Hilfe in Anspruch nahm. Doch es stellte sich heraus, daß dieser Schritt genau richtig und auch nötig war, damit sie in der Lage war, ihre Ausbildung erfolgreich abschließen zu können.

Jahre später, nachdem Regula einige Zeit im Ausland verbracht hatte, kam sie in die körperorientierte Psychotherapie. Ihre Motivation dazu waren unter anderem Schwierigkeiten, sich durchzusetzen und für ihre Anliegen einzustehen. Ob bei der Arbeit oder in der Partnerschaft, immer wieder schaffte sie durch ihr unklares, zögerndes Verhalten neue Konflikte. Ferner bedrückte sie das seltsame Gefühl, etwas Wichtiges und Unwiederholbares für immer verpaßt zu haben. Dieses Gefühl, das häufig in ihren Träumen auftauchte, machte ihr zunehmend Angst. Diese Träume, in denen sie nach langer anstrengender Suche einen Schatz gefunden hatte, waren stets geprägt von quälenden Schuldgefühlen. Sie konnte tun und machen, was sie wollte, nie konnte sie die Schuldgefühle loswerden und sich über den gefundenen Schatz freuen.

Die Therapie begann sehr untypisch. Schon in der zweiten Sitzung wurde Regula mit ihrer Geburt konfrontiert. Alles begann damit, daß sie von einem heftigen Aufwallen von Trauer und Wut erfaßt wurde, was sie in einen veränderten Bewußtseinszustand versetzte. Dabei durchlebte sie die für die Regression charakteristischen Merkmale; sie wurde immer kleiner, und die Körperproportionen veränderten sich. An ihrem Kopf nahm sie einen starken, sich rasch ausbreitenden Druck wahr. Regula wollte kämpfen, sich vorwärts bewegen, doch es ging nicht. Ihre Kräfte schwanden, und sie bekam große Angst. Lange dauerte dieser lähmende, regungslose Zustand. Plötzlich nahm sie Hektik und große Nervosität wahr. Irgend etwas mußte vorgefallen sein. Streß und Furcht drangen in ihre Welt ein, ihr Herz begann wild zu schlagen. Auf einmal erreichte sie etwas Giftiges, das sich wie eine schwere Decke über ihren Körper legte. Um sie herum wurde es still und kalt, Regula selber fühlte sich tot. Vage nahm sie wahr, wie etwas Fremdes in ihren Raum eindrang, nach ihr griff und sie abrupt in eine helle, unbekannte Umgebung zerrte. Der letzte Endruck war tiefste Finsternis, eine Art Bewußtlosigkeit, in der sie versank.

Das Wiedererleben ihrer Kaiserschnittgeburt in der Psychotherapie stellte für Regula eine absolute Grenzerfahrung dar. Sie wurde mit Emotionen und Eindrücken konfrontiert, wie sie dies zuvor noch nie erlebt hatte. Das Geborenwerden erlebte sie als Alptraum: „Bei meiner Geburt habe ich wirklich alles, mein ganzes Leben, verloren“, sagte sie rückblickend. Sie hatte keinerlei Möglichkeit, ihrem inneren Rhythmus zu folgen, sondern mußte sich übermächtigen Bedingungen unterordnen. Das Gefühl des Abgeschnittenseins und der Entfremdung vertiefte sich durch die ihrer Mutter verabreichten Medikamente. Da Regula ihren Körper nicht mehr wahrnehmen konnte, verlor sie während der Geburt den Kontakt zu sich selbst. Wie sie erkannte, entstanden ihre Schuldgefühle bei der Geburt. Regula fühlte sich für das Leiden ihrer Mutter schuldig und nahm alle ihre negativen Gefühle und Eindrücke während der Geburt unbewußt auf sich. Durch das Wissen, woher die Schuldgefühle kamen, konnte sie sich endlich von dieser schweren Last befreien. Auch mußte sie in blokkierten Situationen nicht mehr reglos ausharren und auf Rettung von außen warten. Regula spürte das Erwachen ihre eigenen Kräfte und wußte diese zu mobilisieren. Dies ermöglichte es ihr, die Dynamik in ihren Beziehungen aktiv mitzugestalten.

Wie sehr sie sich unmittelbar nach der Geburt nach Kontakt sehnte und auf trostspendende Berührungen angewiesen gewesen wäre, war eine Erfahrung, die Regula mit vielen anderen Klienten teilte, die ebenfalls via Kaiserschnitt geboren wurden. Nach der langen, beschwerlichen Reise wünschte sie sich, liebevoll gehalten zu werden. Dieser Kontakt hätte ihr geholfen, den Schock zu lindern, der sich nun als Folge des Traumas in ihrem Körper festgesetzt hatte. Wie sie meinte, hätte sie in den Armen ihrer Mutter die Verbindung zu sich und dem Leben wiedergefunden.

Das Erbe ihrer schwierigen Geburt zeigte sich bei einer anderen Klientin erst, als sie nach einer schweren Krankheit in eine Krise geriet. Nach ihrer Genesung litt sie häufig unter Schwindel und Energielosigkeit, in Armen und Beinen zeigten sich Lähmungserscheinungen. Zu diesen körperlichen Symptomen kamen ihre heftigen Wutausbrüche, die ihr schwer zu schaffen machten. Wenn sie sich blockiert fühlte, beispielsweise wenn bei einer Aufgabe unerwartet Störungen auftraten, geriet sie derart außer sich, daß sie buchstäblich mit dem Kopf durch die Wand wollte. Auf der Suche nach den Ursachen ihres explosiven Verhaltens stieß sie in der Psychotherapie auf ihre Geburt. Wegen plötzlich auftretender Komplikationen mußte ein Notfallkaiserschnitt durchgeführt werden, bei dem ihrer Mutter eine Vollnarkose verabreicht wurde.

Über das Geborenwerden und den Prozeß, den die Auseinandersetzung mit ihrer Geburt auslöste, berichtete sie:

> Ich spürte einen starken Drang, hinausgehen zu wollen – eine Art Stoßenwollen. Während der Geburt selber hatte ich Angst zu ersticken und Angst zu sterben. Was mir fehlte, war das Vertrauen, daß ich es schaffen kann. Ich war nicht in der Lage, Halt oder Stop zu sagen: „Nein, nicht hier durch, es gibt auch einen anderen Weg." Oft in meinem Leben, hauptsächlich wenn es um wichtige Entscheidungen ging, geriet ich in eine große Hektik. Mußte ich mich beispielsweise für einen neuen Job vorstellen, dann verrannte ich mich regelmäßig in Türen oder verpaßte den Zug. Bevor ich mein Ziel erreichte, mußte es immer dramatisch und turbulent zu- und hergehen. Häufig traute ich mich nicht, mich durchzusetzen, denn ich nahm automatisch an, daß es sowieso nicht klappen würde. Ich traute mich nicht, meine Kraft zu leben oder mein Selbstbewußtsein zu entwickeln. Bevor ich mit der Therapie begann, erlebte ich Situationen, in denen irgend etwas nicht so lief, wie ich mir dies vorstellte, als lebensbedrohlich. Heute macht es mich eher traurig. In den meisten Fällen gelingt es mir, ruhig zu überlegen, was für Chancen ich habe und was

ich am besten unternehmen kann, um mein Ziel zu erreichen.

Wie der Tod stellt die Geburt einen markanten Wendepunkt dar, bei dem wir eine der schwierigsten Prüfung zu bestehen haben. Alle Empfindungen und Gefühle verdichten sich und nehmen an Stärke zu, um in ihrer archaischen Unmittelbarkeit zu erscheinen. Auf die Grenzen der Existenz zurückgeworfen, stoßen wir auf das Grundsätzliche; wir werden mit Sein und Nichtsein, mit Leben und Sterben konfrontiert. Weil dies alles während einer äußerst sensiblen Phase geschieht, besitzen alle Eindrücke sowie alle unsere Reaktionen darauf die Kraft, tiefe Spuren zu hinterlassen, welche, zu Grundmustern geworden, unser Verhalten nachhaltig beeinflussen. Die durch einen Kaiserschnitt niedergelegte Prägung folgt häufig dem Ablauf der Geburtserfahrung selber: Vorbereitungsphase, Auftreten von Hindernissen, Kampf um Befreiung, Resignation und Selbstaufgabe und zum Schluß Rettung durch fremde Hilfe von außen.

Die Angst vor plötzlich auftretenden Widerständen ist bei Menschen, die eine Kaiserschnittgeburt hatten, typisch. Wenn sie sich blockiert fühlen, reagieren sie sehr empfindlich und emotional äußerst heftig. Ihre dabei auftauchenden Gefühle können wie folgt sein: „Für mein Weiterkommen bin ich auf fremde Hilfe angewiesen“, „Ich kann machen, was ich will, die Hindernisse sind unüberwindbar“, „Obwohl ich mich abmühe, habe ich keine Chance, mich zu behaupten“ oder „Jedesmal, wenn ich mich auf etwas Wichtiges vorbereite, taucht eine Störung auf. Ist diese endlich vorüber, geht es in einer Richtung weiter, die nicht meine eigene ist“.

Sich auf eine Beziehung wirklich einzulassen kann für Personen mit diesem Hintergrund nicht unproblematisch sein. Zu groß ist die unbewußte Angst, erneut jäh aus der Geborgenheit herausgerissen zu werden. Um sich vor bösen Überraschungen zu schützen, neigt man zu großer Vorsicht und bringt dem Partner nur ein halbherziges Engagement entgegen. Ganz anders dagegen verhält es sich mit den Erwartungen an ihn oder an sie. Der Partner muß jederzeit bereit sein, die Rolle des Retters, der einen aus Schwierigkeiten befreit, zu übernehmen, so, wie es das bei der Geburt niedergelegte Verhaltensmuster vorsieht. Keine einfache Aufgabe, denn wenn er oder sie die Rettung nicht übernimmt, können das ganze Geburtsdrama aktiviert und dieselben Überlebensängste und Gefühle der Hilflosigkeit und der Not geweckt werden. Tut er oder sie es jedoch, wird dadurch einmal mehr bestätigt, was man seit der Geburt schon zu wissen glaubt: Ich schaffe es nie ohne fremde Hilfe. Oder dann: Über mich wird immer bestimmt.

Personen, die mit einem Kaiserschnitt zur Welt kamen, sind in der Regel für Berührungen und Kontakt besonders empfänglich. Hauptsächlich spielerische Tätigkeiten, bei denen sie sich körperlich direkt einbringen können, ermöglichen ihnen, ihren eigenen Körper unmittelbar zu spüren und ihre archaischen Kräfte, die sie bei der Geburt nicht ausleben konnten, aktiv umzusetzen. Auffallend viele Klienten mit einer solchen Geburtsgeschichte entwickelten früher oder später eine besondere Vorliebe für Kampfsportarten wie Ringen oder Judo. In diesen kann der Wunsch nach Widerstand und Gegenwehr gefahrlos ausgelebt werden. Um diesen Wunsch nach „Widerstand“ zu befriedigen, sollten Neugeborene unmittelbar nach der Kaiserschnittgeburt mit langgezogenen Bewegungen der Hände vom Kopf in Richtung der Füße massiert werden. Eine solche Massage erleichtert ihnen den Start ins Leben. Indem es seinen Körper in der Geborgenheit der Hände spürt und dadurch seine eigenen Grenzen kennenlernt, hilft ihm dies, Halt und Vertrauen zu finden. Durch das behutsame, aber dennoch kräftige Massiertwerden kann das Kind nachholen, was ihm durch die Geburtsumstände verwehrt war: das Ausdrücken der eigenen Kraft und das Ausleben der verpaßten Geburt. Dem dabei erwachenden Körpergefühl kommt bei der psychischen Entwicklung eine wichtige Rolle zu.

Obschon eine Kaiserschnittgeburt für Mutter und Kind mit zahlreichen Schwierigkeiten verbunden ist, werden immer mehr Kaiserschnitte durchgeführt. Zu den beiden eingangs erwähnten Gruppen (geplanter und Notfallkaiserschnitt) kommt eine dritte hinzu: der Wunschkaiserschnitt. In gewissen Privatkliniken ist die Rate der Sectio caesarea sehr hoch und liegt bei vierzig bis fünfzig Prozent. Im Vergleich dazu beträgt die durchschnittliche Kaiserschnittrate in der Schweiz fünfzehn Prozent. Die Motive für einen Wunschkaiserschnitt sind sehr unterschiedlich. Da ist zum einen der Traum von der schmerzlosen Geburt, welche im voraus geplant und unter kontrollierbaren Bedingungen durchgeführt werden kann, während eine normale Geburt starke Schmerzen und heftige Gefühle mit sich bringt und Angst machen kann. Zudem ist ein Kaiserschnitt für die Klinik schneller, bequemer und rationeller als eine langwierige vaginale Geburt. Die Gefahr dieses Trends liegt darin, daß die Geburt zu einem vom Körper abgespaltenen Ereignis wird, das, von Fachleuten ausgeführt, die Frau vom aktiven und bewußten Miterleben ausschließt. Meiner Meinung ist die Geburt ein zu bedeutungsvoller Übergang im Leben eines jeden Menschen, als daß sie aus Gründen der Bequemlichkeit oder der Machbarkeit zu einem rein chirurgischen Akt reduziert werden darf.

Daß Kaiserschnitt nicht gleich Kaiserschnitt ist und alternative Verfahren entwickelt werden, welche der Mutter und dem Kinde zugute kommen, zeigt das Beispiel der aus Israel stammenden Misgav-Ladach-Methode. Bei dieser Vorgehensweise wird mehr gedehnt und weniger geschnitten, was viele Vorteile bringt. Einerseits ist diese Methode schneller, wodurch weniger Narkosemittel benötigt werden. Zudem ist der Blutverlust der Frau geringer, und die nachoperativen Schmerzen sind deutlich schwächer.

Denkanstöße:

- Wie reagiere ich auf Situationen, die meine Pläne durchkreuzen und eine Programmänderung erfordern?
- Versuche ich beim Auftauchen von Hindernissen, die Geduld und Ausdauer erfordern, mit dem Kopf durch die Wand zu gehen?
- Wie ist mein Verhalten angesichts von Widerständen? Neige ich dazu, leicht aufzugeben und auf rettende Hilfe von außen zu warten?
- Habe ich einen übermäßigen Drang zu körperbezogenem Kräfteaustausch?

G. Anästhetische Mittel und deren Folgen

Ohne Zweifel dürfen die Entdeckung von Substanzen mit einer beruhigenden oder schmerzstillenden Wirkung und die Entwicklung hochwirksamer Medikamente daraus als eine große Errungenschaften der Wissenschaft angesehen werden. Diese neuen Arzneimittel eröffneten der medizinischen Praxis ganz neue Wege in der Behandlung von Krankheiten. Somatische und psychische Schmerzen, denen man bis dahin macht- und hilflos gegenüberstand, konnten gedämpft und damit unnötiges Leiden vermieden werden. Es war nur logisch, daß diese Errungenschaften auch in der Geburtshilfe Einzug hielten, wo der Schmerz ein ganz zentrales Thema ist. Für viele gebärende Frauen stellen Schmerzmittel eine große Hilfe dar, denn sie ermöglichen es ihnen, sich besser zu entspannen und unbeschwerter gebären zu können.

Wenn Schmerz- oder Beruhigungsmittel ohne die nötige Sorgfalt und ohne Kenntnis ihrer Langzeitfolgen und Nebenwirkungen über längere Zeit verabreicht werden, ist diese Vorgehensweise nicht unproblematisch. Der Mutter verabreichte Substanzen mit anästhetischer Wirkung werden von der Plazenta nur abgeschwächt, nicht aber zurückgehalten, und erreichen über die Nabelschnur das ungeborene Kind. Die amerikanischen Ärzte Brazelton sowie Moya und Thorndiek haben in Untersuchungen dargelegt, daß der übermäßige Einsatz von Betäubungsmitteln während der Geburt einen starken Einfluß auf die Gesundheit des Neugeborenen und die Mutter-Kind-Interaktion hat. Andere Studien zeigten auf, daß Neugeborene, bei deren Geburt die Mütter unter Vollnarkose standen, langsamer und mit großer Verzögerung auf Stimulationen reagierten, motorische Koordinationsschwierigkeiten hatten, welche in einigen Fällen noch Jahre später sichtbar waren. Viele Neugeborene hatten auch Mühe, mit ihrer Umwelt in Kontakt zu treten. Dies belastete nicht nur die Mutter-Kind-Beziehung, sondern führte in einigen Fällen auch zu Behinderungen des natürlichen Kontaktverhaltens. (Für ausführlichere Informationen zum Thema Betäubungsmittel und Geburt siehe: Yvonne Brackbill.)

Glücklicherweise hat in der modernen Geburtspraxis ein Gesinnungswandel zu einem differenzierteren, achtsameren Einsatz von Anästhetika stattgefunden. Heute wird bei einem Kaiserschnitt nur noch der Unterleib unempfindlich gemacht, so daß die Mutter die Geburt bei vollem Bewußtsein miterleben und, sobald der Eingriff vorüber ist, ihr Kind mit wachen Sinnen empfangen kann. Andererseits werden immer mehr Geburten mit Hilfe einer Periduralanästhesie (PDA) durchgeführt. Dabei wird der Mutter während der Geburt ein Anästhetikum direkt ins Rückenmark gespritzt. Dadurch werden die Schmerzen ausgeschaltet, andere Funktionen, wie der Preßdruck, bleiben jedoch aufrechterhalten. Weil es sich um relativ neue Narkosemittel handelt, sind deren Auswirkungen auf die Psyche des Neugeborenen jedoch völlig unbekannt.

Franziskas Geschichte

Die Trennung von ihrem Freund, mit dem sie sieben Jahre zusammengelebt hatte, machte Franziska schwer zu schaffen. Sie begann unter Stimmungsschwankungen und Angstgefühlen zu leiden. Gleichzeitig traten Unterleibsbeschwerden auf, die immer stärker wurden, weshalb sie ihren Hausarzt aufsuchte. Dieser stellte fest, daß etwas nicht in Ordnung war, und überwies sie zwecks weiterer Abklärungen ans Spital. Da sich der Verdacht erhärtete, daß sie ernsthaft erkrankt war, wurde ihr dringend geraten, sich einer Operation zu unterziehen. Während des Eingriffs, der zwei Monate später stattfand, fühlte sich Franziska sehr verwundbar und durchlitt große Ängste. Das Ausgeliefertsein war für sie derart unerträglich, daß sie ihren Körper verließ. Aus sicherer Distanz sah sie dem Geschehen auf dem Operationstisch zu, was sie schon als Kind in existentiell bedrohlichen Situationen zu tun pflegte, wie sie sich erinnerte. Die Operation selber verlief gut. Die dabei entnommenen Gewebeproben ergaben, daß ein bösartiger Tumor ihre Gebärmutter befallen hatte. Gemäß der Prognose ihrer Ärzte hatte sie nur noch wenige Monate zu leben. Nach dieser Hiobsbotschaft stürzte Franziska in ein dunkles Loch. Sie brach ihre sozialen Kontakte ab und wollte nur noch allein sein. Nachdem der erste Schock vorüber war, versuchte sie sich mit dem Tod auseinanderzusetzen. Verzweifelt suchte sie nach einem Sinn für ihre Krankheit und nach einer Antwort auf die Frage „Warum gerade ich?“ Da Franziska weder ein noch aus wußte, entschied sie sich, psychotherapeutische Hilfe in Anspruch zu nehmen.

In der Therapie fand Franziska den Raum und die nötige Begleitung, um ihre Gefühle und den Schmerz über ihr Schicksal auszudrücken. Was ihr gut tat, waren Körperübungen und Atemtechniken aus der spirituellen Praxis. Diese halfen ihr einerseits zu entspannen und ermöglichten ihr andererseits loszulassen, wenn alles wieder einmal auseinanderzubrechen drohte. Nach und nach begannen sich die Wogen der Emotionen und Gedanken etwas zu glätten. Obwohl Franziska nach wie vor Phasen der Angst, der Trauer und der Not durchlebte, fiel es ihr leichter, dem Unabwendbaren zu begegnen und ihr verzweifeltes Ankämpfen abzulegen, wodurch sie öfter auch Momente der Stille und des Friedens erlebte.

Seit der Operation verspürte Franziska verschiedentlich seltsame Lähmungserscheinungen. Während sie sich auf dem Sofa ausruhte, konnte es geschehen, daß sie sich plötzlich dumpf und am ganzen Körper wie betäubt fühlte. Die dabei ausgelöste Schwere und Kälte konnte sogar zu Atembeschwerden führen. Diese Empfindungen machten ihr verständlicherweise Angst, denn sie sah darin Vorboten ihres baldigen Todes. Als sie in der Psychotherapie davon berichtete und das Phänomen zu ergründen versuchte, wurde ihr Körper von eben dieser Kälte und Schwere befallen. Ihre Stimme, die klar und kräftig war, wurde zunehmend verzerrt. Aus Angst, nicht mehr atmen zu können und das Bewußtsein zu verlieren, versuchte Franziska diesem bedrohlichen Zustand zu entrinnen, indem sie aus ihrem Körper ausstieg. In einer späteren Sitzung, als sie wieder in diesen Zustand eintrat, wurde sie ermutigt, im Körper zu bleiben. Diesem Rat folgend, veränderte sich ihr Bewußtseinszustand. Franziska nahm etwas Mächtiges wahr, das unaufhaltsam auf sie zukam. Eine unheimliche Masse erfaßte sie. Ihr Körper wurde kalt und schwer. Sie fühlte sich ausgeliefert und wurde von dieser Übermacht einfach in den Boden gedrückt. Hilflos mußte sie miterleben, wie ihr ganzer Körper stillgelegt wurde.

Diese Erfahrung war eine wichtige Spur, der Franziska folgen konnte, um mehr über die Hintergründe ihrer Lähmungserscheinungen zu erfahren. Indem sie sich dieser Erscheinung öffnete, führte diese sie zu ihrer Geburt: Vom Hörensagen wußte sie, daß ihre Mutter eigentlich keine Kinder haben wollte. Als sie dennoch schwanger wurde, dachte sie zuerst daran, die Schwangerschaft abzubrechen. Doch aus Gewissensgründen und weil ihr Mann sich Kinder wünschte, entschied sie sich, das Kind auszutragen. Weil die Plazenta ungünstig lag, mußte ein Kaiserschnitt durchgeführt werden, von dem sich die Mutter nur schwer erholte. Wie es damals Routine war, wurde Franziska in ein separates Zimmer zu anderen Neugeborenen gelegt. Das vollständige Fehlen von Kontakt zur Mutter unmittelbar nach der Geburt stellte für Franziska eine tiefe Verletzung mit traumatischen Folgen dar. Sie hätte sich so sehr nach Wärme und Geborgenheit, nach einer sanften Umarmung gesehnt, um in der Nähe der Mutter das Erlebte zu verdauen und den Eintritt in die neue Welt bewältigen zu können. Doch da war nur diese abgrundtiefe Kälte und diese unsägliche Einsamkeit.

Diese Einblicke in ihre frühe Geschichte machten Franziska bewußt, daß sie auf die Trennung von ihrem Freund deshalb so heftig reagierte, weil diese den bei der Geburt erlebten Trennungsschock auslöste. Die Lähmungserscheinungen, unter denen sie seit der Operation litt, stellten sich als die im Körper niedergelegten Erinnerungen an den Kaiserschnitt heraus. Durch die Narkose wurden diese Erinnerungen nicht nur aktiviert, sondern zusätzlich vertieft. Mit mehr Distanz zum Erlebten erkannte Franziska, wie alles, von der Geburt über die Unterleibsoperation bis zum Ringen mit der Krebserkrankung, wichtige Puzzleteile waren, die es ihr ermöglichten, ihre Geschichte zu verstehen. Als Folge ihrer Erkentnisse und des Loslassens sprang etwas Hartes, eine Art Verkrustung auf, und ein dicker Knoten, der sich eng um ihr Herz gelegt hatte, begann sich aufzulösen. In ihrem Innern erwachte eine sanfte, aber kraftvolle Energie, die ihr ganzes Sein erfüllte. Von dieser Kraft inspiriert, trat langsam ein grundlegender Gesinnungswandel ein, der sich unter anderem darin zeigte, daß Franziska mit sich freundlicher und mit ihrem Leben geduldiger umging. Zu ihrer großen Freude stellte sich bei der ärztlichen Untersuchung sechs Monate nach der Operation heraus, daß sich der Tumor zurückgebildet hatte und sie auf dem besten Wege war, geheilt zu werden.

Daß der Körper nicht nur die Fähigkeit besitzt, Erinnerungen zu speichern, sondern diese auch unmittelbar ausdrücken kann, erlebte ich auf eindrucksvolle Weise während einer Gruppentherapiesitzung: Ein Teilnehmer, der über Verwirrtheit und Energielosigkeit klagte, wurde ermutigt, sich auf diese Erfahrung einzulassen. Den Empfindungen seines Körpers folgend, wurde er immer ruhiger, bis er völlig reglos auf der Matte des Therapieraums lag. Nach einer längeren Phase, während der, von außen gesehen, nichts geschah, begann es im Raum plötzlich nach Äther zu riechen. Zuerst schenkte ich diesem Geruch keine große Beachtung, denn ich nahm an, daß er von außen kam. Erst als auch andere Teilnehmer ihre Nasen zu rümpfen begannen, wurde offensichtlich, daß der sonderbare Geruch nicht von draußen kam, sondern vom Körper des am Boden liegenden Teilnehmers ausging. Als dieser erzählte, was er eben erlebt hatte, waren wir alle ziemlich verblüfft: Seine Suche nach den Wurzeln seiner Probleme hat ihn über die Regression zu seiner Geburt geführt, bei der seiner Mutter Äther verabreicht wurde. Was mich an dieser Sitzung sehr beeindruckte, war, mitzuerleben, wie sein Körper sich an die besonderen Geburtsumstände erinnerte und dabei, um sich zu reinigen, „Überreste“ des bei der Geburt verabreichten Äthers ausschied.

Substanzen mit einer betäubenden Wirkung, die bei der Geburt oder bei Operationen in der frühen Kindheit verabreicht werden, können, wie Untersuchungen gezeigt haben, zu nachhaltigen Störungen führen, die die motorische und emotionale Entwicklung sowie das soziale Verhalten beeinträchtigen. Die verwendeten Mittel, die Art des Eingriffs sowie die Bedingungen, unter denen dieser stattfand, spielen beim Entstehen von Spätfolgen eine ganz entscheidende Rolle. Meinen Beobachtungen zufolge sind es hauptsächlich Operationen, welche früh im Leben durchgeführt wurden, die prägende Spuren hinterlassen. Sie können zu blinden Flecken im Bewußtsein führen und das gesamte psychische Wachstum beeinflussen. Im Körper können sich diese Spuren als Schweregefühle, Dumpfheit, Energielosigkeit oder Lähmungserscheinungen, aber auch als Atembeschwerden und Engegefühle in der Brust oder im Hals bemerkbar machen; als Erscheinungen also, für die keine plausiblen Erklärungen gefunden werden können. Auf der emotionalen Ebene zeigen sich die Spätfolgen einer Narkose häufig als Orientierungslosigkeit, Verwirrtheit, Depression oder Apathie.

Daß zwischen Drogenabhängigkeit und der Verabreichung von Medikamenten bei der Geburt ein möglicher Zusammenhang besteht, hat der Arzt Dr. B. Jacobsen vom Karolinska Institut in Schweden darzulegen versucht. Die ersten Drogenabhängigen in seiner Studie wurden um 1945 geboren, zu einer Zeit, als gebärenden Frauen bedenkenlos starke Schmerzmittel verabreicht wurden. Jacobsen zeigte auf, daß Kinder, die später in ihrem Leben drogenabhängig waren, vermehrt von Müttern geboren wurden, die während der Geburt beruhigende oder schmerzlindernde Medikamente erhalten hatten. Der von Jacobsen aufgedeckte Zusammenhang kann dahingehend gedeutet werden, daß die bei der Geburt gemachte Erfahrung, den Schmerz mit Betäubungsmitteln zu lindern, als eine Art prototypisches Verhalten im Bewußtsein eingeprägt wurde. Später neigten diese Personen in unangenehmen Situationen unbewußt dazu, auf das bei der Geburt gelernte Muster der Schmerzbetäubung zurückzugreifen.

Denkanstöße:

- Gibt es Stellen an meinem Körper, an denen ich keine oder nur geringe Empfindungen habe?

- Leide ich unter Lähmungserscheinungen, für die es trotz eingehender medizinischer Untersuchung keine Erklärung gibt?
- Verspüre ich seltsame Empfindungen wie Schwere, Kälte oder Energielosigkeit?
- Habe ich Angst, mich einzulassen und meinem Körper zu vertrauen, da ich dabei befürchte, von etwas Unheimlichem oder Mächtigem erfaßt zu werden ?

H. Wenn die Nabelschnur die Existenz bedroht

Mit dem Fortschreiten der Schwangerschaft wird das Ungeborene nicht nur immer größer, sondern auch immer aktiver. Den wachsenden Bewegungsdrang kann die Mutter buchstäblich am eigenen Leib erfahren; um die Schwangerschaftsmitte sind erste zarte Kindsbewegungen spürbar, die dann immer ungestümer werden, bis das Kind gegen Ende der Schwangerschaft auch mal handfeste Hiebe und Tritte austeilt. Indem es Arme und Beine bewegt, sich streckt und seinen Körper in alle Richtungen dreht, erkundet es seine Umgebung und testet täglich seine sich entwickelnden Fähigkeiten. Dabei kann es geschehen, daß es sich unglücklich in der Nabelschnur verfängt und sich diese einmal oder gar mehrere Male um seinen Hals legt. Ist die Nabelschnur kurz, dann kann sie die Bewegungsfreiheit des Kindes behindern. Kritisch wird es bei der Geburt, denn es besteht die Gefahr, daß sich die Nabelschnur während der Austrittsphase immer enger um den Hals des Kindes zusammenzieht, wodurch die Sauerstoffzufuhr zum Hirn beeinträchtigt wird. Je nach Ausmaß und Dauer des Sauerstoffmangels kann die Selbststrangulation zu einer äußerst traumatischen Erfahrung werden und zu leichten bis schweren Schäden, im Extremfall sogar zum Tod des Kindes führen.

Yvonnes Geschichte

Yvonne arbeitete als Sozialpädagogin in einem Heim für geistig behinderte Kinder. Die abwechslungsreiche Arbeit mit ihren Schützlingen, insbesondere deren spontane und offene Lebensart, bereitete Yvonne Freude. In Beziehungen zu Erwachsenen fühlte sie sich hingegen häufig unsicher und unbehaglich. Aus unerklärlichen Gründen verstummte sie manchmal und konnte sich verbal plötzlich nicht mehr richtig mitteilen. Dabei hatte sie das Gefühl, als würde sich ihr Hals zuschnüren. Schon immer war ihr Hals eine sensible Stelle. Stets mußte sie ihn gut vor Kälte und gegen Durchzug schützen. Während ihrer Ausbildung war sie wegen starker, anhaltender Halsschmerzen in ärztlicher Behandlung gewesen, ohne daß jedoch eine Ursache für die Beschwerden gefunden werden konnte. Den Ausschlag, daß sie in die Psychotherapie kam, gab ein Konflikt mit ihrem Chef. Von ihm fühlte sie sich ungerecht behandelt. Als sie sich gegen die Anschuldigungen wehren wollte, wurde es plötzlich sehr eng um ihren Hals. Ihre Kehle ging zu, sie rang nach Luft und fürchtete, ersticken zu müssen. Nach diesem Vorfall brauchte Yvonne viel Zeit, um ihr psychisches Gleichgewicht wiederzufinden. Obwohl sie zu einem späteren Zeitpunkt Gelegenheit hatte, das Vorgefallene in einem Gespräch mit ihrem Chef zu bereinigen, blieb etwas hängen, das ihr einfach keine Ruhe ließ.

Yvonne wuchs als zweitgeborenes Kind in einer sechsköpfigen Familie auf. Ihr Vater arbeitete im Büro einer Holzbaufirma. Er war ein ruhiger und introvertierter Mann. Seine Freizeit verbrachte er am liebsten mit dem Studium von dicken Geschichtsbüchern. Ihre Mutter, die sich um den Haushalt und die Erziehung der Kinder kümmerte, war das pure Gegenteil; lebensfroh, energisch und überaus kontaktfreudig. Da die Vorlieben und Bedürfnisse ihrer Eltern nicht unterschiedlicher hätten sein können, gab es oft Spannungen und Meinungsverschiedenheiten. Diese endeten häufig damit, daß sich ihr Vater verletzt zurückzog und tagelang kein Wort mehr sprach. An diese frostige Stimmung erinnerte sich Yvonne äußerst ungern.

Zu Beginn der Therapie standen diese familiären Probleme im Vordergrund. Nachdem Yvonne bewußt wurde, wie sehr sie unter dem Schweigen des Vaters und den Spannungen zwischen ihren Eltern gelitten hatte, bekam sie plötzlich heftige Halsschmerzen. Während der Sitzung hatte sie Mühe zu sprechen. Ermutigt, sich tiefer auf die Erfahrung einzulassen und dem Schmerz im Hals Raum zu geben, begann sie zu regredieren. Plötzlich verspürte sie etwas Hartes am Hals, das sie würgte. Sie bekam Angst. Bilder begannen in rascher Abfolge vor ihrem inneren Auge vorüberzuziehen. Yvonne erkannte, daß der Schmerz in ihrer Kehle durch die Nabelschnur verursacht wurde, die sich bei der Geburt eng um ihren Hals gewickelt hatte. Zuerst verlief die Geburt ganz normal. Doch gegen Ende, als der

Druck an ihrem Kopf stark zunahm und sie den Impuls verspürte, sich durch die Widerstände hindurchzukämpfen, merkte sie, daß sie in einer Falle steckte. Bei jedem Versuch durchzustoßen, um geboren zu werden, zog sich die Nabelschnur um ihren Hals fester zusammen. Das schreckliche Dilemma bestand für sie darin, daß sie mit jedem Versuch, sich aus der klaustrophoben Situation zu befreien, diese verstärkte.

Wie Yvonne in der körperorientierten Psychotherapie aufdeckte, hinterließen bei ihr diese Komplikationen tiefe Verletzungen. Weil ihr bei der Geburt die Erfahrung, ihren eigenen Kräfte zu vertrauen, verwehrt blieb, fehlte ihr später das Selbstvertrauen, das sie benötigt hätte, um sich durchzusetzen. Aus Angst, den bedrohlichen Gefühlen ihrer Geburt erneut zu begegnen, wich Yvonne Situationen automatisch aus, in denen es eng wurde und sie sich behaupten mußte. Dadurch wurde ihr Lebensraum immer enger. Zusätzlich nahm sie sich zurück, und sie verhielt sich, was Nähe und Kontakt betraf, sehr vorsichtig. Yvonne war nun gefordert zu lernen, ihren Gefühlen und Empfindungen Aufmerksamkeit zu schenken und ihre Kraft zu leben. Gegen Ende der Psychotherapie, nachdem Yvonne mit dieser Umgangsweise positive Erfahrungen gemacht hatte, begannen ihre Halsbeschwerden zurückzugehen. Auch schwierige Situationen bei der Arbeit sowie enge Begegnungen mit Erwachsenen verloren ihre Bedrohlichkeit. Von einer alten Last befreit, gewann Yvonne an Zuversicht und konnte nun das Vertrauen in sich und ihre Fähigkeiten vertiefen.

Strangulationserlebnisse sind Alles-oder-Nichts-Ereignisse, die weder modifiziert noch dosiert werden können und an die man sich deshalb auch nicht behutsam herantasten kann. Bevor man sich bewußt wird, was einem widerfährt, befindet man sich bereits in höchster existentieller Not, und es bleibt einem im wahrsten Sinne die Luft weg. Aus Angst vor einer Begegnung mit dieser bedrohlichen Wirklichkeit im Alltag haben Personen mit dieser Geburtserfahrung gut gelernt, sich zu schützen und unliebsamen Überraschungen vorzubeugen. Eine beliebte Strategie ist die des Beobachters, der aus sicherer Distanz das Geschehen überblickt. Eine Einbuße der Bewegungsfreiheit, die ein solches Verhalten mit sich bringt, nimmt man gerne in Kauf. Wird die Situation unübersichtlich, hält man sofort Ausschau nach Fluchtwegen und sondiert mögliche Ausweichmanöver. In Beziehungen und im Umgang mit körperlicher Nähe verhält man sich sehr vorsichtig. Spielerische Aktivitäten wie ein Ballspiel mit Freunden oder eine intime Begegnung mit dem Partner können problematisch sein. Das Dilemma von Personen mit diesem Geburtshintergrund kommt häufig in folgender Aussage zum Ausdruck: „Obwohl ich dich liebe und ich mich einlassen möchte, ist es mir unmöglich, dir wirklich nahe zu sein."

War die Nabelschnur eng um den Hals gewickelt, kann dies das Fließen der Energieströme zwischen Kopf und Körper beeinträchtigt haben. Verwirrungszustände, Orientierungslosigkeit, Angstgefühle und Schwierigkeiten, sich aufs Leben einzulassen, sind mögliche Folgen dieser Erfahrung. Die bei der Geburt erlebte Strangulation schafft darüber hinaus auch eine physische Prädisposition. Durch das Zusammenziehen der Nabelschnur entsteht im Hals eine Schwachstelle, die empfindlich auf Störungen reagiert. Körperliche Beschwerden, die sich daraus entwickeln können, sind Kopfschmerzen, Atemprobleme, erhöhte Empfindlichkeit für Erkältungen, Halsentzündungen sowie Probleme mit der Stimme. Eine Klientin, die bei der Geburt von der Nabelschnur fast erwürgt worden wäre und als Neugeborenes beatmet werden mußte, hatte eine heisere, ständig belegte Stimme. Dadurch hatte sie Mühe, sich in Gesellschaft Gehör zu verschaffen. Als sie dreißig Jahre alt wurde, entdeckte man einen Knoten an ihrem Hals, der sich aber glücklicherweise als gutartig herausstellte. Wie sensibel der Hals solcher Personen noch Jahrzehnte nach der traumatischen Geburtserfahrung ist, kommt auch in der Auswahl der Kleidung zum Ausdruck. Yvonnes erste Therapiesitzung fand an einem warmen Sommertag statt. Dennoch trug sie einen leichten Schal, locker um den Hals geschlungen. Ohne sich jemals Gedanken darüber gemacht zu haben, neigte sie dazu, diese empfindliche Stelle speziell zu schützen. Einen Rollkragenpullover zu tragen war für sie undenkbar. Allein schon der Gedanke daran löste ihr ein mulmiges Gefühl aus.

Denkanstöße:

- Verursacht mein Hals mir regelmäßig Beschwerden? Ist er empfindlich, und muß ich ihn gegen Kälte und vor Durchzug besonders gut schützen?
- Leide ich unter Enge- oder Druckgefühlen im Kehlbereich?

- Habe ich Schwierigkeiten, meine Stimme zu finden und mich klar und deutlich auszudrücken?
- Ist es für mich schwierig oder gar unmöglich, Kleidungsstücke zu tragen, die eng am Hals anliegen?

Geburtshilfe: Ein Kind der Zeit

Bis ins neunzehnte Jahrhundert war fast alles, was sich ums Kinderbekommen drehte, reine Frauensache. Werdende Mütter wurden sowohl während der Schwangerschaft als auch bei der Geburt und im anschließenden Wochenbett ausschließlich von Frauen betreut. Neben der Hebamme waren es meist weibliche Verwandte, die der Frau beistanden. In diesem Umfeld wurde das Wissen vom Gebären bewahrt und sicher von einer Generation an die nächste weitergegeben. Schwangerschaft und Geburt galten als ganz normale Vorgänge und natürliche Bestandteile des Lebenszyklus. Geschichten, Mythen und rituelle Zeremonien, die der Schwangeren halfen, in ihre neue Aufgabe hineinzuwachsen, spielten dabei eine wichtige Rolle. In verschiedenen sogenannt primitiven Kulturen, in denen das Leben in engem Bezug zu einer übergeordneten Wahrheit steht, wird diese Art der Begleitung und Wissensübermittlung noch heute praktiziert.

Seit der industriellen Revolution hat die Medizin zweifelsohne gigantische Fortschritte gemacht. Doch leider wurden dabei auch wichtige Teilbereiche des Lebens, die sich dem Meß- und Sichtbaren entziehen, ausgeblendet. Dieses wissenschaftliche Denken, das vom Wunsch nach Machbarkeit, insbesondere nach Kontrolle über natürliche Vorgänge, dominiert ist, birgt in sich die Gefahr, daß übergeordnete Zusammenhänge, die für ein tieferes Verständnis entscheidend sind, übersehen und nicht verstanden werden. Entsprechend dieser Sichtweise erhalten notleidende Personen heute oft eine emotional ungenügende, zu einseitig medizinische Behandlung, die hauptsächlich das optimale Funktionieren des Körpers zum Ziel hat, dabei aber den emotionalen und psychischen Bereich außer acht läßt. Orientiert sich die moderne Forschung weiterhin allein an der Philosophie des wissenschaftlichen Materialismus, sind Erkenntnisse und

Beiträge, die sie hervorzubringen vermag, einseitig und in sich begrenzt.

Was die Geburtshilfe betrifft, brachte der wissenschaftliche Materialismus eine Umkehrung von der helfenden Unterstützung zur beherrschenden Manipulation. Die Geburt wurde vom natürlichen Vorgang zum Problembereich erklärt, die es mit dem ganzen zur Verfügung stehenden Arsenal moderner Technik zu meistern galt. In diesem Szenario konnte nicht mehr die Gebärende als Handelnde im Zentrum stehen, sondern die Fachleute, die Ärzte. Die Frau, die noch Stunden zuvor als gesunde Person ins Krankenhaus gekommen war, bekam die Rolle der unmündigen Patientin zugewiesen. Vom jahrtausendealten Wissen der Frauen abgeschnitten und von den natürlichen Vorgängen des eigenen Körpers entfremdet, geriet die Gebärende zunehmend in ein Abhängigkeitsverhältnis, das die technische Intervention nicht nur rechtfertigte, sondern geradezu verlangte.

Dieser Zeitgeistwandel kommt wohl nirgends so eklatant zum Ausdruck wie im Übergang von der vertikalen zur horizontalen Gebärposition. Wenn die Mutter zum Gebären auf dem Rücken liegt, müssen sie und das Kind gegen die Schwerkraft arbeiten. Zudem besteht in dieser Position die Gefahr, daß wichtige Blutgefäße im Unterleib der Mutter zugedrückt werden, was beim Kind zu einem Sauerstoffmangel führen kann. Der einzige Vorteil dieser unnatürlichen Haltung liegt beim Arzt; er kann so den Geburtsverlauf bequemer überwachen und kontrollierend eingreifen. Daß die vertikale Gebärposition, sei dies in der Hocke, auf einem Gebärstuhl oder angelehnt an den Partner, nicht nur natürlicher, sondern auch unproblematischer ist, wurde dabei übersehen.

Der wissenschaftliche Materialismus fand auch in der Psychologie seinen Niederschlag. In Anlehnung an dieses mechanistische Verständnis wurde in der Entwicklungspsychologie ein Menschenbild entworfen, das dem Kind bei der Geburt jedes Empfindungsvermögen, jede Wahrnehmungsfähigkeit und damit jede Art von Intelligenz abspricht. Gemäß dieser Theorie ist das Kind ein unbeteiligtes Geschöpf, das von biologischen Trieben beherrscht wird und weder während der Schwangerschaft noch bei der Geburt Sinneseindrücke oder gar Schmerzen wahrnimmt. In einer Art Tiefschlaf und nur mit rudimentären Reflexen ausgestattet, ist es außerstande, sich mitzuteilen und auf seine Umwelt zu reagieren. Erst Monate später, mit dem

Erwachen mentaler Fähigkeiten und dem Auftauchen einfacher sozialer Verhaltensmuster, so wurde argumentiert, wird das Kind zu einem bewußten Wesen, das aktiv am Leben teilnimmt. Getreu diesem Menschenbild bestand die Pflege neugeborener Kinder primär darin, sie ausreichend mit Nahrung zu versorgen, ihren Körper rein zu halten und sie an einen vorgegebenen Schlaf-Wach-Rhythmus zu gewöhnen. Abweichungen von der vorgegebenen Norm wurden häufig mit Härte wegerzogen oder durch moralische Strenge unterdrückt. Die Konsequenz dieser Erziehungsmethode, die das kindliche Potential in keiner Weise fördert und seinen individuellen Rhythmus schlicht ignoriert, sind emotionale Störungen wie Angstzustände, Depressionen sowie tiefsitzende Probleme mit dem Selbstwert.

Die sanfte Geburt

Es ist vor allem das Verdienst des französischen Arztes und Gynäkologen Frédérick Leboyer, daß die „moderne" Geburtshilfe überdacht und geändert wurde. Mit bewegenden Beiträgen hat er auf das große Leiden der Kinder während der Geburt aufmerksam gemacht. Aufgeschreckt durch seine eigenen Erlebnisse als Geburtshelfer, begann er die herkömmliche Geburtspraxis zu kritisieren, indem er sie mit einem Attentat verglich. Unsanft aus der vertrauten Geborgenheit herausgerissen, wird das Neugeborene in eine kühle, grelle Welt hineingeworfen. Sollte es noch nicht aus Panik lauthals geschrien haben, wird es an den Beinen in die Höhe gezerrt und auf den Hintern geschlagen. Schreit es endlich, ist dies ein gutes Zeichen, denn es bedeutet, daß es atmet und somit gesund ist. Leboyer versuchte sich in die Kinder hineinzuversetzen und auf diese Weise nachzuvollziehen, was sie während der Geburt durchlebten. Ihm wurde bewußt, daß sowohl die Geburtsmethoden wie auch das Klima im Gebärsaal für sie ein Horror sein müssen. Als erschlagene, erschöpfte und wie von einem schweren Kampf geschundene Krieger, die jeden Moment sterben müssen, beschreibt Leboyer Kinder, die auf die herkömmliche, anfänglich auch von ihm praktizierte Geburtsmethode geboren wurden.

Mit dem Ziel, dem Kind dieses Leiden zu ersparen und ihm statt dessen einen optimalen Start ins Leben zu ermöglichen, forderte

Leboyer eine radikale Wende in der Geburtsphilosophie und eine Praxis, welche die Bedürfnisse und Empfindungen des Neugeborenen ernst nimmt. Jeglicher Streß ist bei der Geburt zu vermeiden. Sie soll in einem Klima stattfinden, in dem sich Mutter und Kind wohlfühlen und den Übergang sicher und ohne unnötige Störungen vollziehen können. Um das Kind bei seiner Ankunft nicht durch grelles Licht zu erschrecken, ist eine gedämpfte Beleuchtung zu wählen. Auch die Raumtemperatur ist dem kindlichen Bedürfnis nach Geborgenheit anzupassen. Während der Geburt stehen die die Geburt begleitenden Personen im Hintergrund und schreiten nur ein, wenn es die Situation erfordert. In einer entspannten Atmosphäre können sich Mutter und Kind besser begegnen und dieses überwältigende Erlebnis zu einem guten Abschluß bringen. Auf jeden Fall müssen Kind, Mutter und Vater genügend Zeit haben, um einander in aller Ruhe begrüßen zu können.

Leboyer war überzeugt, daß die sanfte Geburt durch das Vermeiden unnötiger Leiden auch späteren emotionalen Störungen und Verhaltensschwierigkeiten vorbeugen hilft, die auf der Grundlage von Geburtstraumen entstehen können. Seine Geburtsphilosophie, die von weiteren Fachleuten wie Sheila Kitzinger, Elizabeth Noble und Michel Odent unterstützt und weitergeführt wurde, stieß innerhalb der traditionellen Medizin zuerst auf Kritik und Ablehnung. Doch aufgrund positiver Erfahrungen von Eltern, Hebammen und Ärzten lösten sich diese Widerstände langsam auf, so daß in der Geburtshilfe der letzten zwanzig Jahren eine Sensibilisierung und ein Umdenken in ein positive Richtung stattfand. In den Geburtsabteilungen der meisten Spitäler ist man heute bestrebt, möglichst auf die Wünsche und Bedürfnisse der Eltern einzugehen und die Geburtspraxis am Kind zu orientieren. Ebenfalls im Zuge dieser Entwicklung sind mehrere Geburtshäuser entstanden, wo Frauen in einem familiären Rahmen und mit professioneller Betreuung ohne Hast und Zeitdruck gebären können. Auch die Hausgeburt, die von der etablierten Medizin noch bis vor kurzem als fahrlässig und gefährlich gebrandmarkt wurde, ist wieder salonfähig geworden.

Was wir von unserer Geschichte lernen können

Alle haben wir eine bewegte und abwechslungsreiche Geschichte hinter uns. Im Laufe unseres Lebens sind wir schwierigen Ereignissen begegnet, haben Trauer und Not durchlebt und immer wieder auch Glück und Freude erfahren. Dieses Spektrum an Eindrücken ist nicht spurlos an uns vorbeigegangen. Vielmehr hat es die Einstellung unseren Mitmenschen und uns selber gegenüber und die Haltung geprägt, mit der wir der Welt begegnen und mit der wir das Leben bewältigen. Abhängig von der Art unserer Erlebnisse und dem, was wir daraus gemacht haben, sind bestimmte Grundmuster entstanden. Diese und die daraus abgeleiteten Schlußfolgerungen, üben – ohne daß wir uns dessen bewußt sind – einen nachhaltigen Einfluß auf uns aus, insbesondere auf unser Verhalten in Beziehungen. Haben wir die Möglichkeit, alte Verletzungen zu heilen und diese tiefverwurzelte Konditionierung aufzudecken, können wir loslassen und zur Ruhe kommen. Über den Weg der Selbsterkenntnis können wir uns vom kräfteraubenden Drama, das ja nichts als das Resultat unserer Geschichte ist, befreien. Der sich als Folge öffnende innere Freiraum hilft uns, uns selber zu berühren und unser grenzenloses Potential zu entfalten, das wir alle in uns tragen.

Wie sind wir zu dem Menschen geworden, der wir heute sind? Dies ist wohl die Kernfrage, auf die uns die Auseinandersetzung mit unserer Geschichte eine Antwort geben soll. Wir haben gesehen, daß frühe Eindrücke, welche von einer äußerst subtilen Qualität sind, die Kraft haben, tief in unser psychisches System einzugreifen und unsere Entwicklung zu beeinflussen. Durch Wiederholung verstärkt, gewinnen diese Eindrücke an Einfluß und Macht. Dieser innerpsychische Vorgang setzt eine Dynamik in Gang, die bewirken kann, daß wir den Bezug zu uns selber verlieren und in unserer ungelebten Wirklichkeit steckenbleiben. Obwohl wir uns alle nach Kontakt, Verständnis und Liebe sehnen, verhalten wir uns häufig in einer Weise, die unsere Probleme vermehrt und unser Unglücklichsein vertieft. Verantwortlich dafür sind zum einen unsere Unwissenheit und zum anderen unsere Grundmuster. Die Wurzeln unserer Grundmuster reichen in unserem Leben weit zurück, in die Zeit, als wir uns noch nicht mit Worten mitteilen konnten. Um diese frühesten Prägungen herum haben wir nach und nach unsere ICH-Existenz aufgebaut, die wir für die letzte Wahrheit halten und die wir mit allen Mitteln zu schützen versuchen. Mittlerweile erwachsen geworden, sind wir mit diesem Zustand so vertraut geworden, daß es uns schwer fällt, unsere Grundmuster, Vorstellungen und Strategien abzulegen und mit uns in Kontakt zu sein.

Daß der meines Erachtens faszinierendste und auch prägendste Lebensabschnitt, Geburt und vorgeburtliche Zeit, sowohl von der Medizin als auch der Psychologie lange ignoriert wurde, hängt mit dem Menschenbild zusammen, das dem Fötus und dem Neugeborenen jedes Empfindungsvermögen und jedes Bewußtsein abspricht. Auch die Tatsache, daß der Einfluß der Geburt und der Zeit davor nur schwer erfaßt und im Rahmen des traditionellen Psychologieverständnisses kaum begriffen werden kann, hat dazu geführt, daß diesem frühen Lebensabschnitt wenig oder keine Bedeutung beigemessen wird. Wenn wir mehr über den Beginn unseres Werdens erfahren möchten, müssen wir den Mut haben, uns zu öffnen, und unsere Erwartungen und Konzepte ablegen. Auf der Reise durch unsere Geschichte sind wir primär auf unsere Empfindungen, unsere Gefühle und unsere Intuition angewiesen. Etwas verstehen zu wollen und dabei nicht ausschließlich den Verstand zu benützen mag uns schwer fallen, denn in unserer abendländischen Denk- und Lebensweise haben wir gelernt, nur das zu glauben, was wir mit dem Intellekt fassen und mit unseren Sinnen wahrnehmen können. Dies ist der Grund, weshalb wir Schwierigkeiten haben, unserem Herzen zu folgen und auf die Stille zu hören. In diesem Zusammenhang erinnere ich mich daran, wie ich als Kind Zugang zu veränderten Bewußtseinszuständen hatte, in denen ich meiner Wahrheit sehr nahe war und die mich mit großer Freude und Glück erfüllten. Mit dem Eintritt in die Schule und den dabei vermittelten Wertvorstellungen verlor ich diesen Seinszustand jedoch vollständig. Erst viele Jahre später, mit Unterstützung der Psychotherapie und der spirituellen Praxis, öffnete sich mir dieser Bereich wieder, und ich fand zurück zu mir selber.

Waren wir in der glücklichen Lage, in einem Umfeld aufzuwachsen, in dem unsere Bedürfnisse wahr- und wir ernst genommen wurden, dann konnten wir eine solide psychische Grundlage aufbauen. Wurden wir ermutigt, Schwierigkeiten nicht primär als Probleme, sondern als Herausforderungen anzusehen, dann hat uns diese Haltung zu einem gesunden und stabilen Selbstvertrauen verholfen. Auf der anderen Seite hatte das Fehlen von Zuneigung und Unterstützung in den Anfängen unserer Entwicklung zur Folge, daß wir uns regelmäßig überfordert und in unserem Wachstum verunsichert und bedroht fühlten. Ohne in einem sicheren Fundament verankert zu sein, weckt das Wunder Leben nicht Neugierde und Interesse, sondern macht Angst. Der Punkt, an dem bedeutende Entscheidungen gefällt werden, geschieht nicht irgendwann in der Kindheit oder der Pubertät. Ich möchte an dieser Stelle noch einmal betonen, daß wir zu keiner Zeit in unserem Leben so empfänglich und verletzbar sind, wie wir dies bei der Geburt und in der Zeit davor waren. Entsprechend nachhaltig und für unser Bewußtsein prägend sind die Erlebnisse und Eindrücke aus dieser frühen Phase. Unsere persönliche Wirklichkeit, die wir in jeder Zelle unseres Körpers tragen und die sich hier und jetzt in unserem Denken, Fühlen und Handeln spiegelt, nahm damals ihren Anfang.

Für die Entdeckungsreise durch unserer Geschichte und die Aussöhnung mit unserer Vergangenheit sind wir auf eine kompetente, mitfühlende Begleitung angewiesen. Mit therapeutischer Unterstützung, insbesondere der körperorientierten Psychotherapie, sind wir in der Lage, zu klären, was wir damals erlebt haben, und zu verstehen, was unser Verhalten geformt hat. Seelische Verletzungen und emotionale Störungen können wir im therapeutischen Rahmen nach und nach aufdecken, und von den negativen Folgen, die diese hinterlassen haben, können wir uns befreien. Die Auseinandersetzung mit dem Geborenwerden und unbewältigten vorgeburtlichen Ereignissen verschafft uns einen tiefen Einblick in das Wesen unsers Bewußtseins. Dadurch ist es möglich, wichtige Zusammenhänge zwischen unserer Vergangenheit und unserem Verhalten in Beziehungen zu erkennen. Dies wiederum hilft uns dabei, uns so, wie wir sind, besser anzunehmen. Auch die Ursachen somatischer Beschwerden und destruktiver Gefühle können in der Psychotherapie bewußt gemacht und bewältigt werden. Durch das Auflösen unbewältigter Vorkommnisse unserer Geschichte können wir zurück in unseren Körper und damit in die Gegenwart finden. Es ist für mich immer wieder faszinierend zu beobachten, wie das Heilen von Verletzungen der Anfangszeit und das

Erkennen der daraus entstandenen Grundmuster Menschen offen, innerlich weit und durchlässig macht. Von der Kraft dieses reinigenden und klärenden Prozesses inspiriert, können wir Vertrauen und Zuversicht entwickeln und wieder in den Fluß des Lebens finden.

Geburt und Tod sind die wichtigsten Übergänge, die wir im Leben zu meistern haben. Unsere erste Grenzerfahrung haben wir bei der Geburt gemacht, als wir den Schritt von der totalen Abhängigkeit in den Beginn der Unabhängigkeit wagten. Diese Erfahrung können wir nutzen, um den vertrauten Lebensraum auszuweiten und unser Sein zu transzendieren. Die Auseinandersetzung mit der Geburt hilft uns dabei, Altes loszulassen und Neuland zu betreten. Vergleichbar mit der Raupe, die den schützenden Kokon für immer verläßt, um als Schmetterling geboren zu werden und eine neue Welt zu entdecken, können auch wir einen Sprung machen und tief in den Grund unserer Existenz eintauchen. Emotional gereinigt und mental entschleiert, nehmen wir uns selber und unsere Umwelt mit anderen Augen wahr. Diese sich verändernde Sichtweise ermutigt, neue Lebenswege zu beschreiten, und weckt, wie das bei mir auch der Fall war, häufig das Interesse an spirituellen Themen.

Wenn wir aus der Begegnung mit unserer Geschichte etwas lernen wollen, sollten wir uns an folgenden Fragen orientieren:

- Was habe ich zu Beginn meiner Geschichte erfahren?
- Welche Spuren haben die in der Anfangszeit gemachten Erlebnisse in meinem Bewußtsein hinterlassen, und wie haben mich diese geprägt?
- Welche Grundmuster und Überlebensstrategien, die mein Verhalten heute bestimmen, entstanden damals?
- Welche Gefühle und/oder Symptome haben möglicherweise ihren Ursprung in den Anfängen meines Werdens?
- Wie ist der Kontakt zu den mir nahestehenden Menschen, und welche Rolle spielt dabei die früheste Phase meiner Geschichte?

Das Nachsinnen über diese Fragen ist anregend und aufschlußreich zugleich. Sind wir bereit, uns für das Leben zu öffnen und unsere Geschichte anzunehmen, schaffen wir die Voraussetzung, um unsere Grenzen zu überschreiten und zu verstehen, wie wir zur Person geworden sind, die wir heute sind. Allen eine bewegte und inspirierende Reise!

Literaturangabe

Amendt, G. *Das Leben unerwünschter Kinder*. Frankfurt a. M: Fischer Verlag, 1992.

Blau, A., Slaff, B., Easton, K. Welkowitz, J., Springarn, J. *The Psychologic Etiology of Premature Births*. Psychosomatic Medicine, Vol. XXV, No. 3, 201- 211, 1963.

Brazelton, B. *Infant Outcome in Obstetric Anesthesia*. ICEA News, November–December 1970.

Brackbill, Yvonne. *Lasting Behavioral Effects of Obstetrical Medication on Children: Research Findings and Public Policy Implications*. Bericht am 17. April 1978 dem Komitee für Gesundheit und Forschung des amerikanischen Senates unterbreitet.

Buchheimer, A. *Memory – preverbal and verbal*. 1. Intern. Congress on Pre- and Peri-Natal Psychology. 1983.

Castellino, R. *Skript zur Ausbildung in Geburtstraumenarbeit*. Santa Barbara: 1998. In: U. Honauer. Eigentlich zwei. Spuren, Nr. 51, 1999.

Chamberlain, D. *Reliability of birth memories: Evidence from mother and children pairs in hypnosis*. Paper presented at 23rd. Anual Scientific Meeting of the American Society of Clinical Hypnosis, Minneapolis, 1980.

Chamberlain, D. *Birth recall in Hypnosis*. Paper presented to the Association for Birth Psychology, New York, 1981.

Chamberlain, D. *Consciousness at birth: A Review of the Empirical Evidence*. San Diege: Chamberlain Communications, 1983.

Cheek, D. *Sequential head and shoulder movements appearing with age regression in hypnosis to birth*. The American Journal of Clinical Hypnosis, 16, (4), 216–266, 1974.

Cheek, D. *Maladjustment Patterns Apparently Related to Imprinting at Birth*. The American Journal of Clinical Hypnosis. 18 (29), 75–82, 1975.

Cheek, D. *Consideration of LeCron's ideomotor questioning method*. Swedish Journal of Hypnosis, (August), 44–51, 1979.

Dalai Lama. *Die Freude, friedvoll zu leben und zu sterben*. München: Knaur Esoterik, 1997.

Da Love-Ananda. *Das Knie des Lauschens*. Amsterdam: The Dawn Horse Press.1972.

Davids, A. und S. Devault. *Maternal Anxiety During Pregnancy and Child Abnormalities*. Psychosomatic Medicine, Vol. XXIV, No. 5, 464–470, 1962.

Farrant, G. *From Soul To Cell*. Melbourne: Unpublished Paper 1988.

Farrant, G. *Cellular Consciousness and Conception: An Interview with Dr. Graham Farrant*. Pre- and Peri – Natal Psychology News, 1989.

Fodor, N. *The Search for the Beloved: A Clinical Investigation of the Trauma of Birth and Pre-Natal Conditioning*. New York: University Books, 1949.

Freundlich, D. *Birth Trauma and the „Birth Therapies"* New York: Monograph, 1979.

Freundlich, D. *Corrective Rebirthing*. New York: Monograph, 1980.

Freud, Sigmund. *Die Traumdeutung*. Frankfurt a. M. : Fischer Verlag, 1991.

Graber, H. und F. Kruse (Hrsg.) *Vorgeburtliches Seelenleben*. München: Goldmann Verlag , 1973.

Graber, H. (Hrsg.) *Pränatale Psychologie*. München: Kindler Verlag, 1974.

Graber, H. *Psychotherapie als Selbstverwirklchung*. Gesammelte Schriften, Band III. München: Goldmann Verlag 1977.

Grant, L. *The „born to run" lullaby: Springsteen in dreamland*. Boston Globe, Calendar 1981.

Grof, S. *Varieties of transpersonal experiences: Observations from LDS psychotherapy*. Journal of Transpersonal Psychology, 4, (1), 45–80, 1972.

Grof, S. *Realms of Human Unconscious*. New York: Dutton, 1976.

Grof, S. *Geburt, Tod und Transzendenz*. München: Kösel Verlag, 1985.

Jacobsen, B. *Perinatal Origin of Eventual Self-Destructive Behavior*. Pre- and Peri – Natal Psychology, 2 (4), Summer 1988.

Janov, A. *The Primal Scream: Primal Therapy – The cure of Neurosis.* New York: G.P. Putman & Sons, 1970.

Janov, A. *The Feeling Child.* New York: Simon & Schuster, 1973.

Janov, A. *Imprints.* New York: Coward – McCann, 1983.

Jones, E. *The Life and Work of Sigmund Freud.* New York: Basic Books, 1953.

Kelsey, D. *Phantasies of birth and prenatal experience recovered from patients undergoing hypnosis.* Journal of Mental Science, 99, 216–233, 1953.

Kitzinger, S. *The Complete Book of Pregnancy and Childbirth.* New York: A. Knopf, 1982.

Klaus, M. und J. Kennell. *Maternal-infant bonding.* St. Louis: C.V. Mosby Company, 1976.

Kruse, F. *Die Anfänge der individuellen Erfahrungsbildung.* In G.H. Graber und F. Kruse (Hsg.), Vorgeburtliches Seelenleben. München: W. Goldmann Verlag 1973.

Kruse, F. *Zur Psychologie des Ungeborenen.* Sonderdruck. Therapie Woche, 28, (49), 3–7, 1978.

Kruse, F. *Raumangst und Platzangst als geburtstraumatische Neurose.* Sonderdruck. Praxis der Kinderpsychologie und Kinderpsychiatrie, 28 (7), 240–249, 1979.

Kruse, F. *Erinnerungen an die eigene Geburt – Realität oder Fiktion?* In S. Schindler (Hsg.) Geburt -- Eintritt in eine neue Welt. Göttingen: Dr. C. G. Hogrefe, 1982.

Laing, R.D. The *Facts of Life.* New York: Ballantin Books, 1976.

Laing, R.D. *The Voice of Experience.* New York: Pantheon Books, 1982.

Lama Gendün Rinpoche. *Der große Pfau.* München: Theseus Verlag, 1993

Lake, F. *LSD – 25, birth trauma and claustrophobia.* Paper presented for the 2nd Inter. Congress of Social Psychiatry, Nottingham, 1978.

Leboyer, Frédérick. *Geburt ohne Gewalt.* München: Kösel Verlag 1981.

Loftus, E. F. *Erinerung und Wahrheit.* Psychologie Heute, Dezember 1992.

Loftus, E. F. *Memory.* Reading: Adison-Wesley, Reading, 1980.

Loftus, E. F. und G. R. Loftus. *On the permanence of stored information in the human brain.* American Psychologist, Vol. 35, Nr. 5, 1980.

Maslow, Abraham. *Toward a Psychology of Being* New York: D. Van Nostrand 1962.

Mathison, L. *Does your child remember?* Mothering, 21, 103–107, 1981.

Moya, F. und V. Thorndike. *Newborn Attention as Affected by Medication during Labor.* Science, Vol. 144, 315–317, April 1964.

Netherton, M. und N. Shiffrin. *Past Lives Therapy.* New York: Ace Books, 1978.

Noble, Elizabeth. H*aving Twins* Bosten: Houghton Mifflin, 1980.

Noble, Elizabeth. *Primal Connections.* New York: Simon & Schuster 1993.

Odent, M. *Die sanfte Geburt.* München: Kösel 1978.

Orr, L. und S. Ray. *Rebirthing in the New Age.* Berkley: Celestial Arts, 1975.

Proskauer, S. *Levels of The Unconscious in Past Lives Therapy.* Monograph, 1984.

Rank, Otto. *Das Trauma der Geburt.* Frankfurt a.M.: Fischer 1988.

Ray, S. *Celebration of Breath.* Berkley: Celestial Arts, 1982.

Roden, R. *Concept of prenatal affective coding.* Current Concepts in Psychiatry, 5 (6), 2–7, 1979.

Rottman, G. *Untersuchungen über Einstellung zur Schwangerschaft und zur fötalen Entwicklung.* Geist und Psyche. H. Graber (Hrsg.). München: Kindler Verlag 1974.

Ruch, H. The *Experience of Being Born as Recalled in Adulthood.* Dissertation, Union Institute, USA, 1986.

Saint John, Robert. *Metamorphose, die pränatale Therapie.* Essen: Synthesis Verlag, 1984.

Sonntag, L. W. *Implications of Fetal Behavior and Environment for Adult Personalities.* Annals of the New York Academy of Sciences 134, 782–786, 1965.

Stott, D. h. *Follow – up Study from Birth of Effects of Prenatal Stress.* Developmental Medicine and Child Neurology 15, 770–787, 1973.

Verny, Thomas, und John, Kelly. *Das Seelenleben des Ungeborenen.* München Ullstein 1981.

Winnicott, D.W. *Birth memories, birth trauma, and anxiety.* Collected Papers: Through Paediatrics to Psycho-Analysis. New York: Basic Books, 1958.

Weitere Bücher aus dem Verlag Via Nova:

Die innere Sphäre des Menschen

Das Tor des Herzens öffnen

Mansukh Patel

192 Seiten, Paperback – ISBN 3-928632-72-8

Dr. Patel hat die seltene Gabe, die etwas rätselhaften und schwer faßbaren Facetten unseres Lebens zu ergründen. Jeder hat irgendwann in seinem Leben nach einer Lösung auf die Verwirrung und die Konflikte, die einen manchmal überkommen, gesucht. Jeder von uns hat zu verstehen versucht, warum unsere Beziehungen nicht immer auf die erhoffte Weise funktionieren und manchmal haben wir unsere Hände ausgestreckt, nur um festzustellen, daß unsere Träume unerreichbar sind.

„Die innere Sphäre des Menschen" zeigt auf einfache und klare Weise, wie Dr. Patel vorgeht, um Glück und Erfolg zu erlangen. Seine Techniken und die Darstellung der wichtigsten geistigen Grundgesetze des Lebens beruhen auf jahrelanger Forschung und persönlicher Erfahrung. Sie sind praktisch anwendbar, sicher und äußerst effektiv und führen den Menschen nach innen zu seinem wahren Wesen.

Finde deine Ganzheit wieder

Mind Bridging – die Dynamik Holographischer Psychologie

Maria de Rocha Chevalley

ca. 376 Seiten, gebunden – ISBN 3-928632-58-2

Wir können unsere Ganzheit wiedererlangen, indem wir Teilstücke unseres Geist-Körpers wieder miteinander verbinden. Das geschieht durch den kreativen Umgang mit unseren Geist-Hologrammen, unseren Bewußtseins-Brücken. So stellen wir die Verbindung zu Unschuld, Spontaneität, Liebesfähigkeit, Mut und echter Lebensfreude wieder her. So entsteht wahrer Frieden in unserem Geist!

Indem die Verfasserin aus ihrer therapeutischen Arbeit heraus die Tiefe des holographisch-analytischen Geist-Körpers mit Hilfe ihrer intensiven persönlichen Erfahrungen durch zahlreiche praktische Übungen und hilfreiche Erklärungen auslotet, erklärt sie auf verständliche Art und Weise, was *Holographische Psychologie* und *Mind-Bridging-Dynamik* bedeuten. So ist dies nicht nur ein Buch für Psychologen, sondern für alle, die auf dem Weg zu sich selbst sind.

Selbstbestimmt leben

Erfülle deinen inneren Auftrag

Christian Zwanzig

208 Seiten, Paperback– ISBN 3-928632-88-4

Das Buch *„Selbstbestimmt leben"* zeigt in klarer und anschaulicher Weise, daß alle Menschen fundamentalen psychologischen und spirituellen Gesetzmäßigkeiten unterliegen, die für jeden Menschen individuell erfahrbar und nachvollziehbar, in unserer Gesellschaft jedoch nur wenigen Menschen bekannt sind. Eine Unkenntnis dieser Gesetzmäßigkeiten, die in diesem Buch beschrieben werden, kann einen leidvollen und unerfüllten Lebensweg zur Folge haben; eine Kenntnis dieser Gesetzmäßigkeiten ist sehr hilfreich, um ein erfülltes glückliches Leben führen zu können und die tiefere Logik vieler vordergründig unverständlicher Begebenheiten in unserer Gesellschaft und unserem sozialen Umfeld zu verstehen. Das Buch macht deutlich, daß es die Aufgabe jedes Menschen ist, den ihm innewohnenden Wesenskern (sein „Höheres Selbst") in der Welt zu entfalten und seinen damit verbundenen Lebensauftrag zu erfüllen. In Übereinstimmung mit diesem inneren Auftrag zu leben heißt, selbstbestimmt zu leben.

Der Flug des Quantenschmetterlings

Impulse zur Verantwortung des einzelnen für das Ganze

Linda Roethlisberger (Hrsg.)

216 Seiten, Paperback, 14 Bilder – ISBN 3-928632-69-8

Wissenschaftler und Gelehrte unterschiedlicher Fachgebiete haben an der Schwelle zu diesem Jahrtausend den Schritt gewagt, Etabliertes mit einem spirituellen Ansatz zu verbinden, mit ihren neuen Wegen und Ergebnissen an die Öffentlichkeit zu treten, Impulse zur Verantwortung des einzelnen zu geben und sich hiermit der Diskussion zu stellen.
Der Flug des Quantenschmetterlings zeigt in eindringlichen Beiträgen dreizehn individuelle Impulse zur Verantwortung. Sie stammen aus diversen Fachgebieten wie der Medizin, der Wissenschaft, der Kunst, der Religion etc. und erinnern uns an eine innerlich wie auch äußerlich bewegte, sich stets in der Transformation befindende Lebens- und Arbeitsweise, deren Herausforderung als seelisch-geistige Entwicklung in der Materie verstanden werden will. Auf der nächsten Entwicklungsstufe, die Menschwerdung, Bewußtseinsentwicklung und etabliertes Wissen vereinen wird, steigt die Verantwortung des einzelnen für das Ganze.

Die verborgene Blüte

Über die psychologischen Hintergründe der Spiritualität

Han F. de Wit

288 Seiten, gebunden – ISBN 3-928632-42-6

Warum strahlen manche Menschen Lebensfreude aus, andere aber Lebensangst? Warum wachsen die einen an ihren Leiden, während andere an ihnen zerbrechen? Wie kann ich ein glücklicher Mensch werden, zu mir selbst finden? Welche Hilfen bietet die Psychologie? Die Antworten darauf stehen im Zentrum der *kontemplativen Psychologie.* Sie beziehen sich auf eine verborgene Blüte, die sich tief im Kern unseres Wesens entfaltet. Ihre Früchte – Lebensmut, Lebensfreude, Erbarmen und Klarheit des Geistes - sind in diesem Buch gegenwärtig mit all unserem Handeln, im Umgang mit uns selbst. Themen kommen zur Sprache, mit denen Menschen zu tun haben, die persönlich oder beruflich mit grundlegenden Lebensfragen in Berührung kommen. Wege werden gezeigt, wie wir unsere wahrhaftige Menschlichkeit, die verborgene Blüte, zum Wachstum bringen können.
Die niederländische Fassung hat inzwischen **acht Auflagen** erreicht.

Psychologie

Eine umfassende Darstellung aus ganzheitlicher Sicht

Stefan Schmitz

Band 1: 240 Seiten, Paperback – ISBN 3-928632-56-6
Band 2: 392 Seiten, Paperback – ISBN 3-928632-64-7
Band 3: 352 Seiten, Paperback – ISBN 3-928632-75-2

Band 1 erläutert die Grundlagen des menschlichen Seelenlebens, das Wechselgeschehen zwischen Psyche und Körper, die Funktionsweise der Archetypen, den Aufbau der Persönlichkeit, die Vielfalt der menschlichen Bedürfnisse und die Entwicklung des Menschen in Kindheit und Jugend.
Band 2 gibt einen anschaulichen Einblick in die unterschiedlichen Verfahren der Psychotherapie, angefangen von der Psychoanalyse und der Verhaltenstherapie über Gesprächstherapie und Gestalttherapie sowie Bioenergetik und Familientherapie, bis hin zu den verschiedenen Formen einer Transpersonalen Psychotherapie.
Band 3 beschäftigt sich mit der Selbstverwirklichung des Menschen. Hierbei geht es zunächst einmal um die Entfaltung des eigenen Ichs im gewöhnlichen Alltag sowie um die Verwirklichung des wahren Selbst durch tiefenpsychologische Prozesse hindurch. Er handelt vom Astralleib und von den Chakras, vom spirituellen Selbst und von spirituellen Krisen, von den Gesetzen des Karmas sowie vom Tod des Egos und von der Erfahrung des Kosmischen Bewußtseins.

Wenn es verletzt, ist es keine Liebe

Chuck Spezzano

6. Auflage

416 Seiten, gebunden – ISBN 3-928632-20-5

Dieses Buch verändert Ihr Leben. Ein Wissender zeigt den Weg, wie Sie ein Leben führen können, das erfüllt ist von Liebe und Verstehen, von Freude und Glück. Sie erfahren in 366 Kapiteln wichtige Lebensgrundsätze, die Ihre zwischenmenschlichen Beziehungen auf eine höhere Ebene heben.
Die Weisheit der Liebe, die der Verfasser in jahrzehntelanger Forschungsarbeit als Psychotherapeut, als weltweit bekannter Seminarleiter, als visionärer Lebenslehrer entdeckt und in klare Weisungen umgesetzt hat, verwandelt Sie und berührt Ihr wahres Wesen, das Liebe ist.
Durch die angebotenen Übungen, die das theoretisch Erkannte auch in den praktischen Alltag umsetzen, wird das Buch zu einem Wegbegleiter und Ratgeber in bedrängenden Beziehungsnöten. Wenn Sie Schritt für Schritt in die wichtigsten Grundprinzipien der Liebe eingeführt werden, reifen Sie in Ihrer Selbsterkenntnis, können Ihre Beziehungen in Partnerschaft und Freundschaft neu ordnen, vertiefen und intensivieren. Sie können die Ursachen für Ihre Schwierigkeiten in der Liebe erkennen, Blockaden auflösen und seelische Wunden heilen lassen.

Den Pfad des Herzens gehen

Traumkörperarbeit – Schamanische Praktiken und moderne Psychologie

Arnold Mindell

256 Seiten, gebunden – ISBN 3-928632-24-8

Jahrzehntelange Erfahrungen in der Prozeßorientierten Psychologie und intensive Begegnungen mit Schamanen, eingeborenen Heilern und Weisen, in allen Erdteilen bilden die Grundlagen dieses Buches, das sowohl moderne Psychologie als auch schamanische Praktiken und Heilmethoden zu einer fruchtbaren Synthese verbindet, die Sie im Alltag nutzen können.
Sie werden in dem Buch mit mächtigen, unbekannten und heilenden Kräften konfrontiert, die den Weg des „Jägers" und des „Kriegers" begleiten.
Um dem „Größeren", das der Verfasser Geist nennt, dem „Verbündeten" und dem „Doppelgänger"zu begegnen, werden die Erfahrungen, die aus Körperempfindungen oder Traumbildern auftauchen, bewußt gemacht und eine „zweite Aufmerksamkeit" entwickelt.
Jedes Kapitel schließt mit Übungen ab, die jeweils die persönliche Erfahrung des vorher beschriebenen Inhalts ermöglicht. Es werden praktische Methoden angeboten, wie Sie mit Ihrem Traumkörper in Verbindung kommen, ganz werden und zu sich selbst finden.

Wandlung durch Einsicht

Die Enneagrammtypen im Leben, in der Literatur und in klinischer Praxis

Claudio Naranjo

Paperback, 416 Seiten – ISBN 3-928632-57-4

Claudio Naranjo bezieht sein Wissen über das Enneagram unmittelbar von Oscar Ichazo, der das Enneagramm für die Spiritualität unserer Zeit und die damit verbundenen Möglichkeiten der Therapie neu entdeckt hat. Der Verfasser hat auch die praktische Arbeit ein Jahr lang mit ihm erlebt. Er ist derjenige, der das Ennegramm in den Westen brachte und es auch zuerst unterrichtete.
Dieses Meisterwerk der Studien über das Enneagramm bietet eine großartige Integration von Charaktereinblicken aus Therapie, Literatur und historischer Biographie. Obwohl reich an Analytik, ist das Buch niemals schwer oder psycho-pathologisch. Naranjo ist, wie Sokrates, ein Geburtshelfer der Seelen, und er kombiniert klinische Klarheit mit einem seltenen Geschmack für die Leidenschaft und Poesie der Sprache. „Ich sehe Dr. Naranjos Buch als fruchtbaren Beginn einer neu entstehenden, charakterorientierten Psychotherapie." (Prof. Mirko Fryba)

Die Vision vom göttlichen Menschen

Eine spirituelle Weg-Begleitung in das neue Jahrtausend

Barbara Schenkbier

Paperback, 424 Seiten, 21 ganzseitige Bilder – ISBN 3-928632-68-X

Prachtband: 424 Seiten, geb., Einband Kunstleder mit Goldaufdruck, 21 ganzseitige Bilder, Zweifarbendruck – ISBN 3-928632-18-3

Das Buch ist ein umfassendes Standardwerk, das den Durchbruch einer neuen Evolutionsstufe im menschlichen Bewußtsein des Menschen vorbereiten hilft. Aufbauend auf wissenschaftlichen Erkenntnissen und der mystischen Tradition aller Religionen führt es zu einem tieferen Wissen über das menschliche Bewußtsein, um dann den Weg zum göttlichen Menschen zu beleuchten. Alle wichtigen Schritte werden beschrieben, wesentliche Übungen aus einer neuen Sicht heraus dargestellt und die Transformationsstufe zu einem neuen Bewußtsein geschildert. Beim Lesen und Anwenden der beschriebenen Wahrheiten eröffnet sich dem Leser eine neue Sicht über den Sinn des Lebens. Alle, die den geistigen Weg beschreiten, werden ihn besser verstehen, ihn bewußter, mutiger und konsequenter weitergehen.
Das Buch ist aus der eigenen, spirituellen Erfahrung der Autorin heraus geschrieben und eröffnet den Blick in eine Zukunft, die die evolutionäre Schöpferkraft selbst schaffen wird.

Der mystische Weg zu Christus

Andrew Harvey

272 Seiten, Hardcover– ISBN 3-928632-91-4

In diesem Buch nimmt uns einer der originellsten und berühmtesten religiösen Denker unserer Zeit auf eine Einweihungsreise in das voll erwachsene Christentum. Es enhüllt einen Christus, der allen engagierten Christen direkt zugänglich ist und dessen lebendige Botschaft jenseits der Strukturen existiert, die von den Kirchen in seinem Namen geschaffen wurden. Indem er die besten unter den modernen Geschichtsgelehrten und das Zeugnis der größten christlichen Mystiker aller Zeiten verwendet, belebt der Autor und Lehrer Andrew Harvey das revolutionäre Versprechen des frühen Christentums neu und stellt Jesus als den Sohn des Menschen vor: ein mystischer Radikaler, dessen Ziel die Initiation aller menschlichen Wesen in die Kraft und die Glorie der ihnen innewohnenden Göttlichkeit, der Sturz aller ungerechten Hierarchien und die Verwandlung der Erde in das Königreich Gottes war. Anleitungen und Übungen aus den frühen mystisch-christlichen Traditionen, vermitteln lebendige Inspirationen, Christus zu erfahren.

Transpersonale Psychologie und Psychotherapie

104 Seiten, Paperback, zwei Ausgaben: Frühjahr und Herbst

ISSN 0949-3174

Transpersonale Psychologie und Psychotherapie ist eine unabhängige Zeitschrift. Sie verbindet das Wissen spiritueller Wege und der Philosophia perennis mit moderner Psychologie und Psychotherapie, leistet Beiträge zur wissenschaftlichen Fundierung des Transpersonalen.
Transpersonale Psychologie und Psychotherapie ist eine Zeitschrift, die sich an Fachleute und Laien wendet mit einem Interesse an transpersonalen Themen. Aus einem schulen-, kultur- und religionsübergreifenden Verständnis heraus bietet sie ein Forum der Verbindung von Psychologie und Psychotherapie und deren theoretischen Grundlagen mit spirituellen und transpersonalen Phänomenen, Erfahrungen und Wegen, Welt- und Menschenbildern. Sie dient dem Dialog der verschiedenen Richtungen, fördert integrative Bemühungen und leistet Beiträge zur Forschung und Theoriebildung. Sie bietet Überblick, Orientierung und ein Diskussionsforum auf wissenschaftlichem Niveau.